# Artgerechte Partnerhaltung

*Das Geheimnis glücklicher und beständiger Liebe*

*Andreas Winter*

# *Artgerechte Partnerhaltung*

## *Das Geheimnis glücklicher und beständiger Liebe*

Haben Sie Fragen an Andreas Winter?
Anregungen zum Buch?
Erfahrungen, die Sie mit anderen teilen möchten?

Nutzen Sie unser Internetforum:
www.mankau-verlag.de/forum

mankau

Bibliografische Information der Deutschen Nationalbibliothek
Die Deutsche Nationalbibliothek verzeichnet diese Publikation in der Deutschen Nationalbibliografie; detaillierte bibliografische Daten sind im Internet über http://dnb.d-nb.de abrufbar.

Andreas Winter
**Artgerechte Partnerhaltung**
Das Geheimnis glücklicher und beständiger Liebe
ISBN 978-3-86374-508-0
1. Auflage März 2019

Mankau Verlag GmbH
D-82418 Murnau a. Staffelsee
Im Netz: www.mankau-verlag.de
Internetforum: www.mankau-verlag.de/forum

Lektorat: Dr. Thomas Wolf, MetaLexis; Barbara Böhm,
Mankau Verlag GmbH (Taschenbuchausgabe)
Endkorrektorat: Susanne Langer-Joffroy M. A., Germering
Gestaltung Umschlag: Hauptmann & Kompanie Werbeagentur, Zürich
Gestaltung Innenteil: Mankau Verlag GmbH

Phase4Photography – stock.adobe.com (10); sergiophoto – shutterstock.com (16); fotorince – shutterstock.com (16/17); AboutLife – stock.adobe.com (28/29); Vasyl – stock.adobe.com (46/47); Thong – stock.adobe.com (90/91); Photographee.eu – stock.adobe.com (132/133); Robert Kneschke – stock.adobe.com (192/193); stakhov – stock.adobe.com (210/211); New Africa – stock.adobe.com (226/227); Voyagerix – stock.adobe.com (232/233); StockPhotoPro – stock.adobe.com (248/249); JenkoAtaman – stock.adobe.com (258); ivanko80 – stock.adobe.com (262/263)

Energ. Beratung: Gerhard Albustin, Raum & Form, Winhöring

Druck: Druckerei C. H. Beck, Nördlingen

MIX
Papier aus verantwortungsvollen Quellen
FSC® C019821
www.fsc.org

Hinweis: Dieses Buch ist eine überarbeitete und in wesentlichen Teilen ergänzte Fassung der Bücher „Liebe, Sex und Partnerschaft. Warum Erfüllung so einfach sein kann!“ aus dem Jahr 2008 und „Artgerechte Partnerhaltung. Lieben ohne Stress“ aus dem Jahr 2014.

*Für Ernst und Didi*

# Inhalt

# Vorwort

*von Bernhard Reicher*

Ich habe eine gute und eine schlechte Nachricht für Sie.

Die schlechte lautet: Menschliches Zusammenleben ist an einem Tiefpunkt angekommen. Wir alle beklagen den zunehmenden Verlust an Sozialkompetenz, Empathie und echtem menschlichen Kontakt in unserer Gesellschaft, haben aber eine fast instinktive Scheu davor, Gefühle zu zeigen. Wir sind top informiert, wollen in der Regel aber gar nicht wissen, wie es den Menschen in unserem Umfeld tatsächlich geht. Wir sind mehr interessiert an *Likes* als an Wahrhaftigkeit.

Sind wir dabei, die Verbindung zueinander endgültig zu verlieren? Oder haben wir sie überhaupt nie richtig kennengelernt? Ich vermute Letzteres. Schließlich beklagen sich Moralisten seit der Antike über den zunehmenden Verfall von Ethik und verbindlichen Werten. Soweit wir das überblicken können, mangelte es unserer Gesellschaft stets an dauerhaftem Mitgefühl und Vertrauen.

Ich nehme an, dass wir durch jahrhundertelange, kollektive Konditionierung Aufmerksamkeit, Nähe und Liebe als Mangelware empfinden. Wir haben als Gesellschaft unhinterfragt Konzepte zu Beziehungen und Sexualität übernommen, die nicht primär dem Leben dienen, sondern dem Machterhalt von unterdrückenden Systemen.

Immerhin bekommen wir Integralrechnung beigebracht, aber nicht, wie man wertschätzend kommuniziert. Wir lernen Königslisten, aber nichts über Persönlichkeitstypen. Wir üben Gehorsam, aber nicht, wie man die eigenen Bedürfnisse erkennt und mitteilt: „High-Tech im Krieg, Neandertal in der Liebe", wie es Dieter Duhm formuliert, dessen Wunsch, unsere Intelligenz endlich in den Dienst der Liebe zu stellen, ich mich vollsten Herzens anschließe. Da ist noch viel Entwicklungsarbeit zu leisten, mitunter sogar Pionierarbeit. Und dazu trägt Andreas Winter mit diesem Buch bei – die gute Nachricht lautet nämlich:

Beziehungsfähigkeit kann man lernen.
Und dafür ist es auch nie zu spät.

Allerdings fordert er uns dafür auch auf, uns einer der größten Herausforderungen zu stellen, der wir uns möglicherweise gegenübersehen: verletzlich zu sein und bedingungslos Ja zu uns selbst zu sagen. Echte Selbstliebe ist die Basis für erfüllte Partnerschaften.

Dafür muss der eine oder andere festgefahrene Glaubenssatz schon mal infrage gestellt werden – und das gehört zu den Spezialitäten von Andreas Winter. Dass er dabei gern auch mal provoziert, liegt in der Natur der Sache. Man kann bei einigen Themen auf den folgenden Seiten durchaus anderer Meinung sein als er oder ihm vorwerfen, nur an deren Oberfläche zu bleiben ... doch „Artgerechte Partnerhaltung" will ja auch keine akademische Arbeit sein, in der diese Teilbereiche erschöpfend behandelt werden sollen, sondern ein allgemeinverständlicher Ratgeber für den praktischen Alltag.

Für einen Alltag, der mehr und mehr geprägt sein kann von einem Miteinander, das wir ganz selbstverständlich und tief empfunden als respektvoll, einfühlsam, bestätigend, inspirierend, friedlich und lustvoll erleben – und zwar in jeder gewählten Beziehungsform, sexuellen Orientierung, Spielart und Identität – finden Sie hier wertvolle Anregungen, die Ihnen helfen, sich selbst und andere besser zu verstehen. Und das kann gar nicht hoch genug eingeschätzt werden.

Bernhard Reicher, Philosoph und Coach
Graz im März 2019

# Vorwort
## des Autors

Jeder Mensch braucht Liebe! Eine glückliche Partnerschaft gilt neben Wohlstand und Gesundheit als wichtige Zutat von Lebensqualität. Doch jeder weiß: Ausgerechnet hier kommt es oft zu großen Schwierigkeiten. Partnerschaftliche Beziehungen, die in Harmonie ein Leben lang halten, sind seltener als Gold. Vorwürfe und Erwartungen vergiften das „Betriebsklima" zwischen Menschen, die einst gehofft hatten, auf ewig in Liebe zusammenbleiben zu können.

Doch das hat Ursachen! Ich behaupte, die meisten Probleme und Konflikte in Partnerschaften kommen allein dadurch zustande, dass die Partner sich selbst und den anderen nicht gut genug kennen und daher vom anderen etwas erwarten, das dieser gar nicht erfüllen *kann*. Eine weitere ernste Ursache von großen Schwierigkeiten in Beziehungen sind die eigenen versteckten Verhaltensmuster, mit denen man seine eigene Liebesfähigkeit sabotiert und vor allem: den falschen Partner anzieht. Hinzu kommen noch zahlreiche blockierende Glaubenssätze, veraltete Moralvorstellungen sowie Ängste und Vorbehalte.

Vor rund zehn Jahren schrieb ich ein kleines Büchlein mit dem Titel „Liebe, Sex und Partnerschaft". In diesem versuchte ich, zu erklären, wie man aus Beziehungen den Stress hinaus- und die Harmonie hineinbringt und diese auch erhält. Nach einigen Jahren stellte sich heraus, dass einige Dinge in diesem Buch noch viel deutlicher und ausführlicher gesagt werden mussten, also schrieb ich es noch einmal neu, und es bekam den Titel „Artgerechte Partnerhaltung – Lieben ohne Stress".

Nun, wieder einige Jahre später, zeigt sich eine Thematik, die mir zuvor in dem großen Ausmaß nicht bewusst war, die ich aber aufgrund meiner Forschung, Erfahrung und praktischen Arbeit hervorheben möchte. Es geht um ein Thema, das ich bislang in keinem mir bekannten Partnerschaftsbuch gefunden habe: verborgene gesellschaftliche Gründe für unseren oft hilflosen Umgang mit Partnerschaft. Gebrochene Herzen, Scheidungskriege und Einsamkeit sind nämlich ein Milliardenmarkt für Mediziner, Psychologen, Partnervermittler, die Unterhaltungsindustrie und die Kirche. Wer selbstsicher, aufgeklärt, aufgeschlossen und reflektiert ist, der ist ein verlorener Kunde für die Glücksversprecher-Wirtschaft. Nun haben Sie selbst aber sicher ein großes Interesse daran, gesund und glücklich zu sein und entweder mit ihrem Partner in Harmonie zusammenzuleben oder sich friedlich und liebevoll zu trennen, ohne sich einsam zu fühlen. Daher habe ich beschlossen, mein Büchlein erneut etwas umzuarbeiten, zu aktualisieren und Ihnen mit einem neuen Titel zur Verfügung zu stellen. Es geht um das Geheimnis glücklicher und beständiger Liebe!

Andreas Winter
Iserlohn im März 2019

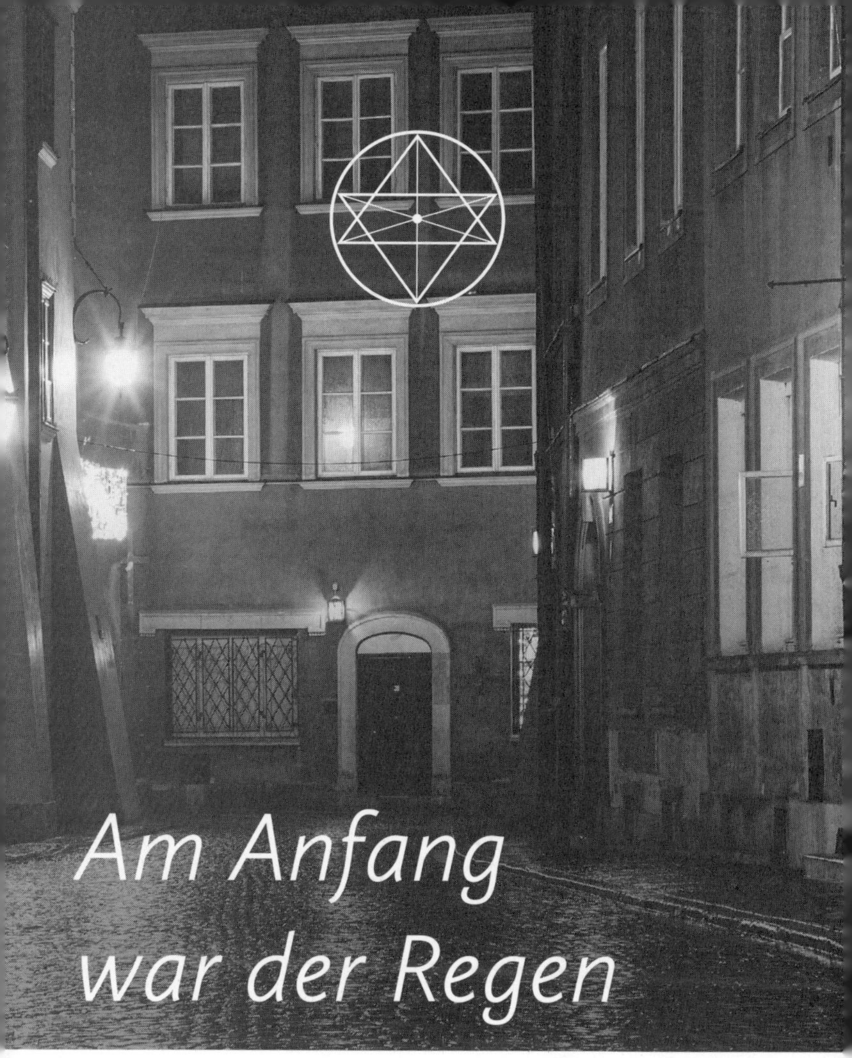

# Am Anfang war der Regen

Mein Vater war gerade 19 Jahre alt, als er meine Mutter zum ersten Mal sah. Sie stand mit einer Freundin im strömenden Sommerregen unter dem Vordach eines kleinen Schuhgeschäfts. Die beiden jungen Frauen kamen gerade aus dem Kino und hatten noch einen weiten Heimweg vor sich. Es war Sonntag. Mein Vater war mit zwei Freunden unterwegs, und ihm war sofort klar: Sie ist es! Sie und keine andere. Seine Freunde sollten die andere Dame nach Hause bringen, er würde sich um „die Blonde" kümmern. Ein Weg von zehn Kilometern unter seinem Regenschirm wurde für beide eine viel zu kurze Ewigkeit. Höflich untergehakt, mit verlegenen Gesprächen und großer Schüchternheit, in der mein Vater meine 16-jährige Mutter noch siezte, nahm sie vor der Haustür seine Hand und gab ihm zum Abschied einen Kuss auf den Mund. Mein Vater war wie vom Blitz getroffen, und von ihm aus hätte nun in diesem Augenblick die Welt um ihn herum untergehen können. Ihm war klar: Dieses Mädchen wollte er nie wieder gehen lassen.

Es war ein kleiner elektromagnetischer Ausschlag im Gehirn. Er war auf dem Monitor im Krankenzimmer für jeden gut sichtbar. Ein kleiner Impuls, den meine Mutter aussendete und der die Nulllinie, die schon viel zu lange über den Bildschirm flimmerte, unterbrach, als mein Vater zum letzten Male ihre Hand nahm, sanft streichelte und ihr sagte, wie sehr er sie liebte und immer lieben werde. Dann, fast sechs Jahrzehnte nach ihrem ersten Kuss, musste er sie schließlich doch gehen lassen. Die Linie auf dem Monitor rührte sich nicht mehr. Das blonde Mädchen, seine Frau, meine Mutter, war nun verstorben und lag vor meinem Vater im Bett eines Krankenhauses. Die Welt um ihn herum ging unter.

Wenn man meinen Vater heute nach seinem Befinden fragt, so sagt er, er wäre ein sehr glücklicher Mensch, weil er das Glück hatte, so lange mit so einer wundervollen Frau zusammen sein zu dürfen.

Das bezeichne ich als eine liebevolle Partnerschaft.

Ich bin aufgewachsen mit einem seltenen Exemplar von Elternpaar – mit einem, das zusammenhält. Mit einem, das trotz mancher Schwierigkeiten jedes Problem miteinander gelöst hat. Der Umgang der beiden war stets respektvoll, auf gleicher Augenhöhe und immer konstruktiv. Und ich kann Ihnen nun fast zwei Jahre nach dem Tod meiner Mutter sagen: Die Liebe, die Menschen einst verbunden hat, stirbt nicht. Und es lohnt sich, nach ihr zu suchen, denn es gibt sie!

## Über artgerechte Partnerhaltung

Aber was passiert, wenn man eine Beziehung eingehen will? Dann muss man diese ja hegen, pflegen und schützen wie ein zartes Pflänzchen. Man muss Kompromisse machen, auf den anderen Rücksicht nehmen, man darf nicht mehr so leben wie zuvor, schließlich hat der andere ja auch Bedürfnisse und Eigenschaften, die zu ihrem Recht kommen wollen … Doch ich glaube: Nein! Das ist der Denkfehler, den viele machen! Echte partnerschaftliche Liebe bedarf weder Vorsätze noch Disziplin. Sie verbindet Menschen, die wie Mond und Erde durch eine unsichtbare Kraft zusammengehalten werden. Wenn man an den richtigen Partner geraten ist, ist alles ganz einfach. Wenn etwas wackelt, stimmt da etwas nicht. Meist fehlt dann zumindest einem von beiden eine wichtige Eigenschaft: die (Selbst-) Liebe! Solche Menschen erhoffen sich, vom anderen geliebt zu werden, weil sie sich selbst nicht lieben. Das Gefühl, „falsch gehalten zu werden“, haben viele, die zu mir in die Beratungspraxis kommen. Daher der Titel „Artgerechte Partnerhaltung“.

Das klingt fast so, als wollte ich sagen, Ihr Partner wäre gefangen, abhängig und würde darunter leiden, dass er mit Ihnen zusammen sein muss? Stimmt! Genau darum geht es. Allerdings gilt das natürlich nicht immer und in jeder Situation – schließlich lieben Sie Ihren Partner und wollen ein Stück Ihres Lebens mit ihm teilen. Sie würden ihm nicht nur die Sterne vom Himmel holen, sondern sogar versuchen, seinen Lebensstil, seine Macken, ja sogar seine Freunde zu tolerieren – so gut es geht zumindest. Gesagtes bezieht sich also nur auf die wenigen Momente der Partnerschaft, in denen bestimmte Konflikte zwischen Ihnen auftreten. Konflikte, in denen man sich übereinander ärgert. Situationen, in denen man sich fragt, ob der andere noch „ganz dicht" ist oder man selbst vielleicht eine Meise hat. Wenn Ihre Frau Ihnen ungerechterweise unterstellt, Sie hätten etwas mit der Buchhalterin – obwohl die gar nicht in Ihr Beuteschema passt. Situationen, in denen Ihr Mann wie selbstverständlich davon ausgeht, dass Sie den Bucheckernkuchen seiner Mutter perfekt und auf Verlangen nachbacken – Arbeitsaufwand ca. fünf Stunden –, anstatt zum inoffiziellen Firmendinner zu gehen, wo zugunsten eines besseren Betriebsklimas die sozialen Gefüge gemischt und neu gekittet werden. Kleine Konflikte, wie die berühmte Zahnpastatube, die SIE vorn zusammenquetscht, weil SIE dort das schnellste Ergebnis bekommt, damit allerdings SEIN „Von-hinten-aufrollen-und-bis-zum-letzten-Tropfen-ausnutzen-Sparprogramm" zunichtemacht. Reibereien also, die wenn sie nur ausgesessen und verdrängt, aber nicht wirklich grundsätzlich gelöst werden, eine Partnerschaft schleichend und dauerhaft vergiften können. Eine vergiftete Partnerschaft ist das Gegenteil von dem, was sie eigentlich sein sollte, oder? Schmetterlinge im Bauch, Euphorie, Gemeinsamkeit, Power ohne Ende und Unzertrennlichkeit, war das nicht das Gefühl, weswegen Sie diesen Menschen nach dem ersten Frühstück nicht rausgeschmissen haben, sondern am liebsten nie wieder gehen lassen wollten?

Ein Leben lang den Himmel auf Erden haben, das war der Plan, und nun haben Sie diesen Menschen an der Backe und denken: Warum hat mich keiner gewarnt? Ich persönlich glaube, dass aber genau diese Konflikte einzig und allein dadurch zustande kommen, dass wir unsere Partner nicht gut genug kennen und dass wir vielleicht manchmal selbst nicht genau wissen, wer wir wirklich sind, was wir wirklich wollen, es also möglicherweise an *Selbstbewusstsein*, *Selbstsicherheit* und *Selbstvertrauen*, kurzum, an *Selbstliebe* mangelt.

Klar: Wenn es mal „knirscht", dann trennt man sich nicht sofort – schließlich ist Ihr Partner ja kein Tamagotchi (Sie kennen diese kleinen virtuellen Spielzeug-Haustiere aus Japan, die, wenn man sie auch nur einen Tag zu lang nicht beachtet, nicht mehr funktionieren. Alles, was man dann tun kann, ist, sie wegzuwerfen!). Aber wenn die Lösung ausbleibt, knirscht es so lange weiter, bis es kracht. Das muss nicht sein, und das will auch keiner. Wenn Sie jedoch wissen, welches „Tier" Sie da zu Hause haben, wenn Sie selbst die Gelassenheit aufbringen, die fremdartigen Eigenschaften nicht nur zu tolerieren, sondern sogar zu akzeptieren, dann lebt es sich viel entspannter und harmonischer. Es geht also um Lieben ohne Stress.

Dieses Buch ist für Eheleute, Singles und Geschiedene, für Teenies und Senioren, für Schwule, Lesben, Heteros und Selbstmacher. Es ist ernst und humorvoll, differenziert und plakativ. Dieses Buch ist Psychologie für Partner und für die, die es werden wollen. Dieses Buch wird Sie nachdenklich, wütend und auch traurig machen, aber ohne Happy End geht keiner nach Hause – das verspreche ich Ihnen!

Wenn Sie wissen möchten, was genau hinter Einsamkeit und Beziehungsstress steckt und wie man diese dennoch überwindet, wenn Sie Spaß an tiefenpsychologischer Detektivarbeit haben und offen für ungewöhnliche Sichtweisen sind, dann wird dieses Buch für Sie eine erkenntnisreiche Lektüre sein. Liebe ist zwar ein recht philosophisches Thema, doch mit anschaulichen Praxisbeispielen werde ich Ihnen zeigen, was es Spannendes zu entdecken gibt bei der Suche nach dem Schlüssel zu partnerschaftlicher Erfüllung.

Natürlich ist dieses sehr vielschichtige Thema zu umfangreich, um es im Detail zu besprechen. Wenn wir über den Wald reden, besprechen wir auch nicht jeden Baum. Daher möchte ich mich auf einer formalen, übergeordneten Ebene bewegen; ich versuche jedoch, Sie nicht zu langweilen. Ich benutze beim Begriff „Partner“ stets die in der deutschen Sprache für Verallgemeinerungen gebräuchlichere maskuline Form. Gemeint sind natürlich beide Geschlechter.

## Hörbuch mit Coaching

Für die Hörbuch-Version dieses Buches habe ich auch ein tiefenpsychologisches Audio-Coaching produziert. Damit können Sie ein paar Ihrer möglicherweise bislang nicht bewussten Eigenschaften entdecken und ergründen.
Dieses Coachingprogramm wird Ihnen helfen, das Gelesene auf emotionaler Ebene nachzuvollziehen, damit Sie es im Alltag auch umsetzen können. So gelingt es Ihnen, Ihre Selbstsicherheit und damit auch Liebesfähigkeit zu verstärken. Auf Seite 225 finden Sie noch weitere Informationen.

Andreas Winter | Artgerechte Partnerhaltung | 19,95 € UVP (D/A) | 978-3-86374-511-0

Begeben wir uns nun in die spannende Welt der Tiefenpsychologie. Ich werde Ihnen Dinge zeigen, die Sie schon immer geahnt haben, aber vielleicht nicht wussten, dass Sie damit sogar recht hatten.

Ich erlebe in der Beratungspraxis immer wieder Menschen, die nach anfänglichen Schwierigkeiten mit dem Partner überrascht sind, wie leicht sich Konflikte lösen lassen. Jahrelang sind sie mit ihren eigenen Problemen anderen zur Last gefallen und stellen nun fest, wie einfach deren Lösungen sein können. Allerdings ist es so, dass man oftmals mit viel Reflexionsarbeit einen „blinden Fleck" sichtbar machen muss. Aber dann lebt es sich plötzlich leichter in der Partnerschaft. Wenn Streit, Eifersucht, Misstrauen und Verlustangst sich abmildern, Vorwürfe, Ermahnungen und Appelle seltener werden oder ausbleiben, dann ist das für die Betroffenen schon recht erleichternd.

Ich weiß nicht, wie es Ihnen geht, aber ich persönlich bin ein recht harmoniebedürftiger Mensch. Bereits als Teenie fand ich Zank und Streit albern und überflüssig, und so suchte ich, wenn es auf dem Schulhof wieder einmal zwischen zwei bis an die Zähne mit verbotenen Wörtern bewaffneten Siebenjährigen knallte, nach einer Konfliktlösung. Oft fiel mir sogar etwas ein, womit alle leben konnten.

Denn wozu soll Streit eigentlich führen? Genau: zum Frieden. Den kann man aber auch einfacher haben (damals wusste ich allerdings noch nichts über die Temperamente und Persönlichkeitseigenschaften). Nun bringt es ja in den meisten Fällen rein gar nichts, wenn man den Streithähnen sagt: „Auseinander, vertragt euch!" Daraus entsteht bestenfalls ein Waffenstillstand, aber kein Frieden. So wurde mir schon früh klar, dass die Lösung eines Konflikts immer über den Grund des Streites führt und dieser Grund zudem bei fast allen Menschen der gleiche ist: Missverständnis! Als ich dann noch erfuhr, dass nicht nur die ganze Menschheit schon seit Tausenden von Jahren wie ein Ochs vor dem Berge vor der Frage stand, wie man miteinander konfliktfrei leben kann, sondern sogar Ehepaare, die eigentlich die stabilste Einheit des Zusammenlebens bilden sollten, war ich erschüttert.

Dabei ist das Geheimnis der harmonischen Partnerschaft und Liebe eigentlich längst bekannt – und gar nicht so schwierig.

Ich erinnere mich noch sehr gut, wie die zwölfjährige Heike sich heulend ihrer Freundin Petra anvertraute und untröstlich darüber war, dass ihr Freund Arne sie offenbar nicht genug liebte. Er hätte nie Zeit für sie, träfe sich lieber mit seinen Freunden, und das Schlimmste, er würde sie nicht küssen, obwohl sie schon seit drei Wochen zusammen seien (Heike war eine echte Furie). Da Petra damit völlig überfordert war, sie mit „Ach, der Arne ist doch sowieso doof" offenbar nicht den gewünschten seelsorgerischen Effekt erzielte und Heike mir mit ihren verheulten Augen einen Hilfe suchenden Blick zuwarf, knüpfte ich mir innerlich meinen „Superhelfer-Umhang" um und flog mit gestreckten Armen herbei, dazu berufen, eine weitere Seele aus dem Tal der Tränen zu retten. Ich fragte Heike: „Kann es sein, dass der gar nicht weiß, wie sehr du ihn magst, und sich das auch gar nicht vorstellen kann?" Man musste allerdings dazu wissen, dass Heike damals in der Tat ein ziemlich steiler Zahn war und Arne ein Pickelgesicht mit kariertem Pullunder, Cordhose und fettigen Haaren. Sie blickte mich an, als hätte jemand das Licht in ihrem Kopf angeknipst. „Meinst du wirklich?", fragte sie mit unsicherer Stimme. Ich sagte: „Klar, doch! Du bist seine erste Freundin, du bist eine der Klassenschönheiten, und das ist einfach zu hoch für ihn. Er ist viel zu verklemmt, um dich zu küssen. Schnapp ihn dir und küss ihn selbst. Und dann erkläre ihm, was du an ihm liebst!" (*Das* hätte ich zwar auch gerne mal gewusst, aber das war nicht Teil meiner Aufgabe.)

Nun, die beiden haben zwar, soweit ich weiß, nicht geheiratet und vier Kinder bekommen, aber für ein paar Wochen waren sie tatsächlich ein regelrechtes Turteltaubenpärchen. Interessanterweise veränderte sich Arne in der Zeit etwas zum Positiven. Die Pickel verschwanden und der karierte Pullunder auch. Mission erfüllt!

Konflikte lösen – hieraus entstand mein Berufswunsch als Coach. Die Partnerschaftsberatung ist zwar nur ein Teil des gesamten Aufgabengebietes, doch er ist einer der schönsten. Zu mir kommen verzweifelte und Hilfe suchende Menschen, zerstritten, sexuell ausgehungert, wütend, resigniert und vor Kummer ganz krank. Menschen, die schon fast alles versucht haben, um endlich mit dem Partner glücklich zu sein. Ich gehe zwar nie mit einer Kettensäge an eine Partnerschaft – aber auch niemals mit Sekundenkleber! Wenn eine Partnerschaft am Ende ist, ist sie am Ende!

Manchmal ist es besser, sich freiwillig von einem falschen Partner zu trennen, als zu warten, bis man selbst am Ende ist. Doch meist, so zeigte sich, hatte die echte Liebe noch gar nicht begonnen, obwohl die Partner seit Jahren schon zusammenlebten.

Ich halte es bei der Partnerschaft ähnlich wie bei der Gesundheit – nicht die Dauer ist entscheidend, sondern die Qualität.

Es gibt also Hoffnung. Ich möchte Ihnen zeigen, wie man mit ein wenig Liebes-Psychologie viele Blockaden aus dem Weg räumt, die man in der Kindheit erworben hat. Mit diesem Wissen werden Sie Ihre Beziehung künftig ganz anders erleben können. Dann ist Schluss mit Eifersucht, Einsamkeit, Streit und Enttäuschung, und der Weg ist frei für eine gesunde Partnerschaft.

Wie schon gesagt, die Liebe ist zusammen mit Job, Wohlstand und Familie eines der zentralen Lebensthemen, worüber die meisten Menschen ihre persönliche Lebensqualität definieren und wovon die Gesundheit abhängen kann. Stimmt es mit der Partnerschaft nicht, kann einen das krank und unglücklich machen. Eine unharmonische Partnerschaft wird oftmals sogar schlimmer empfunden als ein unbefriedigender Job, vielleicht, weil man bei einem Job irgendwann Feierabend machen kann. Bei einer Beziehung ist das meist nicht so einfach. Sie können schlecht sagen: „Schatz, es ist Wochenende. Denk dran, dass mein Lover gleich kommt, und räum bitte deinen Kram aus dem Schlafzimmer." Umgekehrt kann eine erfüllte Beziehung den empfundenen Berufsstress durchaus ausgleichen, wobei es in der täglichen Beratungspraxis interessanterweise eine hohe Übereinstimmung zwischen Jobunzufriedenheit und Partnerschaftsnörgeleien gibt.

In den nun folgenden Kapiteln wollen wir sehen, wie wir nicht nur mehr Harmonie, sondern vielleicht sogar eine Win-win-Situation für beide Partner mit weitreichenden positiven Folgen hinbekommen, denn: Klappt's in der Liebe, klappt's meist auch im Leben.

# Der „Gute Grund“ für eine Partnerschaft

Partnerschaft ist kein Pflichtprogramm. Vielleicht haben Sie das immer gedacht, aber Sie müssen nicht unbedingt Ihr Bett und Ihr Leben mit jemand anderem teilen. Wenn Sie es trotzdem tun, tragen Sie damit ein Stück weit die Verantwortung für das Gefühlsleben eines anderen Menschen. Ihr Partner kann nicht einfach alles an sich abprallen lassen, was von Ihnen kommt, zum einen wollen Sie das bestimmt nicht und zum anderen sind Sie selbst wahrscheinlich nicht immun gegen seine Meinung, sein Verhalten, seine Stimmung und vor allem seine Schwächen und Ängste. Daher lohnt es sich einmal, einen Blick auf Ihre Partnerschaftsmotivation zu werfen.

## *Was wollen Sie eigentlich von Ihrem Partner?*

Es heißt ja, „Gegensätze ziehen sich an". Aber auch „Gleich und Gleich gesellt sich gern". Was denn jetzt? Ich glaube, dass beide Sinnsprüche ihre Berechtigung haben. Sind Sie der Typ Mensch, der im Partner sein Spiegelbild sucht und sich wohlfühlt, wenn das Gegenüber genauso tickt wie Sie? Die Musik, die der andere hört, die Bücher, die er liest, und die Filme, die er guckt, die Reiseziele, die Klamotten und auch der Arbeitsplatz könnten bei einem Klonschaf nicht gleicher sein? Das ist nicht schlimm – es sei denn, der andere ändert sich im Laufe des Lebens. Dann gute Nacht.

Oder orientieren Sie sich an einem „Großen", der Sie beschützt und den Sie dafür bewundern, dass er Ihnen alles Mögliche voraushat? Einen mindestens zehn Jahre älteren Papa oder eine Mama mit Reife, Geld und Lebenserfahrung? Bewundern Sie jemanden, dem Sie zeigen können, wie lieb, klug und fleißig Sie sind? Erhoffen Sie sich von ihm dafür stets Anerkennung und verachten im Gegenzug alles Jüngere?

Auch das ist nur ein klein wenig pathologisch und kann ein Leben lang halten, solange Ihr Liebster weiterhin Angst vor ebenbürtigen Partnern hat. Falls er sich jedoch aus diesem Muster heraus entwickeln sollte, wird bald eine Stelle im Haus frei – und zwar Ihre.

Vielleicht ist es aber auch genau umgekehrt, und Sie stehen auf jemanden, den Sie beschützen, versorgen und behüten können? Jemanden, der zu Ihnen aufschaut, von Ihnen lernt und dessen Sicherheitsbedürfnis Sie erfüllen können. Auch das ist okay, wenn Ihr Partner Peter Pan gleicht und niemals erwachsen werden will.

Dumm ist nur, dass Sie sich offenbar gern mit unreifen und hilfsbedürftigen Selbstwert-Zwergen umgeben – lassen Sie das bloß nicht Ihre Mitmenschen wissen, denn das sagt eine Menge über Sie aus. Aber auch das ist okay, solange Ihr Leben eine Steintafel bleibt, auf der sich niemals etwas ändert.

Es mag aber auch sein, dass Sie den Kampf brauchen, einen Sparringspartner, den Sie dreimal die Woche so richtig in Grund und Boden ringen können und danach das Gefühl haben, Ihre Liebe wäre unerschütterlich. Gehören zu Ihrem Liebesalltag Streit, Provokation, Szenen und vielleicht sogar Sabotageakte? So etwas wie: Sie machen Ihrem Mann extra viel Knoblauch ins Abendessen – genau dann, wenn er am nächsten Morgen ein wichtiges Gespräch mit seiner liebreizenden Kollegin zu führen hat.

Andersherum: Sie als Mann sehen es als beziehungsbelebend an, wenn Sie Ihre Frau, eine Ex-Bulimikerin, hin und wieder mit Blick auf den Bauch fragen, ob sie schwanger ist oder einfach nur eine altersbedingte Bindegewebsschwäche hat. Und vielleicht denken Sie verschmitzt, ein bisschen Necken kann ja nicht schaden, derweil Sie die Kotzgeräusche aus dem Badezimmer überhören. (Menschen machen solche schlechten Scherze entweder, um sich am Partner zu rächen oder weil sie ihn in seiner Stärke völlig überschätzen bzw. selbst Minderwertigkeitsgefühle haben.)

Vielleicht ist der Grund Ihrer Partnerschaft auch der, dass Sie partout nicht allein sein können bzw. wollen und sich irgendeinen Menschen halten, weil Sie einfach nur totale Angst vor Trennung haben.

Oder sind Sie der absolut Verständnisvolle, der für alles eine Entschuldigung hat und vor lauter Harmoniesucht schon vor langer Zeit seinen Stolz beerdigt hat – direkt neben Ihrer Ausstrahlung und Ihrem eigenen Willen. Dafür sind Sie aber der einzige Mensch, mit dem es Ihre bessere Hälfte länger als drei Jahre ausgehalten hat. Das ist doch Liebe, oder?

„Nein!", sage ich. Jetzt werden Sie mich vielleicht hassen, aber: Das sind alles *Beziehungen* und keine *Partnerschaften*. Der Unterschied besteht darin, dass eine Beziehung danach trachtet, eine gewisse Stabilität herzustellen, und eine Partnerschaft diese Stabilität von allein erzeugt. Das bedeutet: Eine Beziehung ist meist ein Abhängigkeitsverhältnis, welches sich auflöst, wenn es seinen Zweck erfüllt hat, derweil eine Partnerschaft der Zweck an sich ist. Die Quittung für diesen Selbstbetrug bekommt man meist erst dann, wenn man schon fast zu alt ist, um auf dem Markt wirklich noch etwas Passendes zu finden, denn dazu gehört Zeit. Ich habe in meiner Beratungspraxis sehr viele Menschen erlebt, die sich nicht darüber im Klaren waren, warum genau sie mit ihrem Partner zusammen waren und nach dem Coaching etwas, sagen wir, gelassener mit dem anderen umgehen konnten, sich allerdings dann auch bald trennten, denn oftmals schlägt dann auch die Stunde der Wahrheit. In den Folgewochen zeigt sich dann immer, dass eine Partnerschaft mit Liebe viel stressfreier ist als eine Abhängigkeit.

Also denken Sie bitte kurz nach:

**Was erhoffen Sie sich von Ihrem Partner und warum?**

Wünschen werden Sie sich Eigenschaften wie Loyalität, Gemeinsamkeit, Solidarität und Liebe im abstrakten Sinne. Im konkreten Sinne mag das dann so etwas wie Ehrlichkeit, Zuverlässigkeit, guter Sex, Zärtlichkeit, Gewaltfreiheit, Kinderliebe, Familiensinn, Treue usw. sein. Aha! Erwischt! Sie wollen eine Partnerschaft wie jeder andere auch. Aber *leben* Sie auch bereits in einer, oder hoffen Sie darauf, dass es endlich einmal eine wird? Und: Wer von Ihnen beiden hat nun eigentlich das große Defizit, das vom anderen ausgeglichen werden soll?

Lassen Sie mich Ihnen ein paar weitere Fragen stellen:

- → Warum gibt es so viele nette und attraktive Menschen, die partnerlos und einsam sind?
- → Wieso gibt es einige Menschen, die immer wieder an den falschen Partner geraten?
- → Wieso beteuert ein Mensch seinem Partner seine Liebe und wird dann in einem Eifersuchtsanfall gewalttätig?
- → Weshalb boomt die Branche der Partnerschaftsvermittlung, obwohl die Erfolgsquote in Bezug auf dauerhafte Beziehungen erschreckend niedrig ist?
- → Vielleicht haben Sie schon von Menschen gehört, die jahrelang in einer festen Beziehung lebten und von jetzt auf gleich ohne ersichtlichen Grund Reißaus nahmen. Wie soll das gehen, wenn Liebe doch angeblich ein Band fürs Leben ist?
- → Warum gibt es auch heute noch Menschen, die ihr Leben lang verheiratet sind, während viele Ehen schon nach kurzer Zeit geschieden werden? Und wieso macht eine Ehe allein noch keine glückliche Partnerschaft?
- → Warum fällt es einigen Menschen so schwer, sich endgültig zu trennen, obwohl die Beziehung von Streit und Misstrauen geprägt ist?

Und nun die Antwort: weil konfliktfreie Zwischenmenschlichkeit an Reife gebunden ist und *erlernt* werden muss. Wie eine Fremdsprache. Beziehungs- oder Liebesfähigkeit und Sexualität sind nicht automatisch perfekt, reifen nicht von ganz allein. Sie führen ohne Training nicht zur erfüllten Partnerschaft, sondern werden durch unsere kindlichen Erfahrungen beeinflusst. Erlebte Konflikte mit Eltern und Geschwistern verhindern oft echte Liebe. Menschen versuchen unterbewusst, durch ihren Partner einen alten Konflikt mit einem Elternteil, mit Bruder oder Schwester zu lösen, oder suchen in ihrem Partner etwas, das dieser gar nicht erfüllen kann, weil er oder sie gar nicht gemeint ist.

Hinzu kommt: Viele Menschen haben solch starke Minderwertigkeitsgefühle, dass sie sich selbst nicht mehr bedingungslos annehmen – und sich somit erst recht nicht auf andere einlassen können. Auch die Liebe zu sich selbst muss erlernt werden, um ein wertvoller Lebens- und Liebespartner zu sein. Je nachdem, von welchen Vorbildern wir lernen, leben, lieben – oder leiden wir.

So erklärt sich plötzlich das Unerklärliche. Alle oben gestellten Fragen werden beantwortet, wenn man weiß, dass die soziale Komponente der Beziehungsfähigkeit die biologische überwiegt. So etwa, warum eine Frau, die einen gewalttätigen Vater hatte, sich unbewusst einen gewalttätigen Mann sucht – weil sie gelernt hat, dass ein solches Verhalten offenbar zu einem durchsetzungsfähigen Mann gehört. Nicht selten suchen sich solch traumatisierte Frauen auch einen überaus sanften und „lieben" Mann und provozieren ihn so lange, bis er gewalttätig wird – nur um unbewusst die Gewalt des anderen kontrollieren zu können. Auch die Abkehr von einem Mann und die Hinwendung zu einer Frau kann die Folge einer maskulinen Gewalterfahrung sein. Jetzt wird klar, weshalb eine attraktive Frau jahrelang erfolglos auf Partnersuche ist und plötzlich den „Richtigen“ findet. Nachdem sie den psychologischen Grund ihrer Isolation verarbeitet hat, hält sie nicht mehr länger nach einem Vaterersatz Ausschau, sondern ist offen für einen Partner auf Augenhöhe. Nun ist es nicht weiter verwunderlich, warum sehr viele Menschen lieber für Sex Geld bezahlen, anstelle sich auf das Abenteuer einer auch sexuell gleichberechtigten Partnerschaft einzulassen. Isolation in einer Beziehung ist meist kein Pech, sondern die Folge einer tief sitzenden Angst.

## Erst mal richtig kennenlernen

Ein Freund von mir sagte neulich: „Ich habe meine Traumfrau gefunden!“ Er schwärmte zehn Minuten lang von der intelligentesten, reflektiertesten, schönsten, verständnis- und liebevollsten Frau in seinem ganzen fünfzigjährigen Leben. „Ach?“, fragte ich. „Wann, wo und wie hast du sie kennengelernt?“ Und er (mit strahlendem Blick): „Gestern Abend in der Buchhandlung!“ *Okay ... gestern Abend ...,* dachte ich und fragte vorsichtig erneut nach. „Und wie?“ – „Na, ich fragte sie, ob sie einen Kaffee haben möchte.“ – „Ja und ...?“ – „Sie sagte Nein!‘“ – „Ja, und dann?“ – „Dann habe ich sie gefragt, ob sie Portugiesin ist, da hat sie aber auch Nein gesagt. Und sie sei verheiratet.“

Jetzt traf mich wirklich der Schlag! Und obwohl diese Anmache an Direktheit wohl kaum noch zu überbieten war, ergab sich daraus ein stundenlanges und intensives Gespräch, und die beiden wollten sich wiedertreffen, obwohl sie verheiratet ist. Allerdings ist so etwas meines Erachtens eher die Ausnahme. Für gewöhnlich klopft man an, bevor man eintritt.

Also: Was machen Sie, wenn Sie einem Menschen zum ersten Mal begegnen? Geben Sie ihm sofort Telefonnummer, Autoschlüssel, einen Kuss und Ihr Portemonnaie? Natürlich nicht! Sie „checken" ihn zunächst. Erst einmal beschnuppern. Bis dahin bleibt man an der Oberfläche, tauscht sich thematisch über Dinge aus, bei denen man sich hoffentlich nicht auf den Schlips tritt: das Wetter, Musik, das Weltgeschehen oder bestenfalls noch Hobbys und gemeinsame Bekannte. Man will sich ja schließlich erst einmal kennenlernen.

Kennenlernen? Wie lange dauert das eigentlich? Ein befreundeter Iraner erzählte mir diesbezüglich einmal: „Wir Moslems sagen, bis man jemanden wirklich kennengelernt hat, hat man ein Kilogramm Salz miteinander gegessen." In zeitliche Dimensionen übertragen, heißt das – wenn Sie nicht gerade eine Salz leckende Ziege sind – in etwa sieben Jahre. Sieben Jahre dauert es übrigens auch, bis ein transplantiertes Organ vom Empfängerkörper entweder angenommen oder abgestoßen wird. Also scheint das „Kennenlernen" irgendwie tatsächlich an diese Zeit gebunden zu sein. Aber das auch nur, wenn Sie viel miteinander zu tun haben, weder Scheuklappen noch ein Brett vor dem Kopf haben und überdies nicht in die bösen Fallen der Projektion und der verzerrten Wahrnehmung tappen, denn diese verhindern echtes Kennenlernen.

# Ich sehe was, was du nicht siehst: Projektion auf den Partner

Unser Gehirn ist zwar nicht dumm, aber faul. Es arbeitet ununterbrochen, aber nur so viel wie nötig. Unsere Abermilliarden von Nervenzellen beginnen bereits ab der dritten Schwangerschaftswoche, zu arbeiten und Umweltreize zu registrieren. Zu dieser Zeit – da weiß eine Mutter meist noch gar nicht, dass sie überhaupt schwanger ist – beginnt unser Herz zu schlagen, und unsere ersten Nervenzellen entwickeln sich. Mit Letzteren sind wir in der Lage, Neurotransmitter – das sind die chemischen Botenstoffe, die im mütterlichen Gehirn für Gefühle sorgen – zu registrieren. Allerdings gibt es in der Gebärmutter noch nicht allzu viele spürbare Erfahrungen – es ist für den Follikel immer einigermaßen gleich warm und gleich dunkel. Doch ab diesem Zeitpunkt ist der kleine Zellknubbel, der zweieinhalb Wochen später unser Nervenzentrum ist, bereits in der Lage, zu spüren, ob sich Stresshormone, Glückshormone, Schlafhormone oder etwa Drogen in seiner Umgebung befinden. Das Kind tritt in Interaktion mit dem mütterlichen Körper. Es beginnt, im weitesten Sinne, zu denken! Nach etwa weiteren sechs Wochen nennt man diesen kleinen „Haufen" von Nervenzellen, der sich stetig weiterentwickelt, bereits „Gehirn". Im Alter von etwa fünf Monaten bekommt das Kind sogar eine ganz genaue Vorstellung davon, ob es im Bauch willkommen ist oder etwa ungewollt. Es braucht sich lediglich beim mütterlichen Organismus bemerkbar zu machen, etwa indem es sich herumdreht oder von innen gegen Mutters Bauchdecke tritt. Das tut es ab diesem Zeitraum für gewöhnlich und bekommt darauf die Antwort seiner Mutter in Form von Neurotransmittern, die durch die Nabelschnur direkt zum embryonalen Gehirn rasen und ihm die gleichen Gefühle ermöglichen, die seine Mutter empfindet. Entweder sie freut sich, ihr Kind zu spüren, dann bekommt dieses einen Endorphinstoß, der als Glücksgefühl wahrgenommen wird, oder sie ist verzweifelt, weil sie gar kein Kind will; dann spürt der Embryo einen Adrenalinstoß. Dieses Stresshormon wird von einem Ungeborenen fast wie ein Stromschlag empfunden. Wenn das Kind diese Erfahrung ein paar Mal gemacht hat, schlussfolgert es, dass es offenbar eine ganz schlechte Idee ist, sich allzu deutlich bemerkbar zu machen.

Depressionen und Introvertiertheit nehmen somit ihren Ursprung bereits vor der Geburt, bedingt durch die sich zunehmend ausbildende Verschaltungsfähigkeit, „Intelligenz" genannt. Und mit dieser Intelligenz ordnen wir unsere Welt. Wenn Sie also monatelang im Bauch Ihrer Mutter beispielsweise die Erfahrung machten, dass Vaters Stimme mit endorphinbedingten Glücksgefühlen einhergeht (Sie wissen ja nicht, dass es Mutters Gefühle sind), dann schlussfolgern Sie leichtfertigerweise, Ihr Vater würde Sie lieben – dabei war er lediglich in *Ihre Mutter* verliebt. Mit diesem Wahrnehmungsmuster werden Sie dann aber ein ganz langes Gesicht machen, wenn sich herausstellen sollte, dass Ihr Vater Ihnen nicht die „versprochene" Beachtung schenkt. Denn nach der Abnabelung bleibt der gewohnte Endorphin-Kick aus, und Sie empfinden ein Aufmerksamkeitsdefizit.

Dieses Frustrationserlebnis übertragen Sie als Frau, wenn Sie Pech haben, auf alle künftigen Männer, die einem Vater-Muster entsprechen. Die tragische Folge kann sein, dass Sie nun in Ihrer Partnerschaft wie ein Luchs darauf lauern, dass Ihr Partner Sie ignoriert, nur weil Sie ein neuronales Muster hierfür angelegt haben. Dass er sich möglicherweise für Sie mehr interessiert als für jeden anderen Menschen, entgeht Ihnen dann leider. Auch die Suche nach einem deutlich älteren Partner, der dem Vater-Muster entspricht, gehört in diesem Zusammenhang erwähnt. Diese vorgeburtlichen Verknüpfungen habe ich mit meinem Team in den letzten Jahren sehr gründlich erforscht, und ich kann Ihnen sagen, dass nahezu alle ungelösten Dauerbaustellen im Leben eines Menschen auf embryonale Traumatisierungen zurückzuführen sind. Mit dem passenden psychologischen Werkzeug sind sie dann auch wieder lösbar.

Projektion ist also eine schlimme Sache. Fast jeder Lehrer in der Schule weiß davon ein Lied zu singen, dass die meisten Kinder davon ausgehen, dass er autoritär ist, nur weil er der Lehrer ist. Egal wie lieb und nett der arme Kerl ist (es erwischt hierbei eher die männlichen Kollegen als die weiblichen – warum das so ist, dazu später mehr), die Kids gehen reflektorisch davon aus, dass da vorn eine bösartige Spaßbremse steht und nicht etwa ein von den elterlichen Steuergeldern bezahlter Bildungslieferant.

Und Sie kennen das sicher auch: Nur weil Sie sich als Frau für die Arbeit etwas stylen, die Nägel lackieren und gepflegte Garderobe tragen, ziehen Sie sich möglicherweise die Missgunst Ihrer Arbeitskolleginnen zu. Man glaubt, Sie wären opportunistisch, falsch und wollten mit weiblichen Reizen Ihrer Karriere auf die Sprünge helfen. Dabei denken Sie weder in Konkurrenzen, noch wollten Sie jemanden demütigen. Im Gegenteil: Sie empfinden ein gepflegtes Äußeres als Wertschätzung den Kunden, Kollegen und der Geschäftsleitung gegenüber. Die Personen, die Ihnen argwöhnisch unterstellen, Sie wären eine falsche Schlange, haben möglicherweise in der Kindheit erlitten, wie jemand, der optisch angenehm auffiel, sich damit zugleich Vorteile erschlichen hat. Dieses Muster bleibt im Unterbewusstsein wie ein Radar aktiv und schießt auf alles, was den abgespeicherten Kriterien entspricht.

Und das alles nur, weil das Gehirn Energie sparen will, denn neue neuronale Verschaltungen anzulegen, „kostet" mehr, als die vorhandenen zu nutzen – selbst wenn das Ergebnis totaler Blödsinn ist. Solange man mit diesem Ergebnis nicht totalen Schiffbruch erleidet, wird nichts geändert. Glauben Sie mir nicht? Dann zeige ich es Ihnen.

Lesen Sie bitte den folgenden Text. Er wird Ihnen zeigen, dass unsere Erwartungshaltung sogar ganz extrem unsere Wahrnehmung bestimmt. Dieser Text kursiert seit Jahren im Internet, so etwa bei www.spiegel.de. Die Ursprungsquelle ist mir leider nicht bekannt. Lesen und staunen Sie:

*„Gmäeß eneir Sutide eneir elgnihcesn Uvinisterät ist es nchit witihcg, in wlecehr Rneflogheie die Bstachuebn in eneim Wrot snid. Das Ezniige, was wcthiig ist, ist, daß der estre und der leztte Bstabchue an der ritihcegn Pstoiion snid. Der Rset knan ein ttoaelr Bsinöldn sien, tedztorm knan man ihn onhe Pemoblre lseen. Das ist so, wiel wir nciht jeedn Bstachuebn enzelin leesn, snderon das Wrot als Gseatems."*

Sie konnten diesen Text lesen, weil bei zu erwartenden Wörtern die Reihenfolge der Buchstaben bis auf wenige Schlüsselpositionen für das Verstehen völlig unerheblich ist – wir machen uns unseren Text im Kopf selbst. Je öfter Sie den Text lesen, desto mehr glauben Sie, dass da stünde: „Gemäß einer Studie einer englischen Universität ist es nicht wichtig, in welcher Reihenfolge die Buchstaben in einem Wort sind. Das

Einzige, was wichtig ist …" usw. Doch das steht da nicht, wie Ihnen jeder Erstklässler, der Buchstabe für Buchstabe liest, beweisen wird. Wir können das Ganze noch übertreiben.

D3NN W3NN 513 D3N FOLG3ND3N T3XT 383NF4LL5
NOCH L353N, D4NN W1RD 1HN3N L4NG54M KL4R,
D455 35 1HN3N VÖLL1G 3G4L 15T, W3N OD3R W45
513 VOR 51CH H483N, D3NN 513 53H3N NUR, W45
513 M1T 1HR3N 4UG3N 53H3N MÖCHT3N –
UNG34CHT3T D3R R34L1TÄT.

Ich wiederhole: Sie sehen nur, was Sie mit Ihren Augen sehen möchten – ungeachtet der Realität! Noch Fragen?

Es gibt eine Vielzahl von optischen Täuschungen, die uns ebenso zeigen, dass wir das sehen, was wir erwarten – und nicht das, was wir nicht kennen. So wird überliefert, dass die ersten Indianer die Schiffe der Konquistadoren nicht sehen konnten, weil sie für etwas so Ungeheuerliches kein Wahrnehmungsrepertoire hatten. Es soll Tage gedauert haben, bis der beobachtende Strandposten die riesige Santa Maria plus Begleitung optisch erfasste. In dem Buch „Bleep"[1] finden Sie zwei Beispiele dafür, dass Wahrnehmung an Erfahrung geknüpft ist: Junge Katzen, die in einem Raum ohne vertikale Linien aufwuchsen, wurden nach einigen Wochen in eine „normale Umgebung" gebracht und konnten keine Stuhlbeine sehen – sie liefen dagegen. Kleinflugzeuge, die auf einer Autobahn notlanden, werden oft nach dem Stillstand von Autofahrern gerammt, die zu Protokoll gaben, sie hätten kein Flugzeug gesehen. Die Ermittler der Versicherungen fanden heraus, dass Autofahrer einfach nicht mit Flugzeugen auf der Autobahn rechnen und sie deshalb nicht wahrnehmen *können*.

Wenn Sie noch immer nicht glauben, dass unsere sinnliche Wahrnehmung von unseren Erwartungen abhängt, dann machen Sie einmal folgendes Experiment: Sie setzen sich in eine Stadtwohnung, in der Sie bei geöffnetem Fenster den Autoverkehr hören können. Nun schließen Sie die Augen und stellen sich vor, das Rauschen des Autoverkehrs wäre das Rauschen der Wellen am Strand. Bauen Sie alle Geräusche in die geistige Strandszenerie ein. Man braucht keine trainierte, bildhafte Vorstellungskraft, um bereits nach ein bis zwei Minuten Urlaubsfeeling zu verspüren.

Und so „erfinden" wir uns leider auch unsere Verliebtheit oftmals selbst, weil wir aufgrund von Erwartungen denken, unser Partner hätte bestimmte Eigenschaften, die wir für begehrenswert halten – dabei sind diese Erwartungen lediglich Muster aus Vereinfachungen unserer Erfahrungen.

Das Fatale am Kennenlernen ist: Je weniger Informationen wir von unserem Gegenüber bekommen, desto mehr Daten ergänzen wir aus unserem eigenen Repertoire. Das ist besonders verhängnisvoll, wenn wir beispielsweise durch das Internet jemanden „kennen" lernen. Bei einer Begegnung vis-à-vis bekommen wir Millionen von Informationen, die wir alle gleichzeitig aufnehmen. So etwa allein bei der Stimme: den Klang, die Melodie, die Lautstärke, die Geschwindigkeit, die Tonhöhe, die Sprachrichtung – dazu kommen noch die Wortwahl, das Sprachniveau, die Grammatik und die Kommunikationskompetenz (also, ob man Sie ausreden lässt usw.). Weiter geht es mit den Augen: die Farbe, die Wimpernlänge, Wimpernfarbe, die Lidschlagfrequenz, die Blickrichtung, der Öffnungsgrad der Augen, die Pupillengröße, die Fältchen, die Tränensackbeschaffenheit. Sie registrieren Mund, Lippen, Nase, Kinn, Größe, Körperhaltung,

Frisur, Bekleidung und und und. Im Internet-Chat haben Sie statt Millionen von Eindrücken nur ein paar elektronische Zeichen, die Wortwahl und die Antwortgeschwindigkeit – das war's. Den Rest fügen Sie aufgrund Ihrer Erwartungen hinzu, verlieben sich bis über beide Ohren in Ihre eigenen Vorstellungen, und bis Ihnen dieser Irrtum auffällt, vergeht eine Ewigkeit.

Vor einiger Zeit schrieben die Zeitungen über das jordanische Ehepaar Bakr und Sanaa Melhem, das sich im Internet einen heimlichen Flirtpartner suchte – anonym natürlich – und prompt an den eigenen Partner geriet. Als es zum Blind Date kam, flog die Sache auf, und anstelle eines Happy Ends endete die Ehe mit Scheidung. „Beide waren durch einen Ortswechsel für mehrere Monate getrennt. Und beide hatten anscheinend dieselbe Idee. Ein kleiner Flirt im Netz würde die Zeit des Wartens sicher schneller vorübergehen lassen. Bakr, der sich beim Online-Dating Adnan nannte, lernte bald eine interessante Frau kennen. Ihr Name war Dschamila. Dschamila war eine kultivierte, unverheiratete Frau und strenggläubige Muslimin. Bakr ahnte nicht, dass Dschamila in Wirklichkeit seine Ehefrau Sanaa war. Nach drei Monaten intensiver Flirts im Netz war es um die beiden geschehen. Man wollte für immer zusammenbleiben. „Adnan" und „Dschamila" hatte es voll erwischt. Bei einem ersten Treffen wollten sie die Sache klarmachen und ihre Verlobung besiegeln. Als Bakr bei diesem Rendezvous zu seinem Entsetzen in Dschamila seine Ehefrau erkannte, rief er in voller Lautstärke: ‚Ich verstoße dich, ich verstoße dich, ich verstoße dich!' – die traditionelle Scheidungsformel des Islam. ‚Du bist ein Lügner', antwortete Sanaa noch. Dann fiel sie in Ohnmacht" (zitiert aus: http://flirt.stuttgarter-zeitung.de/newsletter/61/).

Was für eine tragische Geschichte! Man sieht: Wenn Partner ihre gegenseitigen Vorurteile außen vor lassen, können sie sich durchaus erneut ineinander verlieben. Hätten sich Bakr und Sanaa besser ganz bewusst um den Abbau ihrer Vorurteile gekümmert, wären sie heute womöglich in den zweiten Flitterwochen.

Dahingegen ist es relativ einfach, einen Menschen beim ersten Blick auf Herz und Nieren zu checken. Eigentlich sind wir „innerhalb von einer Sekunde splitternackt“, wie ich auf meinen Vorträgen immer demonstriere. Allein, wie unsere Körperhaltung ist, ob und welchen Schmuck wir tragen, den Modestil, die Frisur und die Gesichtsfältchen liefern Millionen von verwertbaren Daten. Wir sehen so aus, wie wir sind – selbst wenn wir uns verstecken, so kann man wahrnehmen, *dass* wir uns verstecken. Jeder von uns verfügt über Intuition. „Bauchgefühl“ nennt man das. Dieses wird uns zwar leider oft aberzogen, weil man uns einbläut, die unterbewussten Wahrnehmungen und Körpersignale wären nur Vorurteile. Man sollte natürlich ein Buch nicht anhand des Covers beurteilen, aber mit ein wenig Selbstvertrauen können Sie die oft brachliegende Fähigkeit der Intuition wieder kultivieren und trainieren. Damit sind Sie als Menschenkenner klar im Vorteil.

Betrachten wir also nun noch genauer das fremde Wesen an der Bar gegenüber (oder liegt es schon in Ihrem Bett?). Mit einer einzigen Frage können Sie nämlich eine Fülle von präzisen Informationen bekommen (welche meist die eigenen Eltern nicht hatten): Sie fragen einfach nach dem Sternzeichen.

# Persönlichkeit und Charakter

Um einen möglichen Partner richtig einschätzen zu können und nicht von vorneherein „ins Messer“ zu laufen, ist es sinnvoll, einiges über ihn/sie in Erfahrung zu bringen. So manche Erkenntnis schützt vor Fehlentscheidungen oder gibt Sicherheit. Ich verwende seit Jahren hierfür ein Werkzeug, welches man, richtig angewendet, nicht hoch genug schätzen kann.

# Die Sternzeichen

Ich kenne die Bedenken, die viele von Ihnen beim Thema „Sternzeichen" äußern werden: „Astrologie ist unwissenschaftlich!", „Horoskope haben das Niveau von Wochenblättern", „Der Einfluss der Sterne ist Glaubenssache!" – und so weiter. Doch erstens spreche ich hier nicht von Horoskopen, sondern von Persönlichkeitsmerkmalen. Zweitens arbeite ich seit mehr als 30 Jahren mit Menschen und benutze ebenso Hilfsmittel wie Grafologie, Traumdeutung, Physiognomie und andere, um Menschen möglichst schnell und gründlich einschätzen zu können. Doch das, was sich aus dem Sternzeichen ableiten lässt – wenn man es richtig datiert (!!) – ist das für mich hilfreichste Mittel, denn es erklärt, *warum* ein Mensch in gesellschaftliche, familiäre oder partnerschaftliche Konflikte gerät. Und drittens bin ich der Ansicht, dass es nicht der Einfluss der Sterne ist, der für diese Eigenschaften sorgt, so wenig, wie es der Einfluss des Kalenders ist, dass wir Weihnachten oder Ramadan feiern. Dennoch gibt es Zusammenhänge.

Ich bin sicher, Sie werden sich oder andere Menschen in der folgenden Auflistung der Persönlichkeitsmerkmale wiedererkennen, und spätestens dann wissen Sie, dass Erscheinungen/Zusammenhänge, deren Ursache wir noch nicht genau erklären können, nicht zwangsläufig Unfug sein müssen. Außerdem wollen Sie ja, dass die Partnerschaft ein wenig runder läuft, da kann man ruhig mal ein paar Buchseiten lang über seinen ideologischen Schatten springen. Übrigens benutzen Personalchefs, Mannschaftstrainer und Organisationspsychologen ebenfalls sehr erfolgreich das antike Wissen über die unveränderlichen Persönlichkeitseigenschaften.

### Edutainment

Ein 13-teiliges Video zum Thema Sternzeicheneigenschaften finden Sie auf **www.andreaswinter.de**

Jeder Haustierbesitzer tut gut daran zu wissen, ob sein Schützling einen Hundekorb oder ein Aquarium braucht. Wussten Sie, dass ein Meerschweinchen aufgrund seines sogenannten Stopfmagens Verstopfung bekommt, wenn es nicht kontinuierlich frisst (der Magen muss ständig Nahrung aufnehmen, um sie im Darm weitertransportieren zu können)? Das, was wir als maßlose Völlerei verurteilen würden, ist für unser Meerschweinchen lebensnotwendig.

Wussten Sie, dass eine Katze einen extremen Versorgerinstinkt hat und Ihnen erlegtes Kleinvieh nicht als Trophäe vor die Haustür legt, sondern dann, wenn das Tier spürt, dass Sie in Not sind? Anstatt Herumgeschimpfe lieber einen leckeren Taubenbraten essen: Das wäre in Miezes Sinne die angemessene Reaktion. Außerdem sollten Sie sich fragen, wie das Tier wohl darauf kommen mag, Sie für unfähig zu halten, selbst etwas zu essen zu besorgen. Wenn Ihre Katze zudem den ganzen Tag im Wasser hockt, ist sie nicht krank, sondern gehört vermutlich zu der sehr seltenen Rasse „Türkisch Van“ – für die ist das nämlich normal.

Ein Hahn kräht nicht, weil die Sonne aufgeht und er Sie wecken will, sondern um sein Revier zu markieren – völlig unabhängig von der Uhrzeit. Er signalisiert: „Ich bin wachsam und kampfesbereit!“ und will damit seine Hühner beschützen – was ihn seit der Französischen Revolution 1789 zum Wappentier der Gallier machte. Mutig wie ein Löwe und völlig unterschätzt!

Dieser kleine Exkurs ins Reich der Tierwelt zeigt Ihnen, dass unsere eigene Abgeklärtheit rasch zu einer Quelle des Missverständnisses werden kann.

Dennoch, so scheint es mir, kennen wir die Eigenarten der meisten Tiere besser als unsere eigenen. Ausgerechnet bei der Spezies Mensch, dem komplexesten Wesen der Erde, gehen wir ganz selbstverständlich davon aus, dass unsere Mitbürger genauso ticken wie wir selbst und wir direkt von uns auf den anderen schließen können. Weit gefehlt! Nicht nur, dass es selbstverständlich Unterschiede zwischen den Prioritäten der verschiedenen sozialen Schichten, Kulturkreisen oder Generationszugehörigkeiten gibt, die gravierendsten – weil am tiefsten verborgenen – Missverständnisse entstehen durch die Unterschiede der sogenannten Sternzeichen-Persönlichkeit. Das Strukturbedürfnis einer Jungfrau passt nun einmal nicht zu der Freiheitsliebe von Zwillingen. Widder-Impulsivität und Krebs-Emotionalität gehen nicht mit Steinbock-Besonnenheit und Wassermann-Rationalität zusammen. Was andere schnell für ein übersteigertes Geltungsbedürfnis halten, ist für den Löwengeborenen ein unveränderlicher Bestandteil seiner festgelegten Persönlichkeit: Präsenz zeigen. Rachsucht oder Selbstschutz, Forscherdrang oder Besserwisserei, das alles wird je nach Sternzeichen völlig unterschiedlich bewertet und betrachtet. Ein Skorpion reagiert auf Bevormundung ganz anders als ein Schütze, und ein Wassermann oder Zwilling geht mit Gebrauchsanleitungen für technische Geräte anders um als ein Stier oder ein Steinbock.

Ärgerlich ist nur, dass wir in unserem Kulturkreis das Phänomen der Sternzeichen für unchristlich und unwissenschaftlich erachten und daher kaum darin geschult sind. Ich kenne

Menschen, die bei dem Thema Sternzeichen fast hysterisch oder wütend werden – immer, wie sich dann herausstellt, aus Unwissenheit.

Wir laufen ins offene Messer, nur aufgrund von Vorbehalten und Angst. Lernen Sie also Ihr Gegenüber zunächst einmal gründlich kennen, bevor Sie urteilen – und sorgen Sie vor allem dafür, dass man Sie kennenlernt, denn nur so kann man sich für Sie oder rechtzeitig gegen eine Partnerschaft mit Ihnen entscheiden.

Nur, damit wir uns richtig verstehen: Ich selbst bin weder Astrologe noch sehe ich morgens in den Horoskop-Teil der Zeitung, um herauszufinden, ob ich heute heil über die Straße komme. Aber ich bin auch nicht blind und negiere ein beobachtbares Phänomen, nur weil es noch keine anerkannte Erklärung dafür gibt. Sonst dürfte ich keine Bücher über Liebe, Trauer oder Angst schreiben, denn die lassen sich auch nicht quantitativ messen. Dieser Abschnitt ist kein wissenschaftlicher, sondern entspricht der gegenpoligen Betrachtungsweise der Welt, die auch als die esoterische bezeichnet wird. Wissenschaft versucht, Phänomene kausal, also ursächlich zu begründen, was bei Sternzeicheneigenschaften derzeit nicht gelingt. Die wissenschaftliche Frage nach dem „Warum" kann kein Wissenschaftler beantworten. Er weiß nicht, aus welchem Grund diese Eigenschaften zustande kommen. Die Esoterik versucht gar nicht erst, kausal zu begründen, sondern fragt nach dem „Wo noch?" und beschreibt damit lediglich analogische Entsprechungen. Eine solche Entsprechung wäre etwa: Wenn alle Zeiger einer Uhr auf der Zwölf stehen, ist es Mittag. Es ist nicht Mittag, weil die Zeiger diese Position einnehmen, dennoch lässt sich beobachten, dass analog dazu Kirchenglocken läuten, die

Sonne eine bestimmte Position am Himmel einnimmt und Mittagstische gedeckt werden. Die Frage nach dem „Warum“ wird gar nicht erst gestellt. Kausales Denken ist unser derzeitiges geistiges Paradigma, das macht die Esoterik auch für viele Menschen so schwer verständlich.

Bei meinen Analysegesprächen lasse ich mir immer das Sternzeichen meines Gegenübers nennen, um somit einen einfachen analogen Rückschluss auf seine grundsätzlichen Eigenschaften anbieten zu können. Das ist natürlich nur ein kleiner Aspekt. Aber wenn man sich etwas damit auskennt, ein sehr nützlicher. Machen Sie mit mir also nun einen Abstecher in ein Gebiet, das von den meisten Wissenschaftlern aus ideologischen Gründen ignoriert oder gar negiert wird, aber der Charakterisierung eines Menschen durchaus zuträglich sein kann.

## *Was sagt uns die Astrologie?*

Die westliche Astrologie unterteilt die Menschen in zwölf Charaktertypen, die wiederum auf der Basis unterschiedlichster Aspekte differenziert werden.

Ich halte diese komplexe Differenzierung für wenig hilfreich, falls die genaue Erfassung des Menschen damit angestrebt wird, was genauso schwierig sein dürfte wie die Quadratur des Kreises. Es gibt selbstverständlich in anderen Kulturen andere Einteilungen und Deutungsweisen, wie etwa das Chinesische oder das Indianische Horoskop, Kabbalistik oder Numerologie, auf die ich hier aber nicht näher eingehen möchte.

Gemeinsam haben die Horoskope, dass sich alle jeweils beschriebenen Eigenschaften bei Menschen beobachten lassen, unabhängig der dafür benutzten Symbolik.

Ich begreife mich selbst als Naturforscher und sage daher standesgemäß: *Beobachtbares muss erklärbar sein, und Erklärbares ist anwendbar.* Nur weil wir derzeit noch nicht die Erklärung für das Zustandekommen von Sternzeichen-Eigenschaften kennen, heißt das noch lange nicht, dass man diese ignorieren kann.

Die „astrologischen" Eigenschaften sind nicht nur tatsächlich beobachtbar, sondern sogar kultur-, erziehungs-, spezies- und geografieunabhängig. Sie finden diese bei Mensch und Tier auf der ganzen Erde.

Ich empfehle für detaillierte Ausführungen das Buch „Sternenkompass"[2] der australischen Astrologin Mystic Medusa. Sie beschreibt treffend und humorvoll mit scharfer Beobachtungsgabe und kosmopolitischem Background die Eigenschaften der Tierkreiszeichen. Wer sich für eine seriöse, aber nicht minder unterhaltsame Auseinandersetzung mit den Themen Esoterik, Analogien und Zeitqualitäten interessiert, dem empfehle ich Ruediger und Margit Dahlkes „Die Lebensprinzipien: Wege zu Selbsterkenntnis, Vorbeugung und Heilung"[3].

Da angeborene Persönlichkeitsmerkmale oftmals im Verdacht stehen, nicht gesellschaftskonformes Verhalten zu begünstigen (so heißt es, die Widder seien Sturköpfe und die Löwen eitel), werden sie meist erzieherisch unterdrückt. Sie sind aber nach meiner Erfahrung immer vorhanden und niemals zu überwinden – wenn wir an dieser Stelle einmal mögliche „Wiedergeburten" oder lebensverändernde Traumatisierungen außer Acht lassen. Und damit sind sie weder gut noch schlecht.

Im Folgenden finden Sie eine grob vereinfachte Typisierung. In einigen Tabellen gibt es teilweise unterschiedliche Anfangsdaten der Tierkreiszeichen – meiner Erfahrung nach können Sie das vernachlässigen, wenn wir in den Übergangszeiten von „Mischtypen", also eigentlich von 24 Sternzeichen, ausgehen.

Grundsätzlich haben wir es bei den Erdzeichen mit „Machern", bei den Luftzeichen mit „Denkern", bei den Wasserzeichen mit „Fühlern" und bei den Feuerzeichen mit „Stürmern" zu tun. Was das bedeutet, zeigt sich, wenn Sie den Betreffenden in sozialen Stress bringen. Die Erdzeichen halten aus, die Luftzeichen argumentieren, die Wasserzeichen werden emotional, und die Feuerzeichen brausen auf.

Die meisten Astrologen messen dem Aszendenten (das ist der Aspekt, der durch das aufsteigende Sternenbild am östlichen Horizont angezeigt wird) ohnehin mehr Bedeutung bei als dem Sonnenzeichen (dem, was wir Sternzeichen nennen) – zum Erkennen und Verstehen des Aszendenten empfehle ich Walter Rotter: „Charaktere erkennen, Menschen verstehen … miteinander glücklich sein"[4]. Wenn Sie nicht wissen, was Ihr Aszendent ist, können Sie ihn mithilfe der Grafik auf Seite 267 bestimmen.

Ich denke: Es kann nicht schaden, über die Prinzipien im Allgemeinen Bescheid zu wissen, um in bestimmten Situationen weniger überrascht zu sein. Hierdurch vermeiden Sie Stress. Zur Veranschaulichung: Sie fahren mit Ihrem Auto auf eine große Kreuzung zu, und plötzlich biegt aus dem Gegenverkehr ein Fahrzeug links ab und zieht in Ihre Spur. Was tun Sie? Sie fluchen und ärgern sich vielleicht – aber nicht, wenn das Fahrzeug vorher links blinkte, denn dann wissen Sie ja, was Sie erwartet. Damit Sie also in etwa einschätzen können, wie Ihr Partner grundsätzlich tickt, schlagen Sie in der folgenden

Tabelle nach. Bedenken Sie bitte, dass ein Mensch selten nur einen Aspekt in Reinkultur in sich trägt, sondern ihn oftmals ein Gemisch aus Sonnenzeichen, Aszendent und den angrenzenden Aspekten ausmacht.

Ein Mensch, der beispielsweise am 23.04. geboren ist, ist somit kein „reinrassiger" Stier, sondern ein „Widder-Stier". Wenn dann noch der Aszendent „Löwe" hinzukäme, hätten wir hier schon mehr „Feuereigenschaften" als „Erde". Ein Mensch, der am 21.10. geboren ist, ist zwar eine Waage, aber die letzte Waage vor dem Skorpion, dessen Merkmale sich deutlich bemerkbar machen. Kommt noch der Aszendent „Krebs" hinzu, so hätten wir es genauso mit einem Wasserzeichen wie mit einem Luftzeichen zu tun. Nur in der Mitte der Dekade des Zeichens finden wir die ungetrübten Eigenschaften des Sternzeichens.

Wie schon erwähnt, die Anfangs- und Enddaten variieren etwas, je nach Berechnung und astrologischer Auffassung. Es geht los:

## ♑ *Steinbock* *(21.12.–19.01. Erde)*

**Frage:** Wie wohnt ein Steinbock?
**Antwort:** Er meißelt sich in harter Arbeit einen Raum in einen Felsen – alles andere ist nicht solide und wertig genug.

Der Steinbock baut nicht auf Sand, sondern setzt auf solides Fundament. Er sichert seinen eigenen Standpunkt. Rutscht jemand neben ihm in die Tiefe, erntet dieser vom Steinbock bestenfalls Bedauern. Der Steinbock ist taktisch und furchtlos und hat einen Hang zum materiellen Luxus. Er möchte etwas erreichen, wobei ihm seine Ausdauer dabei ein nützlicher Begleiter ist. Der Steinbock ist verantwortungs- und pflichtbewusst und kann sich erst dann entspannen, wenn sein Tagespensum erreicht ist. Das Problem dabei ist nur, dass es selten erreicht wird, da er sich zu viel vornimmt. Tiefsinnige Gespräche lassen sich mit einem Steinbock gut führen. Er ist potenzieller Unternehmenskapitän, der andere arbeiten lassen kann. Verschlossen und diszipliniert glaubt er, er müsse sich alles hart erarbeiten. Der Steinbock braucht das Gefühl, dass er für Sie etwas bauen/sichern/erschaffen/organisieren darf. Er kommandiert gerne herum und kann gut delegieren. Im Gegenzug braucht der Steinbock viele Kuscheleinheiten, um seine Selbsthärte auszugleichen. Steinböcke erkennen Sie an der Größe oder der Liebe zur Größe.

Er ordnet seine Welt dadurch, dass er sie organisiert und Kapital daraus schlägt.

- → **Sport:** Erdige Leistungssportarten mit viel Arbeitseinsatz sind die Seinigen. Alles andere ist für ihn lächerlich.
- → **Konfliktpotenzial:** Der Steinbock ist sehr materiell orientiert, schwer zu Entscheidungen zu bewegen und wenig kompromissbereit.
- → **Und wenn's mal knirscht …?** Der Steinbock wird ein paar Tage nicht mit Ihnen sprechen und Ihnen keine Chance geben, etwas zu kitten. Er verhärtet seinen Standpunkt, wiederholt seine Argumente, macht dicht, bis der Stress vorbei ist.
- → **Und wenn Sie selbst Steinbock sind:** Zeigen Sie Ihre weichen Seiten.
- → **Nutzen:** Der Steinbock baut Ihnen etwas.
- → **Preis:** Sie können ihn nur mit Erfolg beeindrucken.
- → **Partnertipp:** Sex gehört dazu.

## ♒ *Wassermann* (20.01.–19.02. Luft)

**Frage:** Wie wohnt ein Wassermann?
**Antwort:** Wohnen? Er umkreist in seinem Labor die Erde, nein, die Sonne, ach was, die Milchstraße.

Der Wassermann ist das Verkopfteste der Luftzeichen. Er sprengt Grenzen, weil er die Vision einer freien Welt im ewigen Frieden hat. Alles Skurrile und Außergewöhnliche zieht ihn magisch an, weil es ein Kontrast zum Bestehenden ist. Er ist schwer einzuschätzen und manchmal auch unberechenbar, aber niemals langweilig. Die große Stärke ist sein Ideenreichtum, allerdings fehlt es ihm an Durchhaltevermögen – wenn Sie ihn langweilen, stellt er auf Durchzug, und Sie merken es oft noch nicht einmal. Wassermänner blicken weit voraus. Eine seiner sympathischsten Eigenschaften ist die Kameradschaftlichkeit, allerdings auch völlige Unverbindlichkeit.

Der Wassermann ist hilfsbereit und für seine Freunde immer da. Ein kreativer Denker, der leider seinen Körper oft ignoriert, da ihm der Geist wichtiger ist. Jedes Gesetz wird auf Tauglichkeit geprüft und gegebenenfalls durch eine sinnvollere Regel ersetzt – notfalls auch ohne die Zustimmung der anderen. Er ist bestrebt, etwas für die Ewigkeit zu schaffen, zweifelt diese jedoch per se an. Das Auswendiglernen eines Gedichts können Sie beim Wassermann vergessen – doch wenn er will, überfliegt er den Inhalt, begreift diesen und fasst ihn mit drei Sätzen zusammen. Lassen Sie ihn viel entscheiden, pochen Sie nicht auf Autorität. Er hat eine starke visuelle Wahrnehmung. Wassermänner erkennen Sie am chaotischen Haar!

Er ordnet seine Welt dadurch, dass er nach Optimierungsmöglichkeiten und Verbesserungen sucht.

- **Sport:** Der Wassermann liebt alles, was mit Höhe, Fliegen und Luft zu tun hat, ohne aber dabei zwingend selbst sportlich aktiv werden zu müssen.
- **Konfliktpotenzial:** Der Wassermann fühlt sich oft durch Regeln bevormundet und unterschätzt. Ein Luftzeichen kann erschreckend pingelig sein (detailverliebt würde er es nennen), sodass Sie bei Diskussionen sorgfältig sein sollten, wenn Sie nicht auseinandergenommen werden wollen.
- **Und wenn's mal knirscht …?** Der Wassermann will sowieso nicht so viel Nähe von Ihnen, insofern haben Sie meist schon verloren, wenn Sie nur an eine Auseinandersetzung denken. Falls es Ihnen gelingen sollte, die überzeugenden Argumente zu finden, gibt Ihr Wassermann Ihnen recht, und es ist sofort wieder Frieden. Ein Wassermann hält Streit nicht für eine Lösung und wird daher im Konflikt nicht lauter, sondern immer sachlicher – bis hin zur Kühlschranktemperatur.
- **Und wenn Sie selbst Wassermann sind:** Respektieren Sie die Meinungen anderer Menschen, selbst wenn diese mit den Ihren nicht übereinstimmen.
- **Nutzen:** Der Wassermann erfindet Ihnen etwas.
- **Preis:** Sie dürfen nichts von ihm erwarten.
- **Partnertipp:** Sex geht auch alleine.

## ♓ *Fische (20.02.–20.03. Wasser)*

**Frage:** Wie wohnt ein Fisch?

**Antwort:** Vollgestopft mit Figuren und Büchern aus den Bereichen der Fabeln, Mythen, Fantasy und Träumereien. Irgendwo in seiner Wohnung finden Sie etwas Ähnliches wie einen Altar.

Fische sind emotional und sensibel. Inspiration und Eingebung sind ihre Stärken. Fische sind in der Mehrzahl, sie mögen nicht gern allein sein, sondern suchen den Verbündeten. Der Fische-Geborene ist sehr fantasievoll, gutmütig und hat einen ausgeprägten Sinn für Gerechtigkeit. Ein Forscher im Dienste der Menschheit. Familie ist nicht seine Stärke. Für Spirituelles ist er durchaus zu begeistern. Er zeigt sich feinfühlig und verträumt. Will alles ergründen – ist kein Befehlsempfänger und völlig glaubensresistent gegenüber neuen Erkenntnissen. Neigt bei Konflikten eher zum Rückzug in die tiefsten Nischen. Braucht ein eigenes Zimmer und Harmonie. Fische trinken viel – nicht unbedingt Alkohol, aber wenn er vorhanden ist, auch den. Irgendwo am Fische-Geborenen finden Sie auch die obligatorische Tätowierung oder das Piercing. Fische erkennen Sie am Hang zu Symbolen.

Er ordnet seine Welt, indem er nach Verbündeten sucht.

→ **Sport:** Der Fisch gibt sich lieber der Fantasie hin, als harten Sport zu treiben.
→ **Konfliktpotenzial:** Fische sind so spirituell und fantasievoll, dass alle anderen für sie unsensible Holzköpfe sind. Sie können sehr tief in Mysterien eintauchen – egal, ob es dort unten noch normale menschliche Gesellschaft gibt.
→ **Und wenn's mal knirscht …?** Die Fische ziehen sich bei Konflikten und Kritik sehr zurück und verweilen dort auf unbestimmte Zeit. Kommen dann aber meist wieder.
→ **Und wenn Sie selbst Fisch sind:** Weihen Sie Ihre Mitmenschen in Ihre Gefühle ein und geben Sie denen eine Chance, Sie zu verstehen.
→ **Nutzen:** Der Fisch träumt Ihnen etwas.
→ **Preis:** Sie müssen mitträumen.
→ **Partnertipp:** Sex ist ein Trip.

## ♈ *Widder* (21.03.–20.04. Feuer)

**Frage:** Wie wohnt ein Widder?
**Antwort:** Alles, was nicht sofort griffbereit ist, fliegt raus. Am liebsten hat er einen einzigen Schrank, in dem sich alles Nötige befindet und einen Kamin, um den ganzen überflüssigen Kram wie Steuererklärung, Testament, Feuerlöscher, Schwiegermutter und die Eieruhr zu verbrennen.

Wie alle Feuerzeichen können Widder austeilen und eine Menge einstecken, ohne etwas zu merken. Der Widder ist entschlusskräftig, hat Pioniergeist und strebt immer nach vorn. Ist dabei oft ungestüm („mit dem Kopf durch die Wand"), in unterdrückter Form regelrecht bockig. Macht seine Spielregeln selbst. Schwer zu führen. In jedem Widder steckt der Glaube an seine eigene Kraft. Er ist energiegeladen und voller Mut. Komplizierte Zusammenhänge liegen ihm nicht besonders, da er schnell zur Sache kommen will. Ein Widder ist risikobereit und schätzt ehrliche und offene Worte. Widder sind Draufgänger, weshalb sie oft Verletzungen davontragen. Der Widder will seine Grenzen erweitern, indem er sie austestet. Kommen Sie nicht auf die dumme Idee, einen Widder mit einem geplanten Kaiserschnitt zu holen oder mit Wehen unterdrückenden Mitteln an der Geburt zu hindern – sein Trotz verfolgt Sie bis ins Grab! Er hat einen wachen Geist, ordnet sich aber schwer ein. Widder erkennen Sie am schmalen Kinn.

Er ordnet seine Welt, indem er prüft, ob Grenzen halten.

- → **Sport:** Wettkämpfe sind seins! Ob als miteifernder Zuschauer oder mittendrin, der Widder liebt den Kampf.
- → **Konfliktpotenzial:** Der Widder fühlt sich durch die Vorsicht und Kompliziertheit anderer oft ausgebremst.

→ **Und wenn's mal knirscht …?** Beim Widder knirscht es nicht, es knallt. Aber – das ist völlig okay. Streit ist ein Gewitter, und je mehr es blitzt und donnert, desto schneller wird der Himmel wieder klar. Widder mögen keine Weicheier und Langweiler. Er wird nach dem Krach durchaus mit Ihnen schlafen (umgekehrt geht's auch: Nach dem Sex kann sich ein Widder ohne zu zögern mit Ihnen streiten).
→ **Und wenn Sie selbst Widder sind:** Überrumpeln Sie nicht, sondern begeistern Sie Menschen.
→ **Nutzen:** Der Widder erkämpft Ihnen etwas.
→ **Preis:** Sie dürfen vor ihm nicht weglaufen.
→ **Partnertipp:** Sex ist ein Feuerwerk.

## ♉ *Stier (21.04.–21.05. Erde)*

**Frage:** Wie wohnt ein Stier?
**Antwort:** Ob in der Wellblechhütte, im Fachwerkhaus oder in der Burg – Hauptsache, er hat seinen Herd, sein Sofa, und es ist gemütlich.

Wie alle Erdzeichen ist der Körper für den Stier das Wichtigste. Er ist ein sinnlicher Mensch mit Geschmack und ein Genießer. Ein Stier kann sehr realistisch, also an der sinnlich erfassbaren Realität orientiert sein, strebt nach Besitz und Sicherheit. Er arbeitet hart an seinen Zielen, bis er sie erreicht hat – und immer schön eins nach dem anderen. Geduld und Kreativität sind seine Stärken, allerdings kann diese Geduld manchmal in Unflexibilität ausarten. Der Stier ist derart leistungsbereit, dass er sich oft zu viel Arbeit auflädt. Er neigt zu Übergewicht und Konsumstreben, wenn man ihn an seiner Verwirklichung hindert. Er liebt alles Körperliche, also auch Sport, Tanz und Sex, aber er versäumt, seine

Mitmenschen rechtzeitig vor deren Grenzüberschreitungen zu warnen – und dann kann es oft zu Wutausbrüchen kommen.

Ein Stier lernt langsam, aber gründlich. Ermuntern Sie ihn – zu viel Druck schadet nur. Ein Stier kann es übrigens nur schwer verkraften, wenn man ihm widerspricht. Vielleicht, weil er sich dann etwas hilflos vorkommt oder einfach, weil er dann wieder umdenken muss. Stiere erkennen Sie an den schönen Kuhaugen, dem "Stiernacken", der Ausdauer und dem gesunden Appetit. Stiere, der Venus zugeordnet, sind sehr genussfreudig.

Er ordnet seine Welt dadurch, dass er aufräumt.

→ **Sport:** Ausdauer- und Kraftsport ist beim Stier beliebt, damit spürt er seinen Körper.
→ **Konfliktpotenzial:** Der Stier verliert die Beherrschung, wenn er keine Zeit und Ruhe für seine Aufgaben bekommt. Er arbeitet wie ein Ochse und hat nicht immer Verständnis dafür, wenn andere nicht mitziehen.
→ **Und wenn's mal knirscht ...?** Wenn Stiere sich tatsächlich einmal beschweren, dann meinen sie es verdammt ernst. Der Stier hält keine Appelle und Reden – er zeigt lieber, was er fühlt. Klären Sie die Dinge, und am nächsten Tag ist alles gut. Klären Sie sie nicht, ist der Stier in spätestens 10 Jahren auf und davon (dann, wenn Sie nicht mehr damit rechnen).
→ **Und wenn Sie selbst Stier sind:** Informieren Sie andere über Ihr Sicherheitsbedürfnis.
→ **Nutzen:** Der Stier kocht Ihnen etwas.
→ **Preis:** Sie müssen es auch essen.
→ **Partnertipp:** Sex ist Körperkult.

## ♊ *Zwillinge* (*22.05.–21.06. Luft*)

**Frage:** Wie wohnt ein Zwilling?
**Antwort:** Egal – sobald die Wohnung fertig ist, zieht er wieder um.

Zwillinge sind ein wenig wie Schmetterlinge: unberechenbar und flatterhaft. Der Zwillinge-Geborene braucht Abwechslung. Größte Stärke: Kontakte knüpfen. Einen Zwilling zu beurteilen, ist schwierig, da er selbst nicht genau weiß, was er im nächsten Moment tun wird. Vielseitig, aber auch unruhig und ungeduldig. Deshalb wechselt der Zwilling gern seine Überzeugung oder auch den Beruf. Der Zwilling ist als Luftzeichen ständig in Bewegung, daher oft viel schneller als andere und erledigt viele Dinge auf einmal. Unparteiisch, aber kritisch. Er wird oft missverstanden, weil der Zwilling Grenzen und Konflikte ignoriert. Er liebt lange und gründliche Diskussionen. Er freut sich auf die Arbeit, ist voller Ideen (auch offen für Unsinn und Streiche) und braucht viele Anregungen. Er liebt die neuesten technischen Geräte und liest Bücher schneller, als er sie kaufen kann. Zwillinge erkennen Sie gar nicht.

Er ordnet seine Welt dadurch, dass er sich nach den Hinterausgängen umschaut.

- **Sport:** In sportlicher Hinsicht ist der Zwilling eher von der technischen Seite des Sports fasziniert. Alle Formen der Bewegung faszinieren ihn.
- **Konfliktpotenzial:** Der Zwilling ist für andere nur schwer einzuschätzen und entflieht der Eintönigkeit. Er wird manchmal der Lüge bezichtigt, weil er als Dualist nie nur eine Wahrheit akzeptieren kann.
- **Und wenn's mal knirscht …?** Zwillinge reden Sie in Grund

und Boden. Haben Argumente wie Kugeln im Patronengurt. Und falls Sie sich doch einmal verteidigen wollen, wechseln die Zwillinge (dieses Zeichen steht im Plural) einfach den Standpunkt und argumentieren weiter oder gehen einfach gedanklich oder räumlich fort.

→ **Und wenn Sie selbst Zwilling sind:** Bleiben Sie bei einer Sache, und kosten Sie diese aus!
→ **Nutzen:** Zwillinge bewegen etwas.
→ **Preis:** Sie müssen Ihnen die Freiheit lassen.
→ **Partnertipp:** Sex ist eine Option.

## ♋ *Krebs* (22.06.–21.07. Wasser)

**Frage:** Wie wohnt ein Krebs?
**Antwort:** In einem riesigen Bett voller Kuscheltiere. Und bloß keinen Besuch reinlassen!

Wie alle Wasserzeichen fühlt der Krebs eher, als zu denken, zu machen oder zu erleben. Der Krebs ist anhänglich, fürsorglich, harmoniebedürftig und kann einen um den Finger wickeln. Er ist bereit, zu verzeihen und Opfer zu bringen. Oft voller Schuldgefühle und Beschuldigungen. Er sucht die Fehler bedauerlicherweise immer zuerst bei sich statt bei anderen. Ein Krebs ist oft schüchtern und vorsichtig – will nie richtig erwachsen werden und tut sich mit dem Loslassen schwer. Sehr, sehr leicht zu verletzen. Krebse weinen viel. Zielstrebig, wenn er sich in Sicherheit fühlt, scheut seine Grenzen und überrascht durch Energieausbrüche. Krebse sind berechnend loyal, suchen oft die Sicherheit in Familie (und allem, was sie dafür halten) und zahlen dafür leider den hohen Preis der Gesundheit. Das ist nicht verboten, aber man sollte diesen Preis auch kennen, damit man entscheiden kann, was einem nun wichtiger ist. Sie sollten Ihren Krebs viel loben und unterstützen. Krebse erkennen Sie an den ausgedünnten Augenbrauen und der kindlichen Ausstrahlung.

Er ordnet seine Welt dadurch, dass er Größen vergleicht und Autorität einschätzt.

- → **Sport:** Der Krebs liebt Mannschaftssportarten, bei denen er andere unterstützen kann, oder, wenn sich die Sportler verletzen, man drei Hilfsbedürftige gleichzeitig versorgen kann. Er schwimmt gern.
- → **Konfliktpotenzial:** Der Krebs tut gerne so, als sei er ganz klein, nur um anderen nicht zu nahe zu treten. Das wird oft als Unterwürfigkeit missverstanden.
- → **Und wenn's mal knirscht …?** Der Krebs reagiert auf Kritik und Harmoniestörungen mit Rückzugsstrategien und Minderwertigkeitsgefühlen. Meisterlich in emotionaler Erpressung! Nach einem Streit mit einem Krebs haben Sie garantiert entweder Mitleid oder Schuldgefühle.
- → **Und wenn Sie selbst Krebs sind:** Vertrauen Sie auf das Gute in Ihren Mitmenschen!
- → **Nutzen:** Der Krebs heilt Sie oder repariert Ihnen etwas.
- → **Preis:** Sie müssen ihn lieb haben.
- → **Partnertipp:** Sex ist ein Geschenk an Sie.

## ♌ Löwe (22.07.–22.08. Feuer)

**Frage:** Wie wohnt ein Löwe?
**Antwort:** Jedes Zimmer ist ein prunkvoller Thronsaal, sogar Toilette und Küche. Je mehr Spiegel im Palast hängen, in denen die eigene Mähne bewundert werden kann, desto besser.

Der Löwe genießt den Mittelpunkt. Will eine Wirkung auf

Menschen haben. Herrscht über andere als gütiger Regent und ist loyal – verlangt aber auch Loyalität. Schafft mit viel Herz Strukturen und Regeln. Hat Prinzipien und ist daher etwas stur. Ist gerne erwachsen, wenn man ihm seine Bühne lässt, die er spielerisch und gestenreich betritt. Ignorieren Sie einen Löwen, stehen Sie auf seiner Negativliste. Er ist meist eigenständig und übernimmt früh Verantwortung, überschätzt sich aber dabei oft. Ein Löwe braucht derartig viel Lob, dass Sie es damit gar nicht übertreiben können. Er sammelt gerne Auszeichnungen und Urkunden (im Gegensatz zum Widder, für den das alles oft wertloser Plunder ist). Löwen haben es schwer, weil sie als Egozentriker missverstanden werden – dabei brauchen wir alle jemanden, den wir bewundern können. Löwen erkennen Sie an der Mähne.

Er ordnet seine Welt dadurch, dass er seine Getreuen auf sich einschwört.

- → **Sport:** Eigentlich ist es dem Löwen egal, wofür er die Goldmedaille bekommt, Hauptsache, die Haare liegen.
- → **Konfliktpotenzial:** Der Löwe verkraftet es nicht, Rangletzter sein zu müssen, und lässt sich jedes Mittel recht sein, um dies zu kompensieren.
- → **Und wenn's mal knirscht…?** Während eines Streites gilt: Der König hat recht. Reichen Sie ein Gnadengesuch bei Seiner Hoheit ein, und alles ist wieder im Lot. Wenn der Löwe Sie anbrüllt, haben Sie zumindest seinen Respekt.
- → **Und wenn Sie selbst Löwe sind:** Lernen Sie zu verstehen, dass die Welt sich nicht immer nur um Sie dreht, ohne dass Sie sich gleich ignoriert fühlen.
- → **Nutzen:** Der Löwe regiert für Sie.
- → **Preis:** Sie müssen ihm huldigen.
- → **Partnertipp:** Sex ist eine Audienz.

## ♍ Jungfrau (23.08.–22.09. Erde)

**Frage:** Wie wohnt eine Jungfrau?
**Antwort:** Akkurat, ordentlich, praktisch, geometrisch. Besuch darf nach Anmeldung jederzeit kommen, aber wehe, er verändert etwas.

Die Jungfrau ist akribisch, braucht Struktur und Ordnung, kritisiert oft vor sich hin und fühlt sich schnell allein gelassen und unverstanden. Sie braucht konkrete Anleitungen. Ist zuverlässig und detailversessen. Kann komplizierte Dinge auswendig lernen, ohne sie begreifen zu müssen. Sie ist leicht zu erschüttern, außer sie kann sich an etwas Stabilem festhalten. Interessiert an Naturwissenschaften, gut organisiert. Jungfrauen erkennen Sie an der strengen oder verkniffenen Ausstrahlung.

Sie ordnet ihre Welt dadurch, dass sie kritisiert.

- **Sport:** Der typische Sport einer Jungfrau hat einen Anfang und ein Ende, strengt nicht zu sehr an und ist gut für die Gesundheit. Ein Wettkampf wird von einer Jungfrau dadurch gewonnen, dass der Gegner wegen Falschspiels disqualifiziert wird.
- **Konfliktpotenzial:** Die Jungfrau wendet sich von Undurchsichtigem und Chaotischem ab, verteidigt dabei aber sehr vehement ihren Standpunkt.
- **Und wenn's mal knirscht …?** Die Jungfrau ist im Streit bissig und danach untröstlich. Durch streng logische Argumente aber gut zu überzeugen.
- **Und wenn Sie selbst Jungfrau sind:** Akzeptieren Sie es, wenn andere mit weniger Ordnung und Struktur auskommen.
- **Nutzen:** Die Jungfrau ordnet Ihnen etwas.
- **Preis:** Sie dürfen nichts durcheinanderbringen.
- **Partnertipp:** Sex ist ein Tagesabschluss.

## ♎ *Waage* (23.09.–22.10. Luft)

**Frage:** Wie wohnt eine Waage?
**Antwort:** Modern, symmetrisch, stilvoll dekoriert mit viel technischem Schnickschnack auf Knopfdruck. Und wehe, das Bild hängt schief!

Die Waage versucht, gutmütig und ausgleichend zu sein. Hat einen extremen Gerechtigkeitssinn, was oft zu vorschnellen Urteilen führen kann. Denkt und tüftelt gerne und ist harmoniebedürftig. Der Waage geht Gerechtigkeit vor Freundschaft. Sie glaubt, es gäbe nur eine Wahrheit – ihre. Arbeitet gerne mit dem Kopf und den Händen. Große Liebe zu Ästhetik, Ordnung und Eleganz. Braucht die Geselligkeit. Benötigt manchmal Hilfe, um bei Konflikten das rechte Maß zu behalten! Waagen erkennen Sie an den glatten ordentlichen Haaren.

Sie ordnet ihre Welt dadurch, dass sie ein Urteil fällt.

- → **Sport:** Entweder symmetrisch und ästhetisch oder ein Gruppenerlebnis. Wichtig ist, dass es am Ende ein eindeutiges Ergebnis gibt – die Waage muss den Sport aber nicht unbedingt selbst betreiben.
- → **Konfliktpotenzial:** Die Waage kann bei fehlender Fairness unverhältnismäßig selbstgerecht werden.
- → **Und wenn's mal knirscht …?** Die Waage wird auf jeden Fall eine Gerichtsverhandlung erst beenden, wenn von ihr ein eindeutiges Urteil gefällt wurde. Das kann Jahre dauern. Niemand außer dem Skorpion ist so nachtragend wie sie.
- → **Und wenn Sie selbst Waage sind:** Lassen Sie fünf gerade sein. Verzichten Sie aufs Rechthaben!
- → **Nutzen:** Die Waage gleicht Ihnen etwas aus.
- → **Preis:** Sie müssen ihr recht geben.
- → **Partnertipp:** Sex ist einfach schön.

## ♏ Skorpion (23.10.–22.11. Wasser)

**Frage:** Wie wohnt der Skorpion?

**Antwort:** Eigentlich könnte er für sein Domizil Eintritt nehmen. Ob Gruselkabinett, Opiumhöhle, Völkerkundemuseum oder Antik-Ausstellung – Hauptsache, es gibt genug Geheimnisse zu zeigen und/oder zu verbergen. Archaisch und beeindruckend – die Wohnung eines Skorpions verfolgt Sie in Ihre (Alb-)Träume.

Der Skorpion ist empfindlich und daher extrem verletzlich. Sein Wunsch nach Frieden ist derart groß, dass ihm diese Welt viel zu grob erscheint. Hört das Gras wachsen, bevor es gesät ist. Er ist gern geheimnistuerisch, hasst es aber, wenn andere vor ihm Geheimnisse haben. Er glaubt, sich schützen zu müssen, und ist misstrauisch. Handelt vorstellungsbezogen und ist daher auf die Einhaltung seines Plans angewiesen; Abweichungen von diesem werden als Störungen registriert. Der Skorpion erlebt auch oft Streitigkeiten und Kampf, oder – im anderen Extrem – Zurückgezogenheit und scheinbare Unterwürfigkeit. Er ist sehr harmoniebedürftig. Hat aber einen Hang zu Düsterem. Ein Kämpfer für die Wahrheit, der auch nicht davor zurückschreckt, sich bei Streitigkeiten unversöhnlich und ohne Wiederkehr zu distanzieren. Ermuntern Sie ihn zu mehr Lebensfreude, wird er Sie der Oberflächlichkeit bezichtigen. Bei Regeln sollten Sie mit dem Skorpion ganz konsequent bleiben – er führt Machtkämpfe mit allem, was nach Autorität riecht. Skorpione erkennen Sie an Ihrer Gänsehaut.

Der Skorpion ordnet seine Welt dadurch, dass er die Missstände aufdeckt und sie mit neu geschaffenen Regeln und seinen Bedingungen umgibt. Er lernt eigentlich nur mit Schmerzen, weil er alles andere nicht ernst nimmt.

- → **Sport:** Sport reizt nur, wenn eine gewisse Härte, vielleicht sogar Brutalität vorhanden ist.
- → **Konfliktpotenzial:** Skorpione sind tiefgründig und viel sensibler, als man denkt. Man übersieht schnell, dass sie keine „harten Typen“ sind, sondern sich mit einer Fassade schützen.
- → **Und wenn's mal knirscht …?** Der Skorpion kann bei geringster Verletzung die soziale Beziehung komplett infrage stellen. Wasserzeichen sind alle nicht besonders zugänglich für rationale Argumente. Die einzige Möglichkeit, dass der Skorpion Sie nicht mit Rache überzieht: Machen Sie sich klein – und wehe, Sie lügen dabei!
- → **Und wenn Sie selbst Skorpion sind:** Verzeihen Sie einfach einmal ohne Diskussion!
- → **Nutzen:** Der Skorpion entlarvt etwas.
- → **Preis:** Sie müssen sich entblößen.
- → **Partnertipp:** Sex ist seine Geheimnisoffenbarung.

## ♐ Schütze *(23.11.–20.12. Feuer)*

**Frage:** Wie wohnt ein Schütze?
**Antwort:** Möglichst mit teurer Miete, groß und unpraktisch, aber ungewöhnlich. Das Wichtigste ist jedoch die Tür, zu der er seinen Besuch wieder hinausschmeißen kann, falls dieser nervt oder langweilt.

Ein Schütze braucht eine möglichst große Zielscheibe. Das erhöht die Chance auf einen Treffer. In dieser Hinsicht ist er das Gegenteil vom Wassermann, der lieber eine mikroskopisch kleine Zielscheibe hat, um einen Volltreffer zu garantieren. Wenn der Schütze nach gründlichem Anvisieren ein Ziel hat, dann drückt er auch ab. Lässt sich nicht gerne aufhalten. Er kann Menschen begeistern, braucht sie aber eigentlich nicht, um erfolgreich zu sein. Kann schnell entscheiden und steht dazu. Er zieht leider selbst dann sein Vorhaben durch, wenn sich zwischenzeitlich herausgestellt hat, dass es das Falsche ist. Abgedrückt ist eben abgedrückt! Er fühlt sich schnell gestört und bevormundet, hält sich nicht gern mit tiefschürfender Tragik auf. Er ist voller Energie, hat oft Probleme mit Disziplin und Konzentration. Schützen erkennen Sie daran, dass sie jünger aussehen, als sie sind.

Er ordnet seine Welt dadurch, dass er sich auf die Chancen im Leben fokussiert. Hält sich nicht gerne mit Problemen auf.

→ **Sport:** Sportlich reizen den Schützen komplexe Dinge, die auf ein langes Ziel hin ausgelegt sind – jahrelanges Training gehört mit dazu: etwa ein Zehnkampf, um Astronaut zu werden.
→ **Konfliktpotenzial:** Der Schütze kann durch Appelle an seine Empathie überaus trotzig werden. Mit seiner Art, Großes zu wollen, überfordert er seine Mitmenschen schnell – und verachtet sie dafür.
→ **Und wenn's mal knirscht …?** Der Schütze droht, schüchtert ein, übertreibt seine Vorwürfe, meint es aber nicht so und kann sich folglich nach ein paar Tagen nicht mehr daran erinnern. Schützen lassen sich von einem Streitziel genauso gut ablenken, wie ein festgebissener Terrier von einer fleischigen Wade – versuchen Sie es gar nicht erst, Schützen hören im Streit sowieso nicht zu.
→ **Und wenn Sie selbst Schütze sind:** Gehen Sie in die Tiefe, und interessieren Sie sich für Ihre Mitmenschen.
→ **Nutzen:** Der Schütze verdeutlicht Ihnen etwas.
→ **Preis:** Sie dürfen ihm nicht mit Problemen kommen.
→ **Partnertipp:** Sex ist vereinnahmend.

### *Genauigkeit zählt*

Wenn Sternzeicheneigenschaften ignoriert beziehungsweise unterdrückt werden, dann geraten sie zur größten Schwäche ihres Besitzers: So kann ein Widder stur, ein Löwe herrschsüchtig, eine Jungfrau zögerlich und penibel und eine Waage selbstgerecht werden. Fische und Skorpione können überempfindlich, Wassermänner und Zwillinge weltfremd und zurückgezogen werden – und dies alles nur, weil die Eltern bei der Kindeserziehung nicht wissen konnten, dass Kinder bei der Geburt keine unbeschriebenen Blätter sind, beziehungsweise sich vielleicht sogar weigerten anzuerkennen, dass es eine Grundpersönlichkeit gibt.

Hinzufügen möchte ich, dass die Eigenschaften des Sonnenzeichens, also des sogenannten „Sternzeichens“, wahrscheinlich nicht mit der Geburt entstehen, sondern bereits bei der Zeugung. Der errechnete Geburtszeitpunkt liefert also den Hinweis auf das Zeichen und bedeutet, dass Sie als Mutter bereits neun Monate lang einen Widder/Löwen/Wassermann und so weiter unter dem Herzen tragen und dieser entsprechend seiner Grundpersönlichkeit auf empfundene Grenzen reagiert. Das ist ungefähr so, als ob Sie Ihr Frühstück aufgrund von Zwischenfällen nicht um neun Uhr einnehmen können, sondern erst um zwölf Uhr. Damit ist es kein Mittagessen, sondern bleibt mit Toast, Eiern und Orangensaft ein Frühstück – zur falschen Zeit. Wenn Sie sich also nicht wiedererkannt haben, liegt das wahrscheinlich daran, dass Sie außerhalb Ihres natürlichen Geburtstermins zur Welt gekommen sind. Schauen Sie dann in der obigen Liste dort nach, wo Sie normalerweise zu finden wären, wenn Sie eine pünktliche Geburt gehabt hätten. Der Aszendent hingegen hat tatsächlich mit der Geburtszeit zu tun, wirkt aufgrund der zeitlichen

Unschärfe auch nicht so dominant wie das Sonnenzeichen. Beim Berechnen des Horoskops werden von unerfahrenen Astrologen oftmals grobe Fehler gemacht. Gerade der Aszendent ist eine häufige Fehlerquelle, denn die Geburtszeit ist selten die Zeit, zu der die Hebamme sich nach getaner Arbeit die Hände wäscht und auf die Uhr sieht, sondern, wie sich in unserem Institut in Hunderten von Hypnosesitzungen herausstellte, die Zeit, zu der ein Baby aufhört, seine eigene Geburt voranzutreiben. Das ist besonders bei Kaiserschnittkindern relevant. Als Tipp habe ich für Sie: Wenn der Aszendent nicht mit den beschriebenen Persönlichkeitsmerkmalen übereinstimmt, sehen Sie sich einfach in der Tabelle im Anhang (→ Seite 267) den Aszendent davor an – meist ist dieser stimmig.

Im folgenden Fallbeispiel wird deutlich, warum diese Genauigkeit so wichtig ist.

## *Ein Känguru hat keinen Rüssel*

Der 40-jährige Thorsten wurde in einer Silvesternacht im Zeichen des Steinbocks geboren. Das Interesse seiner Frau Sabine für Astrologie teilte er jedoch nicht. Für Sabine war klar, dass er „steinbocktypisch" nicht für Esoterik oder Glaubensfragen offen ist und seine voraussagbaren Widerstände gegen Astrologie daher rührten. Mit seinem sturen Materialismus könne er nicht nachvollziehen, was Sabine sagte. Sie selbst als im Zeichen Fische Geborene fühlte sich im Bereich der Spiritualität durchaus zu Hause. Thorsten argumentierte hingegen, dass er sich in den astrologischen Beschreibungen seiner Persönlichkeit einfach nicht wiederfinde. Er sei sehr wohl offen für alternative Denkweisen und interessiere sich für sehr viele Dinge. Doch er sträubte sich, etwas zu glauben, was ihm nicht zutreffend erschien. Zur Sprache kam diese Debatte der beiden Eheleute zufällig, als Thorsten mich wegen seiner chronischen Schlafstörungen in meiner Praxis aufsuchte. Durch seine Ein- und Durchschlafstörungen fühlte er sich morgens wie gerädert. Meine Arbeit als Coach besteht darin, die Ursachen dieser Störungen und Verhaltensmuster aufzudecken und mit geisteswissenschaftlichen Methoden zu entkoppeln und somit unschädlich zu machen. Routinemäßig stellte ich Fragen zur Biografie meines Klienten, darunter auch die Fragen nach seinem Geburtstag, seiner Geburtszeit, der Schwangerschaftsdauer, der Dauer der Geburt und dem Schwangerschaftsverlauf. Meist wissen die Klienten natürlich nicht so besonders viele Details hierzu, sodass ich viel mit Ableitungen arbeite, das sind Rückschlüsse vom Erscheinungsbild und des Verhaltens auf die möglichen prägenden Erlebnisse.

Bei seiner Angabe zum Geburtsdatum war ich sehr überrascht. Der Mann vor mir war leger, fast salopp gekleidet, trug an einem Ohr zwei Ohrringe, recht exotische Lederstiefel und einen Dreitagebart. Sein Haar war mittellang und wild durcheinander. „Sieht so ein Steinbock aus? Niemals!“, dachte ich. Natürlich tragen die nicht alle einen schwarzen Anzug und eine teure Uhr, aber von Struktur und Materialismus war bei diesem Menschen keine Spur. Ich erklärte ihm, warum ich diese Fragen stellte und dass ich weder Astrologe noch Esoteriker sei, aber meine Klienten so schnell wie möglich kennenlernen müsse, um ihnen zu helfen. Daher sei das Sternzeichen (korrekterweise die Tierkreiszeichen-Entsprechung) sehr wichtig.

Mittels dieser Angaben beantworten sich innerhalb einer Sekunde die meisten Fragen. Ich erklärte ihm den Zusammenhang, dass sowohl auf der Nord- als auch auf der Südhalbkugel der Erde ein jeder Steinbock entsprechende Eigenschaften hat, selbst wenn er folglich südlich des Äquators nicht im Winter, sondern im Sommer geboren wurde. Also kann dies kein psychisches oder kulturelles Phänomen sein. Auch bei Tieren lassen sich die Sternzeicheneigenschaften beobachten. Wir reden hier also von einem Naturphänomen – eine Gesetzmäßigkeit, an die man nicht glauben muss und die auch keine Ausnahmen macht. Thorsten sah mich etwas gelangweilt an und entgegnete, dass er diesem Thema nichts abgewinnen könne. Er finde sich in sämtlichen, noch so präzisen Beschreibungen des Steinbockes nicht wieder und glaube nicht an astrologische Zusammenhänge. Ich sah ihn an und sagte: „Sie sind auch nie und nimmer ein Steinbock! Sie sind mindestens drei Wochen zu früh geboren! Sie sind ein waschechter Wassermann!" Thorsten nickte und sagte: „Ja, drei Wochen kommt hin. Der 23. Januar wäre der Termin gewesen, aber ich hatte es wohl eilig." Er grinste. Ich skizzierte ihm die Wassermanneigenschaften: unkonventionell, freiheitsliebend, fängt vieles an und bringt wenig zu Ende, weil er sich zum einen als ein Impulsgeber sieht und zum anderen sich voller Begeisterung für Neues schnell ablenken lässt. Niemals angepasst, sondern immer kritisch. Gebrauchsanleitungen, Auswendiglernen und starre Regeln geben ihm nicht etwa Sicherheit (wie es beim Steinbock der Fall wäre), sondern sind für ihn pure Bevormundung und Missachtung seiner Freiheit. Thorsten sah mich mit großen Augen an. Alles in seiner Mimik schien zu sagen, dass er sich noch nie so verstanden gefühlt hätte. „Ja, das passt absolut", sagte er langsam und beeindruckt.

Hierdurch ermutigt, legte ich noch einen drauf. „Sie kommen wegen Schlafstörungen?", fragte ich ihn musternd.

Seine strubbelige Mähne und seine extravaganten Stiefel ließen nur einen Schluss zu: Löwe! Die Tabelle zur Berechnung des Aszendenten bestätigte: Seine Geburtszeit musste gegen 21 Uhr gewesen sein. „Nein, ich wurde weit nach Mitternacht geboren“, sagte Thorsten. „Allerdings gab es Komplikationen: Meine Mutter bekam Wehen hemmende Mittel, und dann, als diese nicht anschlugen, musste ich mit der Zange geholt werden.“

Damit war alles klar! Der Aszendent, den seine Frau Sabine berechnet hatte, war „Waage“: gerechtigkeitsfixiert, gruppenzugehörigkeitsaffin, hoher ästhetischer Anspruch und akkurate Haare. Auch hier lag die Berechnung völlig daneben. Die Geburt eines Menschen wird vom Embryo selbst über ein Stresshormon ausgelöst. Und sie ist nicht dann beendet, wenn die Hebamme die Nabelschnur durchtrennt, der erste Atemzug gemacht wird, oder wenn das Baby gewaschen, gemessen und gewogen wurde, sondern – wie bereits erwähnt – dann, wenn das Baby aufhört, seine eigene Geburt voranzutreiben. Daher auch die Schlafstörungen: Abends gibt er „Vollgas“ und lässt sich nicht bremsen. So wie bei der Geburt.

Ein Mensch „bekommt“ sein Sternzeichen nicht durch die Geburt, sondern mit dem Zeitpunkt der Zeugung. Wenn aus einer quantenphysikalischen Superposition eine determinierte Position wird, unterliegt dieser Zeitpunkt einer Zeitqualität, die sich ein Leben lang ablesen lässt. Man muss nur wissen, worauf man zu achten hat. Ein Känguru hat keinen Rüssel und ein Steinbock mit Aszendent Waage sieht nicht aus wie ein freakiger Rockstar.

Hier ist noch ein anderes, etwas älteres Beispiel, das zeigt, wie aufschlussreich das Wissen um die Persönlichkeit wäre, wenn man es nur hätte.

## *Memory – schnell gelöst*

Die beiden fünfjährigen Jungen Tim und Pascal spielen Memory, ein Spiel, bei dem es darum geht, aus verdeckten Kärtchen möglichst viele Kartenpaare aus gleichen Motiven zu bilden. Hierbei muss man sich die Lage der vorübergehend aufgedeckten Karten für den nächsten Spielzug merken. Pascal, ein strukturbedürftiger, ordentlicher Jungfrau-Geborener, dreht regelkonform zwei Karten um und bemüht sich redlich, Paare zu finden. Tim, ein innovativer und lösungsorientierter Wassermann, dreht entgegen den Regeln alle Karten gleichzeitig um, fügt die offenliegenden Paare zusammen und sagt: „Fertig! Können wir endlich zum Spielplatz gehen?“ Für ihn ist die Aufgabe, viele Paare zu bilden, gelöst. Das Ganze wäre amüsant, wenn nicht Tims Vater, ebenfalls Jungfrau-Geborener, fast verzweifelt wäre, seinen Sohn für entwicklungsverzögert hielte und mit ihm schimpfte. Tim fiel weiterhin dadurch auf, dass er Mühe hatte, ruhig zu bleiben und komplizierten und für ihn sinnlosen Regeln zu folgen. In der Schule setzte sich dann der Teufelskreis aus Missverständnis und Frustration fort. Viele andere Menschen, darunter beispielsweise seine Großeltern, haben überhaupt keine Schwierigkeiten mit dem geistig hellwachen Jungen: Doch seit einigen Jahren bekommt der intelligente, aber missverstandene Tim von seinen Ärzten und Eltern Ritalin – ein Ende der Medikation ist dabei nicht absehbar. Hätte sein Vater gewusst und verstanden, dass sich Wassermänner generell mit sinnlosen Regeln schwertun, dafür aber unkonventionelle Problemlösungen finden, wäre er auf seinen Sohn womöglich stolz gewesen oder könnte ihn zumindest adäquat fördern.

Sie sehen, dass es nicht nur die Partner sind, die wir möglicherweise nicht „artgerecht halten“, sondern sogar die ei-

**Astrologische Persönlichkeitsanalyse**

Wenn Sie sich für das Thema Sternzeichen interessieren, können Sie bei mir eine fast 100-seitige Computerauswertung unter **www.winter.astro-book.info** bestellen.

genen Kinder. Mit einem bisschen Background über die verschiedenen Persönlichkeiten werden soziale Beziehungen viel friedlicher.

Ich fordere, dass diese Typologie jedem Grundschüler zugänglich gemacht werden sollte. Wir müssen über unsere Mitmenschen Bescheid wissen, damit das Zusammenleben harmonisch klappt.

Erkennen Sie, dass die Eigenschaften Ihres Partners nun einmal seine Persönlichkeit ist. Ihn dafür zu kritisieren, wäre unreflektiert und arrogant. Deswegen fügen wir zu diesem wichtigen Werkzeug des Kennenlernens noch weitere hinzu.

Die Geschwisterkonstellation und Elternerwartung hinterlassen ebenso ihre Spuren in unserem Fühlen und Verhalten.

## *Der Charakter*

Stellen Sie sich vor: Sie hocken als Embryo im Bauch Ihrer Mama und haben Ihre unveränderliche Grundpersönlichkeit, mit der Sie auf Außenreize entsprechend reagieren. Ob Mama über einen Witz lacht oder sich über Papa ärgert – Sie spüren das alles und halten es für Ihre eigenen Empfindungen. Hierdurch verschalten sich in Ihrem kleinen sich bildenden Supercomputer Milliarden von Neuronen und legen Ihre

Verhaltensmuster an. Das prägt dann Ihren sogenannten Charakter, also die „individuelle Handschrift", mit der diese Grundpersönlichkeit ausgelebt wird.

Und nun halten Sie sich fest: In unzähligen Hypnosesitzungen in der Praxis zeigt sich, dass Eindrücke durchaus bereits in Zeiten vor der letzten Zeugung, also in „früheren Leben", erworben sein können. Menschen aus allen Kulturkreisen können in einer einfachen, leichten Trance dazu angeregt werden, sich an ein Vorleben zu „erinnern". In unseren Breiten muss ich vor einer Rückführung oft zunächst die vielen Bretter vom Kopf reißen – das sind ideologische Vorbehalte und blockierende Glaubenssätze, die einer solchen spirituellen oder tiefenpsychologischen Erfahrung im Weg stehen können. Natürlich fehlen noch genaue wissenschaftliche Erklärungen zum Phänomen, was aber nicht daran liegt, dass etwa die Erklärungen nicht vorhanden sind, sondern an den Wissenschaftlern, die sie (nicht) liefern. Warum wir überhaupt per Hypnose „den dunklen Kistendeckel öffnen" und schauen, was da so aus dem „Vorleben" schlummert, liegt daran, dass man manchmal für Störungen und Konflikte im heutigen Leben einfach keine Anhaltspunkte hat. Doch irgendeine Ursache muss ein Problem haben, also greifen wir tief in die Trickkiste und machen eine Rückführung. Diese uralten Einflüsse können sich über Hunderte von Jahren im Charakter bemerkbar machen, sind aber durch Erkenntnisse leicht zu verändern, wie sich in der Praxis immer wieder zeigt. So zum Beispiel bei diesem Paar:

## *Eine ganz alte, offene Rechnung*

Bernd (45) liebte seine Freundin Jessica abgöttisch. Obwohl sie fremdging, ihn ausnutzte, sein Geld verballerte, sich über ihn lustig machte und ihn öffentlich erniedrigte. Er lag der 1,72 Meter großen Frau mit seinen 1,59 Metern Körperlänge buchstäblich zu Füßen. Jeder, der die beiden kannte, versuchte, Bernd davor zu warnen, sich derart von Jessica dominieren zu lassen.

Ein Blick auf seine Biografie zeigte: Sein angsterfülltes Verhältnis zur strengen Mutter war zwar schon ein bisschen enger, als es vielleicht gesund ist, jedoch begründete das noch lange nicht die masochistischen Züge von Bernd. Er kam zu mir in die Praxis, weil er eigentlich einen stressbedingten Sprachfehler korrigieren wollte – er stotterte. Nachdem ich ihn in eine tiefe Arbeitstrance heruntergefahren hatte, schoss ihm in einer spontanen Rückführung durch den Kopf, dass er Jessica bereits einmal begegnet sein musste. Sie war im Jahr 1733 (so kam es ihm einfach in den Sinn) seine Mutter gewesen. Dieser Eindruck war sehr authentisch, wie er später sagte. In der therapeutischen Trancearbeit „erinnerte" er sich, wie er als Adliger sie aus Eifersucht in den Hungerturm werfen ließ, weil sie stets seinen Bruder bevorzugte. Kurz vor ihrem Tod verfluchte sie ihn, und er nahm sich selbst das Leben durch den Strick. Während der Hypnose sprach er zwar etwas langsam, aber ohne zu stottern.

Ungeachtet dessen, ob diese Vision Erinnerung oder Fantasie war – seine Schuldgefühle, welche die Selbstquälerei erzeugt hatten, waren wie weggeblasen, und er trennte sich wenig später von Jessica.

Bernd ist nun frisch verliebt. Diese Beziehung unterscheidet sich so deutlich von der vorigen, wie es kaum zu überbieten ist: auf gleicher Augenhöhe und sehr respektvoll. Geht doch!

Der Charakter ist also das, was Sie beeinflussen können. Das Verhältnis zu den Eltern und Geschwistern wird im Coaching immer genauestens untersucht, denn es hinterlässt deutliche Spuren, die im Beziehungsalltag zum Vorschein treten können.

# Die soziale(n) Rolle(n)

Je, nachdem, wem Sie begegnen, können Sie unbewusst in verschiedene soziale Rollen schlüpfen. Soziale Rollen bezeichnen das, was man von Ihnen erwartet. Man kann diesen Begriff nach dem deutsch-britischen Soziologen Ralf Gustav Dahrendorf (1929–2009) folgendermaßen erklären: Die soziale Rolle ist eng mit der sozialen Position einer Person verknüpft. Die soziale Position bezeichnet dabei einen Ort in einem Feld von sozialen Beziehungen. Jedes Individuum kann stets mehrere Positionen einnehmen, etwa die des Vaters, eines Wissenschaftlers und eines Deutschen.

Das bedeutet also, dass wir von jedem Menschen in jeder sozialen Rolle etwas anderes erwarten und einfordern. Kollidieren diese sozialen Rollen stark miteinander, fühlt sich ein Mensch diesem Erwartungsdruck oftmals nicht gewachsen, weil eine oder mehrere Rollen zu sehr von seinem Selbstverständnis abweichen.

Die Einordnung in die soziale Rangfolge ist abhängig vom Verhältnis zu den Eltern und von der Geschwisterkonstellation, in der ein Mensch aufgewachsen ist. An welcher Stelle der Geschwisterreihe ein Mensch zur Welt kommt und welche Erwartungen an ihn gestellt werden, prägen seine soziale Rolle. Bereits kurz nach der Geburt beginnen Kinder, sich in den sozialen Kontext ihrer Umgebung einzuordnen. Hierdurch vergleichen sie sich unterbewusst mit anderen. Sie stellen genau fest, ob sie der Kleinste, einer der Kleinen oder der Größte der Kleinen sind. Hierdurch ergeben sich verschiedene Konstellationen für die Erwartungen der Eltern an deren Kinder. So stellt ein Erstgeborener rasch fest, dass er zwar den Geschwistern gegenüber einen Reifevorsprung hat, denn er kann schon laufen, sprechen und alleine aufs Töpfchen gehen. Aber ihm wird zugleich auch immer klarer, dass dies auch von ihm *erwartet* wird, derweil der Zweitgeborene nichts kann, aber auch nichts *muss* und für einen Rülpser mehr Applaus bekommt als der Große für eine Buntstiftzeichnung. Diese Ungerechtigkeit einem Erstgeborenen zu erklären, ist nahezu unmöglich. Allerdings hilft es immer, das ältere Kind die Vorteile seines Vorsprungs spüren zu lassen, damit es sich nicht entthront fühlt und keine Selbstwertstörungen entwickelt.

Wenn Ihr Partner ein Erstgeborener ist, dann wird er Ihnen möglicherweise nicht zutrauen, dass Sie irgendetwas auch alleine gut genug können. Wenn Sie selbst eine Führungsrolle erlernt haben, denken Sie daran, dass Sie Ihren Partner nicht bevormunden – es sei denn, Sie haben sich ein Muttersöhnchen oder eine Berufstochter geangelt – die stehen da drauf.

Ein Kind kommt zunächst mit einem perfekten Selbstwertgefühl zur Welt. Es würde sich selbst niemals Unbehagen antun oder ein solches erdulden. Ein Baby wird, sobald es ein Problem verspürt, versuchen, eine Lösung dafür zu finden. Meistens kann es Probleme, wie unbefriedigte Bedürfnisse, jedoch nicht allein lösen, also schreit es um Hilfe. Doch das nimmt man ihm meist übel – niemand lässt sich gerne erpressen, auch nicht durch das Schreien eines Babys. Die weitverbreitete pädagogische Faustregel vieler Generationen: „Man muss ein Kind auch mal schreien lassen", ist unhaltbar. Wenn ein Kind schreit, hat es ein Problem. Wird dieses nicht gelöst, wird das Kind beim nächsten Unbehagen lauter und länger schreien – es kennt keine andere Möglichkeit, seinen Unmut zu äußern.

Zusätzlicher „Störfaktor" für die Entwicklung des Selbstwerts und des Selbstbewusstseins ist die Elternerwartung: Papas Liebling wird versuchen, so zu sein wie Papa, auch wenn es sich um ein Mädchen handelt (Yang-Verpolung). Jungs werden in der Folge sehr maskulin – Mädchen auch, obwohl äußerlich feminin und attraktiv. Papas Sündenbock hingegen wird äußerlich sehr maskulin, wenngleich er/sie innerlich eher der Mutter folgt (Yin-Verpolung).

Ist die Mutter hingegen die positive Bezugsperson, nimmt das Kind feminine Eigenschaften an. Jungs werden eher ausgeglichen und nicht „hart", Mädchen identifizieren sich ohne „Yang-Verpolung" mit der typischen Frauenrolle. Wird das mütterliche Vorbild als negativ, als druckvoll empfunden, neigen Töchter zu maskulinen Eigenschaften, und Jungs werden „harte Kerle".

Dies bezieht sich auf den tatsächlichen, subjektiv empfundenen Einfluss: Akzeptanz oder Nichtakzeptanz, je nachdem, ob das Kind dem Verhalten nachahmend gegenübersteht oder ablehnend. Dies ist bedingt durch das elterliche Vorleben von Durchsetzungsfähigkeit, also immer wieder der Frage folgend: Kann sich das Elternteil mit seinem Verhalten in der Familie durchsetzen oder nicht? Kinder folgen nun einmal stets und ausnahmslos dem, der sich am erfolgreichsten behaupten kann, alles andere würde dem menschlichen Bestreben nach Verwirklichung der eigenen Absicht widersprechen. Wenn ein depressives Verhalten dafür sorgt, dass man dem Wunsch des Depressiven stattgibt, nur um ihn nicht weiter zu verletzen, so kann dies für Kinder schnell zu einer kopierfähigen Erfolgsstrategie werden. „Erblich bedingt" nennen das die Naturwissenschaftler; „einfach abgeguckt" sage ich als Erziehungswissenschaftler.

Bei der Tücke der Geschwisterkonstellation und den damit verbundenen Persönlichkeitsveränderungen, die durch unzulässige Vergleiche und Schlussfolgerungen zustande kommen, haben wir es übrigens nicht mit einem „vorprogrammierten Fehler“ von „Mutter Natur“ zu tun, wie man meinen könnte. Der amerikanische Autor Neale Donald Walsch weist uns in seinem Buch „Gespräche mit Gott“[5] darauf hin, dass wir alle einmal in Sippen aufgewachsen sind, bevor wir vor einigen wenigen Jahrhunderten auf die Idee kamen, kleine Kernfamilien zu gründen. In Sippen jedoch, umgeben von Nachbarn, Onkeln, Tanten, Cousins und Cousinen, Omas und Opas, wussten wir noch nicht einmal, wer von den ganzen Männern eigentlich unser Vater ist – es war uns wahrscheinlich auch egal. (Bei den Aborigines in Australien ist das heute noch so: „Mutter“ und „Vater“ sind ganz allgemeine Begriffe für enge Bezugspersonen.) In der Großfamilie wuchsen wir auf in dem Bewusstsein, einer der Kleinen, die immer größer werden, zu sein. Mit 14 Jahren waren wir erwachsen und längst immun gegen unzulässige Vergleiche.

Eine recht umfassende Beschreibung der Auswirkung der Geschwisterkonstellation finden wir bei dem Psychologen Michael G. Semeraro[6]:

„Die Geschwisterkonstellation und deren Auswirkung auf die Charaktere wird durch drei Faktoren bestimmt. Das sind das Geschlecht und die damit verbundene Konkurrenz sowie der Altersabstand zwischen den Geschwistern.

- **Der/die Erstgeborene:** definiert sich durch Leistung; hält sich an Ordnung und Disziplin; ist realistisch in Beruf und Beziehung; kann delegieren und dirigieren; organisiert und hält die Familie zusammen; ist fürsorglich und versorgend; ist schon mal bestimmend und zeigt Härte; will sich fallen lassen können; neigt zum Ausgebranntsein.
- **Der/die Zweitgeborene:** fühlt sich verkürzt; denkt immer an Konkurrenz; ist oft abwertend und aggressiv; ist immer

auf der Überholspur; ist ehrgeizig und leistungsorientiert; will die erste Position; und sein Motto: ‚Das Leben ist ein Kampf!'; benutzt Abkürzungen im Leben; will sich geliebt fühlen.

- **Das Nesthäkchen (das jüngste Geschwister):** ähnelt sehr dem Einzelkind; ist oft fordernd; ist lebensfremd naiv und neigt zum Narzissmus; hat oft ältere Partner mit Kindern; ist durch seine Grübeleien oft launisch; neigt zum Chaos; lehnt sich an disziplinierte Autoritäten an; hat öfters Sprachstörungen, da es sich nicht ernst genommen fühlt.
- **Das Einzelkind:** ist konkurrenzlos aufgewachsen; wird vielfach verzärtelt; ist unselbstständig und lebensunsicher; fühlt sich als Superstar oder Kronprinz/ Kronprinzessin; neigt zu Phobien und Ängsten; sucht sich oft ältere Lebenspartner; sucht stets Sicherheit in allen Bereichen; liebt den Luxus; ist nicht allzu leistungsbereit."

Das ist übrigens einer der Gründe, warum Paare, bestehend aus einem Erstgeborenen und einem Letztgeborenen, fast magnetisch zusammenkleben – die beiden haben bereits als Kinder gelernt, *wer führt* und *wer folgt*. Paare, die aus Geschwistern gleichen Ranges bestehen, müssen immer enorm viel diskutieren, denn hier ist nichts von vornherein klar.

## *Die Suche nach dem verlorenen Zwilling*

Ein bemerkenswerter Sonderfall sind Zwillingsgeburten. Ein Zwilling hat im Mutterleib monatelang die Erfahrung der direkten Interaktion gemacht. Zwillinge spüren, dass sie nicht allein sind. Genau das ist der Grund, warum diese als Erwachsene besonders hohe Ansprüche an Resonanz und Gemeinsamkeit haben, sprich, sich bei Missverständnissen und Konflikten recht schnell einsam fühlen. Ein weiterer Sonderfall sind die nicht zur Geburtsreife gekommenen Zwillingsschwangerschaften – dies geschieht anscheinend öfter, als man denkt. Bisherige Untersuchungsmethoden wie Ultraschall oder Hormonstatusmessungen ergaben, dass etwa 11 bis 15 Prozent aller Schwangerschaften vorzeitig mit einer Fehlgeburt enden. Doch mit spezielleren Untersuchungen konnte man feststellen, dass sogar etwa 70 Prozent aller Schwangerschaften schon vor dem Zeitpunkt der erwarteten Regelblutung „abgehen" und von der Frau nicht erkannt werden, da die Menstruation pünktlich oder nur wenige Tage später eintritt. Die Fehlgeburt konnte somit gar nicht als solche wahrgenommen werden.

Wenn es also gar nicht so selten ist, dass Kinder im Allgemeinen verloren gehen, müssen wir davon ausgehen, dass es wesentlich mehr angelegte Zwillinge gibt, als letztlich überleben. Hieraus ergibt sich eine psychologische Besonderheit: Der pränatale Verlust eines Zwillingsgeschwisters führt oftmals zu einem rätselhaften „Suchverhalten". Stellen Sie sich einfach einmal vor: Sie sind im Bauch Ihrer Mutter, wenige Wochen alt, und registrieren den Herzschlag Ihres Zwillings, wie auch er den Ihren. Sie reagieren mit einem Neuronenfeuer darauf und schütten Transmitter aus – er ebenso. Sie leben in perfekter Resonanz und gewöhnen sich an diese Harmonie. Wenn der Zwilling nun verstirbt, wird es seltsam ruhig um Sie herum. Ihr verstorbenes Geschwister wird nun vergehen, was giftige Abbauprodukte freisetzt, die Sie wiederum spüren, und Sie registrieren: „Alleingelassen werden ist eine tödliche Gefahr!" Sie als der überlebende Betroffene sind zeitlebens von dem unbestimmten Gefühl beseelt, jemanden perfekt Passenden suchen zu müssen, so wie Sie es ja in der Zeit der pränatalen Entwicklung erlebt hatten.

Wir können in der Praxis diese tragische Suche, die selbst während funktionierender Partnerschaften hindurch aufrechterhalten bleibt und Stoff für Eifersuchtsgefühle beim Partner gibt, durch das Bewusstmachen der frühkindlichen tiefenpsychologischen Hintergründe beenden.

Wenn jemand seinen Zwilling verloren hat, ist er ganz besonders empfindlich in Bezug auf „allein gelassen werden“. Solche Menschen tun alles, um nicht verlassen zu werden, heften sich wie Kletten an die unpassendsten Partner, nur um die Kontrolle über die Bindung zu erhalten. Ich habe Dutzende von Fällen in meiner Praxis, wo verzweifelte Menschen ihre völlig pathologische Partnerschaft um jeden Preis erhalten wollten, nur weil sie den Trennungsschmerz vermeiden wollten. Der Schmerz um den Verlust der Lebensqualität ist da offenbar nicht so hoch angesiedelt. Wenn Sie dieses Kapitel in inneren Aufruhr versetzt, sodass Sie nun starke Traurigkeitsgefühle verspüren oder sich sogar krank fühlen, dann sollten Sie das Thema dringend mit einem Profi auflösen!

Die First-Aid-Lösung zu dieser Problematik: Stress ist Dissonanz. Er entsteht dann, wenn Erwartung und Erfahrung im Widerspruch zueinander stehen. Nichts auf der Welt kann so in Harmonie mit uns sein wie ein pränataler Zwilling. Wenn man diese Harmonie nicht mehr von seinen Mitmenschen erwartet und sich dann mit seinem eigenen Spiegelbild in Resonanz bringt, dann ist der Stress weg. Das geht wirklich sehr schnell. Wenn ich Ihnen sage: „Deine Partnerin wird dir nichts Sinnvolles zu Weihnachten schenken, erwarte es gar nicht erst!“, werden Sie es daraufhin auch nicht mehr erwarten und mit Ihrer Frau das entspannteste Weihnachtsfest der Welt verbringen.

## *Der Einfluss der Geschwisterreihenfolge*

Vor rund 20 Jahren veröffentlichte der amerikanische Psychologe und Wissenschaftshistoriker Frank J. Sulloway[7] seine Arbeiten zur Frage, welchen Einfluss die Geschwisterreihenfolge auf die Entwicklung von Führungs- beziehungsweise ‚Umsturz'-Persönlichkeiten hat. Besonderes Augenmerk legte er dabei auf die AnführerInnen von wissenschaftlichen und politischen Revolutionen. Sulloway untersuchte ein Vierteljahrhundert lang sämtliche Revolutionen, die sich in der Historie ereignet hatten, darunter rund 120 geschichtliche Ereignisse und 6.500 Biografien. Weiter erforschte er 28 wissenschaftliche Revolutionen und erkundigte sich bei Historikern über verschiedene Forscherpersönlichkeiten.

Hieraus ergab sich die These, dass die Geburtenfolge einen großen Einfluss auf bestimmte Eigenschaften des Charakters hat: Erstgeborene gelten eher als linientreu, konformistisch und wertekonservativ, während Letztgeborene zum Andersdenken und Revoltieren neigen. Der Grund dafür sei, dass Eltern bei den Folgekindern weniger Aufmerksamkeit und materielle Mittel zur Verfügung hätten und die jüngeren sich mit großer Kreativität um die Ressourcen der Eltern bemühen müssten. Sulloway glaubt, dass Letztgeborene unter großem Problemlösungsdruck stehen. Ob das auch in der heutigen ressourcenreichen Zeit noch gilt, wage ich anzuzweifeln. Ich denke sogar, es ist mittlerweile eher umgekehrt: Ich persönlich konnte ausmachen, dass der geringere Erwartungsdruck und die durch Erfahrung mit dem ersten Kinde gewonnene pädagogische Reife den Folgegeborenen mehr Spielraum für kreative Entfaltung bieten. Beim ersten Kind wird seitens der Eltern aufgrund der Unerfahrenheit noch sehr viel falsch gemacht. Bei den nachfolgenden Kindern sind die Eltern bereits wesentlich routinierter im Umgang und daher meist auch gelassener. Der erste Sprössling hätte da schon eher einen Grund, Revolutionsgedanken zu hegen, wenn nicht seine Erfahrung wäre, dass die Haupterfolgsquelle die Anpassung an die Eltern ist.

Erst neulich hatte ich wieder ein Ehepaar (beide Anfang 40) in meiner Beratung, bei dem die Analyse der sozialen Rolle für ein großes „Aha!“ sorgte. Sie, Mutter von zwei Kindern, hatte sich nämlich in einen fast 15 Jahre jüngeren Mann verliebt, der sie heiß begehrte und mit ihr eine Affäre begonnen hatte.

Aus den Trümmern dieser Ehe sollte ich nun wieder eine Burg bauen. Der für mich wichtigste Satz, an die Ehefrau gerichtet, war: „Schau mal: Es ist für einen jungen Mann ein unglaubliches Zeichen der Anerkennung, wenn eine verheiratete Frau und Mutter mit ihm ins Bett geht. Dein Lover sucht eine Mama. Sobald er merkt, dass du keinen Sohn suchst, sondern ebenfalls Anerkennung, wird er mit Sicherheit dumm gucken!“

Nun, die Roulettekugel rollt zwar noch, aber ich würde mich nicht wundern, wenn ihre Schmetterlinge, die eine Familie in Gefahr brachten, bald lahm werden und sie ihren Seitensprung wieder von der Bettkante schubst. Zum Glück sprachen beide Ehepartner ganz offen darüber, wie es weitergeht, wenn es weitergeht – und es wird weitergehen, da bin ich sicher!

### Denkanstoß

Welche soziale Rolle haben Sie? Inwiefern kommt diese in Ihrer Partnerschaft zum Tragen? Können Sie etwas tun oder lassen, damit Ihre Partnerschaft diesbezüglich reibungsloser läuft? Welche soziale Rolle hat Ihre Partner? Akzeptieren Sie diese, oder tragen Sie die Konsequenzen.

# Die Spielregeln

Ein Spiel kann nur gewonnen werden, wenn alle Beteiligten die Spielregeln kennen, sie beherrschen und sich vor allem daran halten – das gilt auch für das „Liebesspiel". Aber was ist Liebe überhaupt? Seit Menschengedenken beschäftigen sich Künstler, Philosophen, Theologen, ja eigentlich alle mit der geheimnisvollen Kraft, die Menschen zusammenhält. Liebe ist eine der wichtigsten Komponenten für soziales Zusammenleben, doch ist sie bis heute nicht quantifizierbar und daher mit naturwissenschaftlichen Methoden nicht erforschbar. Wir alle brauchen Liebe, wir alle sehnen uns nach ihr, doch gibt es nirgendwo eine allgemeine Vorstellung davon, was Liebe tatsächlich ist. Dennoch geben wir glücklicherweise nicht auf, uns über die größte Kraft des Universums Gedanken zu machen.

## Ein Wort über die Liebe

Alle reden von Liebe, leider verstehen nicht alle darunter das Gleiche. Ja, noch nicht einmal man selbst meint beim Wort „Liebe“ immer das Gleiche. Wenn Sie zu Ihrer Frau sagen: „Ich lieeebe Spaghetti“ und ihr nach dem Abendessen ins Ohr säuseln: „Ich liebe dich, Schatz“, bringen Sie sie dann auf die gleiche Stufe wie einen Teller Nudeln? Wohl kaum.

Eine sehr schöne Erklärung, was Liebe nun sei, finden wir in der griechischen Antike beim Philosophen Platon (427–347 v. Chr.) in seinem Dialog mit dem Titel „Symposion“. Dort heißt es, die Menschen seien ursprünglich zu einer Kugel vereint gewesen. Ausgestattet mit vier Armen und Beinen, zwei Gesichtern, zwei Geschlechtsteilen und zudem überaus glücklich und zufrieden. Leider fielen die Menschen bei den Göttern in Ungnade, sodass Zeus beschloss, die Kugel mit dem Schwert zu zerteilen. Seither versuchten die Menschen, wieder zusammenzukommen, um eins zu werden. Haben zwei Menschen dann ihre bessere Hälfte gefunden, fühlen sie sich wieder „ganz“ und unzertrennlich – das nennt man dann „Liebe“.

Doch was sind die Eigenschaften von Liebe? Ist Liebe nun eine Art Magnetismus, eine chemische Kettenreaktion oder vielleicht ein „social agreement", ein gesellschaftliches Übereinkommen? Der österreichische Dichter und Dramatiker Friedrich Halm (1806–1871) verfasste um 1850 dieses recht bekannte und in Hochzeitszeitungen oft zitierte Gedicht:

Mein Herz, ich will dich fragen:
Was ist denn Liebe? Sag'!
„Zwei Seelen und ein Gedanke,
Zwei Herzen und ein Schlag!"
Und sprich, woher kommt Liebe?
„Sie kommt und sie ist da!"
Und sprich, wie schwindet Liebe?
„Die war's nicht, der's geschah!"
Und was ist reine Liebe?
„Die ihrer selbst vergisst!"
Und wann ist Lieb' am tiefsten?
„Wenn sie am stillsten ist!"
Und wann ist Lieb' am reichsten?
„Das ist sie, wenn sie gibt!"
Und sprich, wie redet Liebe?
„Sie redet nicht, sie liebt!"

Schön, oder? Bemerkenswert finde ich dabei die Antwort auf die Frage nach dem Schwinden der Liebe. Ich selbst gehe ebenso davon aus, dass Liebe als Ideal auf Ewigkeit angelegt ist, also weder in Abstufungen noch als vorübergehende Erscheinung existieren kann. Andernfalls handelt es sich nicht um Liebe, sondern eher um kurzfristige Zuneigung, Abhängigkeit oder sogar respektlose Besitzgier. Aber wie bei den meisten Idealvorstellungen geht es hier weniger um den zeitlichen Aspekt, sondern um die Ausrichtung auf ein Ziel als ethischer Maßstab für unser Leben.

Allerdings glaube ich, dass „Liebe“ ein sehr allgemeiner Begriff ist, der viele individuelle und unterschiedliche Aspekte zusammenfasst. Daher mein Vorschlag, einige wesentliche Eigenschaften zu benennen, damit wir für das Verständnis dieses Buches eine gemeinsame begriffliche Basis zugrunde legen können.

Partnerschaftliche Liebe sei demnach: *die positive Hinwendung zu einem Menschen, geprägt von bedingungslosem Vertrauen, Respekt, Toleranz und Bewunderung, welche die Partner hierdurch gegenseitig emotional und rational gleichermaßen vereint.*

Etwas bildhafter ausgedrückt sage ich meinem Gegenüber in der Partnerschaftsberatung immer: *Partnerschaftliche Liebe ist wie ein Boot, welches einen gemeinsamen Hafen ansteuert, ihn aber nur erreicht, solange beide in die gleiche Richtung rudern.*

Dies bedeutet: Es gibt keine einseitige Liebe, es sei denn – und von dieser Tücke haben wir weiter oben schon gesprochen – Sie projizieren sich selbst auf den anderen. Dann lieben Sie im anderen das, was Sie selbst darin sehen – ungeachtet der Realität. Hatten Sie in der Kindheit ein Kuscheltier oder eine Puppe? Haben Sie diesen Gegenstand geliebt? Wenn ja, warum? Was haben Teddy oder Püppi denn getan, dass Sie sie so geliebt haben? Gar nichts! Sie haben sich mit sich selbst in Resonanz gebracht, sich auf das Spielzeug projiziert und das dann mit der Liebe bedacht, nach der Sie sich selbst sehnten.

So ähnlich, wie Sie nur Radiomusik hören können, wenn das Radiogerät die Signale empfängt, die der Radiosender überträgt. Nur einer allein erzeugt keine Liebe – beide müssen bereit und fähig für die Liebe sein. Nun wird auch klar, warum man nicht einfach nur warten kann, bis die Liebe kommt, denn dann würde man ewig und vergebens warten. Man muss dieses gegenseitige Vertrauen, den Respekt, die Toleranz und die Bewunderung füreinander ganz aktiv herstellen und pflegen, damit Liebe bedingungslos ist. Dazu gehört, dass man sich zunächst selbst vertraut, respektiert, toleriert und bewundert – denn wer sich selbst nicht liebt, kann erst recht keinen anderen lieben. Die Gründe dafür, warum manchen Menschen diese Selbstliebe, also auch das Selbstvertrauen fehlt, finden sich in der Kindheit, die wir noch eingehend untersuchen werden.

Liebe ist ein aktiver Prozess, der von zwei Menschen gleichermaßen abhängt. Daher möchte ich an dieser Stelle unterscheiden zwischen echter Liebe und einem Verliebtheitsgefühl. Im englischsprachigen Raum wird deutlich differenziert zwischen „to fall in love" und „to be in love": sich verlieben und lieben. Wir wollen diesen bei uns nicht so selbstverständlichen Unterschied einmal genauer betrachten.

## Der Unterschied zwischen Liebe und Verliebtheit

Mit Sicherheit waren die meisten von Ihnen im Leben schon einmal verliebt. Sei es still und heimlich, vielleicht sogar nur in ein Popidol auf dem Poster an Ihrer Wand, in einen Schauspieler oder Sportler, oder aber auch ganz real in einen Mitschüler, einen Nachbarn oder in eine Urlaubsbekanntschaft. Bereits im Grundschulalter sind wir in der Lage, dieses Gefühl zu verspüren; je reifer wir werden, desto intensiver kann es sein. Viele Menschen glauben, dass aus Verliebtheit die große Liebe wird, die dann ewig hält. Leider ist das ein Irrtum.

Denken Sie bitte kurz nach: In wen waren Sie zum ersten Mal verliebt, und wann war das?

Erinnern Sie sich?

Wie fühlen Sie sich nun bei diesem Gedanken?

Verliebtheit resultiert aus einer Wahrnehmungseinengung. Man fokussiert sich auf Gemeinsamkeiten und hat nur noch Augen für das, was einen verbindet. Böse Falle! Der Zustand der Verliebtheit setzt derart viele chemische Botenstoffe (Neurotransmitter) frei, dass nahezu jedes Organ und fast das ganze Verhalten davon positiv betroffen sind. Jeder Verliebte kann erfahren, dass die Immunabwehr gestärkt wird, Müdigkeitsgefühle in den Hintergrund treten und – vor allem – das Registrieren von negativem Stress (Distress) unterdrückt wird. Ein verliebter Mensch erlebt sich häufig als belastbarer, beschwingter, leistungsfähiger und optimistischer, lächelt öfter und hat offenere und rundere Augen. Sogar die Erinnerung an Verliebtheit kann einen Endorphinausstoß (Endorphine = „Glückshormone") bewirken, was wahrscheinlich der Grund dafür ist, warum Liebesromane besonders gern von Menschen in unerfüllten Partnerschaften gelesen werden.

Der Haken: Ähnlich wie bei einigen Rauschdrogen, wie Kokain oder Heroin, wird der sogenannte „Realitätssinn" untergraben. Verliebte haben derart viel Endorphin im Blut, dass sie oft einfach übersehen, wie wenig der angebetete Partner zu ihnen passt. Bis dieser Irrtum auffliegt, hat man einen goldenen Ring am Finger, denn es dauert Jahre, bis man einen Menschen tatsächlich kennt und entscheiden kann, ob man für immer zueinanderpasst. Bis man dann den Schritt zur Trennung schafft, vergeht noch einmal eine Ewigkeit. Im Durchschnitt werden deutsche Ehen dann nach 14 Jahren geschieden. Mein Tipp: Heiraten Sie niemals, wenn Sie noch verliebt sind!

Verliebtheit wird meist als „Vorstufe“ zu Liebe gesehen. Zu oft gehen wir leichtfertigerweise davon aus, dass man nur sehr stark in einen Menschen verliebt sein muss, damit daraus Liebe als Basis für eine lebenslange Partnerschaft entsteht. Dass diese Rechnung leider nicht aufgeht, konnte jeder erfahren, der sich nach anfänglicher Verliebtheit und anschließender „Liebesheirat“ wieder hat scheiden lassen. In Deutschland liegt die Scheidungsquote seit Jahren bei über 50 Prozent, während die Eheschließungen immer rückläufiger werden. Allein im Jahr 2011 kamen auf 377.816 Eheschließungen ganze 187.640 Scheidungen. Verliebtheit kommt dadurch zustande, dass man seine Wahrnehmung nur auf die Eigenschaften des anderen richtet, die mit einem selbst zu tun haben. Musikgeschmack, Interessen, Modestyle usw. Wenn man dann Eigenschaften entdeckt, die man an sich selbst ablehnt, dann ist Schluss mit den Schmetterlingen im Bauch. Echte Liebe wird nicht an Eigenschaften festgemacht. Sie liebt auch ohne Gemeinsamkeit.

Der amerikanische Verhaltensforscher John B. Watson (1878–1958) fand heraus, dass Liebe neben Wut und Furcht zu einem angeborenen Reaktionsmuster gehört, welches wir allerdings in Reinform nur bis kurz nach der Geburt vorfinden. Danach würde es erweitert und verändert. Genau genommen ist es also so, dass wir mit einem perfekten Selbstwertgefühl zur Welt kommen, damit voll liebesfähig sind und dann, im Laufe unserer Erziehung und Entwicklung, mehr und mehr an Misstrauen erwerben.

Einige Verhaltensforscher und Psychologen, darunter auch das australische Kommunikationstrainerpaar Barbara und Allan Pease, gehen davon aus, dass Verliebtheit einen entwicklungsgeschichtlichen Hintergrund hat. Der Rausch der Hormone würde die praktische Funktion besitzen, dass ein verliebter Steinzeit-Mann so lange um seine schwangere Freundin herumschwärmte und mit rosaroter Brille für sie da wäre und sie versorgte, bis sie einige Wochen nach der Entbindung wieder ausreichend für sich selbst sorgen könnte.

## *Physik und Liebe*

Mir persönlich gefällt dieser Ansatz von der Logik her schon ganz gut. Doch reicht er mir bei Weitem nicht aus, um zu erklären, wie Verliebtheit eigentlich entsteht. Um dieser Sache auf die Spur zu kommen, machen wir einen Ausflug in die (vermeintlich trockene) Physik.

Verliebte erfahren ein bindungsstarkes Phänomen, das in der Physik als „Resonanzprinzip" bekannt ist. Hierbei treten zwei physikalische Körper in Beziehung, wenn sie auf dieselbe Frequenz eingestellt sind. Vielleicht kennen Sie dieses Experiment noch aus der Schule: Sie nehmen zwei Stimmgabeln, die beispielsweise auf 440 Hertz, den Kammerton A, gestimmt sind. Nun schlagen Sie die erste Stimmgabel an und bringen sie damit zum Schwingen. Sie hören den Ton A. Bringen Sie die beiden Stimmgabeln sehr dicht aneinander, wird die zweite Stimmgabel durch die Schwingung angeregt und fängt ebenfalls an zu schwingen. Sie tritt mit der ersten Stimmgabel in Resonanz. Dort, wo zwei Systeme gleiche Eigenschaften haben, können sie miteinander in Resonanz treten. Dieses Prinzip, nach dem sich Menschen verlieben, lässt sich übrigens hervorragend therapeutisch nutzen, denn genauso funktioniert Musiktherapie. Sie hören ein bestimmtes Lied, in dem verschiedene Stimmungen erzeugt werden. Bei einigen Melodien und Elementen werden Sie traurig, bei anderen gehen Sie vor Wut an die Decke und bei wieder anderen bekommen Sie gute Laune. Der Therapeut kann nun aufgrund Ihrer Reaktion schlussfolgern, wo Ihr eigentliches Problem liegt, denn Sie reagieren nur auf die Stimmungen, mit denen Sie in Resonanz treten, also auf jene, auf die Sie aufgrund von Vorerfahrungen bereits eingestimmt sind.

Die Krux bei uns Menschen ist wie schon erwähnt, dass wir leider auch in etwas oder jemanden Eigenschaften hineininterpretieren können, die zwar faktisch nicht vorhanden sind, in die wir uns aber verlieben (oder die wir bei negativer Affinität hassen) können. Diese Interpretation findet ihren Nährboden in winzigen Details aus früheren Erfahrungen, die unreflektiert generalisiert werden: So verliebt sich ein Mann eher in eine vollbusige Frau, wenn er als Säugling von seiner Mutter „nicht genug" liebevolle Aufmerksamkeit in Form von Stillen bekommen hat, etwa weil sie zu früh abstillen musste oder nicht stillen wollte. Dass ein großer Busen aber noch lange kein Anzeichen von Liebe und Fürsorge sein muss, wird übersehen, da der Grund für die Anziehung unterbewusst – und damit dem Verstand verschlossen – ist. Die ernüchternde Erkenntnis kommt meist erst später. Vorlieben für flachbrüstige Frauen können im Gegensatz dazu mitbegünstigt werden, wenn sich ein Junge während des Stillens permanent eingeengt, bevormundet oder von Mutterliebe erdrückt fühlte. Er hat dann sprichwörtlich „die Schnauze voll" von großen Brüsten – sie erscheinen ihm zu mütterlich. Wenn Ihnen das zu weit hergeholt vorkommt, sei hier noch ergänzt, dass unser Gehirn mit seiner intelligenten Arbeit nicht erst bei der Geburt beginnt, sondern bereits in der dritten Schwangerschaftswoche. Da entwickeln sich unsere ersten Nervenzellen, die die Umwelt registrieren und im Laufe der Wochen Unmengen von Daten verarbeiten und Schlussfolgerungen ziehen. Wenn wir zur Welt kommen, besitzen wir schon seit Monaten ein menschliches Gehirn – der leistungsfähigste Rechner, den die Evolution derzeit zu bieten hat. Es erfasst so unvorstellbar riesige Datenmengen gleichzeitig und speichert sie abrufbar das ganze Leben lang, dass wir niemals so vermessen sein sollten, uns selbst etwa für dumm oder geistig minderbemittelt zu halten. Wir Menschen sind nicht dumm, und nichts in unserem gesunden Gehirn geschieht zufällig.

Da das Gehirn stets versucht, die wahrgenommene Realität zu vereinfachen (zu rationalisieren), um sie schneller fassbar zu machen, fließen unsere Vorerfahrungen in unser Wahrnehmungsmuster mit ein. Der Vorteil: Wir müssen uns nicht ständig neu orientieren und alles neu wahrnehmen und auswerten. Der Nachteil: Wir übersehen aus lauter Rationalität die tatsächliche Realität! Fatalerweise merken wir daher manchmal nicht, dass das, was wir da wahrzunehmen scheinen, lediglich unsere eigenen Erfahrungen sind.

Die Erwartungshaltung spielt bei dem, was wir als Liebe definiert haben, hingegen überhaupt keine Rolle. Vertrauen, Respekt, Toleranz und Bewunderung sind hierbei bedingungslos. Selbst wenn unsere Erwartungen nicht erfüllt werden, bleiben diese einander entgegengebrachten Eigenschaften also bestehen. Philosophen sprechen hier gerne von einer wechselseitigen Anerkennung des anderen um seiner selbst willen. Einfacher ausgedrückt: Liebe ist, den Partner so zu lieben, wie er eben nun mal ist und weil er so ist. Doch stattdessen versuchen Menschen in einer Partnerschaft, sich mit Kritik, klugen Ratschlägen oder emotionaler Erpressung gegenseitig zu verändern.

Ist das Liebe? Nein, das ist Unzufriedenheit.

Um es mal ganz praktisch auszudrücken: Bringen Sie sich selbst mit Ihrem Partner in Resonanz. Wie wenn Sie eine Gitarrensaite nachstimmen würden, damit sie mit der Nachbarsaite in Harmonie schwingt. Versuchen Sie nicht, den Partner zu verändern, sondern stimmen Sie sich auf ihn ein. Dadurch empfinden Sie mehr Harmonie und weniger Stress, denn Stress zwischen Partnern kann Körper und Seele ins Ungleichgewicht stürzen.

## *Beziehungsstress kann krank machen*

Diese uralte Erkenntnis wird noch immer von der Medizinindustrie zu vertuschen versucht: Stress, Kummer und Unglücklichsein spielen eine zentrale Rolle, wenn der Körper versagt oder erste Anzeichen des Strauchelns zeigt. Psychosomatik, Placebo-Effekt, Endokrinologie und Epigenetik – der Einfluss von Emotionen auf den Körper ist ein ungeliebtes Stiefkind der Pillenverschreiber und Skalpellwetzer. Ein Griff in die Rezeptschublade ist schlichtweg einfacher, als ein qualifiziertes Gespräch, um Heilung herbeizuführen. Doch es lohnt sich allemal, wie das nächste Beispiel zeigt.

### *Herzinfarkt aus Einsamkeit*

Das Herz. Es wummert 24 Stunden am Tag und hat noch nie geschlafen. Damit ist es für funktional denkende Menschen eine Arbeitsmaschine, eine Pumpe. Die meisten Männer sind durch ihre maskuline Sozialisation in ihrer Denkweise funktional orientiert, während Frauen durch die feminine Erziehung eher ästhetischen Betrachtungsweisen folgen. Bekommt ein Mann einen Herzinfarkt, liegt das meist an einem subjektiven Überlastungsempfinden, während Koronarerkrankungen bei Frauen häufig auf eine Unterversorgung des Herzens in der klassischen Symbolbedeutung zurückzuführen sind: Sie fühlen sich nicht geliebt.

Vor langer Zeit kam eine sechzigjährige Dame in meine Praxis, die seit geraumer Zeit in unregelmäßigen Abständen nächtliche Anfälle von Angina Pectoris erlitt. Dieses Symptom, hervorgerufen durch eine akute Minderversorgung des Herzens, verursacht quälende Schmerzen hinter dem Brustbein und erzeugt nicht selten ein Panikgefühl. Bei der Abfrage ihrer Lebensumstände gab sie an, sich in ihrer „erkalteten Ehe“ mit ihrem Mann „arrangiert zu haben“. Zu Anfang ihrer Leidensgeschichte machte sich ihr Mann noch ernste Sorgen, besorgte Medikamente und kümmerte sich, so gut er konnte, um seine leidende Frau. Im Laufe der Zeit kamen ihre Anfälle aber immer häufiger, und ihr Mann wurde immer hilfloser, bis sie sich darüber beklagte, dass ihr verständnisloser Gatte schließlich regelrecht genervt dazu überging, bei jedem Anfall den Notarzt zu rufen und seine Frau ins Krankenhaus abtransportieren zu lassen. Ab da schlich sie sich nachts bei einem Anfall wie ein geprügelter Hund in die Küche und saß weinend und zitternd den Anfall aus. Ich brauchte ungefähr 30 Sekunden, um mir darüber klar zu werden, dass diese Frau ihrem Mann zeigen wollte, dass ihr „Herz unterversorgt“ war. Ein jedes Symptom hat eine Adresse, an die es sich richtet. Sie hoffte darauf, dass ihr Partner sie liebevoll in den Arm nehmen würde, sich für ihre Gefühle interessieren und sie verstehen würde. Sie wünschte sich nichts sehnlicher als Liebe, um die sie nicht zu kämpfen brauchte.

Er hingegen versuchte mit seiner „männlichen Art“, sie zu versorgen, Lösungen zu finden, und kam erst gar nicht auf die Idee, das Symptom zu interpretieren. Er brachte das Geld nach Hause, baute ihr ein Haus, arbeitete wie ein Pferd, und sie fragte sich offenbar die ganze Zeit, wo der Mann, der sie einst voller Verehrung geheiratet hatte, wohl geblieben sei. Den beiden fehlte ganz offenbar die gemeinsame „Sprache". Ein lebenslanges Missverständnis brachte sie auseinander und hätte diese Frau beinahe getötet. Dabei hätte sie lediglich die richtigen Worte finden müssen, um ihrem Mann klarzumachen, dass ihr Wohlstand und Luxus nichts brachten, wenn sie dabei keine erfüllte Partnerschaft hatte. Sie hätte ihn nicht mit Symptomen, die er ohnehin nicht verstand, erpressen dürfen, sondern hätte sich bemühen müssen, ihm begreiflich zu machen, was sie wirklich wollte. Er hingegen hätte nur zu erkennen brauchen, dass nicht Haus, Geld und Schmuck der von ihr ersehnte Liebesbeweis waren, sondern Nähe, zuvorkommende Liebe, gemeinsame Zeit und Verständnis. Seine Frau nachts einfach in den Arm zu nehmen, zu trösten, zu streicheln, an ihrem Haar zu schnuppern und mit ihr fantasievoll zu träumen, hätte mit Sicherheit mehr gebracht als jeder Notarzt. Und ich wette, liebe Leser, dass die maskulin Orientierten unter Ihnen nun denken: „Quatsch! Bei einem Angina-Pectoris-Anfall in den Arm nehmen und romantisch quasseln, das ist fahrlässig unterlassene Hilfeleistung." Und ich wette ebenso, dass die feminin Orientierten unter Ihnen genauso reagieren wie meine Kundin damals, als ich ihr meine Vermutung schilderte und sie den Zusammenhang zwischen kaputter Ehe und Herzanfall erkannte. Sie kämpfte mit den Tränen, weil sie sich zum ersten Mal wirklich verstanden fühlte. Sie jedenfalls gab mir recht.

Gemäß meiner Devise „Ohne Happy End geht bei mir keiner nach Hause" führte ich mit ihr eine kleine Hypnose-Sitzung durch, in welcher sie sich in die Lage ihres Mannes versetzen sollte. Ich ließ sie einige Minuten lang nachempfinden, mit welchen Absichten er sie in die Klinik hatte einweisen lassen, und dabei seine Besorgtheit und Hilflosigkeit spüren, sodass sie seinen Liebesbeweis darin erkennen konnte.

Nach einigen Wochen bekam ich eine Rückmeldung von ihr. Sie war mit ihrem Mann im Urlaub gewesen. Nicht in einer komfortablen Hotelanlage, in der man sich den ganzen Tag aus dem Weg gehen kann – nein! Sie waren für zwei Wochen in einem gemieteten Wohnmobil unterwegs gewesen. Und sie sagte, es war für sie die schönste Zeit ihres Lebens, sie hätten sehr viel miteinander gesprochen! Ob sie in dieser Zeit einen Herzanfall hatte, hielt ich angesichts ihrer strahlenden Augen für überflüssig zu fragen. Ich bin aber sicher, sie bekommt nie wieder einen solchen.

## *Prostatakrebs als Selbstbestrafung für Sex*

Reinhard war 65, als er von seinem Arzt die erdrückende Diagnose eines malignen Prostatakrebses bekam. Völlig verzweifelt rief er einen meiner Kollegen an und bat um einen Termin, weil er glaubte, mit einer psychologischen Ursachenanalyse würde er zumindest der Metastasenbildung vorbeugen können. Nach kurzer Rücksprache mit mir erklärte mein Kollege seinem Klienten die Psychologie seines Symptoms: das Vernichten der eigenen, maskulinen Geschlechtsfähigkeit vor dem Hintergrund einer vom Ehemann sexuell bedrängten Mutter, die für ihn in der Kindheit – im Gegensatz zum Vater – eine positive Bezugsperson gewesen war. Mit diesem Eltern-Muster suchte Reinhard sich eine entsprechend „anständige" und „sexuell eher desinteressierte" Ehefrau, die er selbstverständlich ebenfalls nicht mit seinen sexuellen Wünschen bedrängen wollte. Doch wohin mit seinen sexuellen Bedürfnissen? Ganz einfach: *Vernichten!* Krebs ist kein Zufall, werde ich nicht müde zu betonen, sondern *die Folge einer krank machenden Lebensweise*. Mein Kollege reflektierte jedenfalls in einem dreistündigen Termin all die Zusammenhänge und rief mich einen Tag später an, mit der Rückmeldung, bei Reinhard wäre der Groschen gefallen.

Genau zehn Tage später hatte ich einen Anruf von meinem fassungslosen Kollegen auf der Mailbox: Sein Klient käme gerade von der klinischen Untersuchung wieder – es sei kein Befund mehr festzustellen. Der PSA-Wert, mit dem man auf ein Prostatakarzinom schließen kann, sei von alarmierenden 22 Mikrogramm pro Milliliter Blut auf nahezu unverdächtige 8 Mikrogramm gesunken. Wunderheilung? Quatsch! Das Gehirn kontrolliert permanent jede einzelne unserer Körperzellen, und wenn wir uns krank denken, so entwickeln sich unsere Zellen dementsprechend. Denkst du anders, lebst du anders. Den Zusammenhang zwischen Krebs und Stress erläutere ich umfangreich und nachvollziehbar auf meiner DVD „Heilen durch Erkenntnis“[8].

## Investieren Sie Liebe

Sind Sie in der Lage, sich auf Ihren Partner einzulassen, ohne sich selbst dabei zu verbiegen? Wenn ja, in welchen Bereichen wäre dies nun am meisten angebracht? Hobbys/Interessen, Sex, Familie, Freiheit? Kommen Sie auf seine Seite, interessieren Sie sich für den Bereich, der für Sie bislang ein weißer Fleck auf der Landkarte war oder gar ein rotes Tuch. Investieren Sie Liebe, und Sie werden eine wundervolle Überraschung erleben!

## Liebesfähigkeit kann man „reparieren"

Wenn Liebe also, wie Watson sagt, von Geburt an zum Reaktionsrepertoire des Menschen gehört, warum gibt es dann so viele Menschen, die ihren Partner, Kinder, Eltern, Nachbarn hassen? Was verschüttet die Liebesfähigkeit? Ich glaube, in der Hauptsache liegt es an unseren Erziehungsinhalten und -methoden. Wir neigen in unseren Breitengraden leider sehr dazu, Kinder dazu zu erziehen, brav und angepasst zu sein – vermutlich in der Absicht, dass diese im Erwachsenenleben keine Schwierigkeiten mit Autoritätspersonen bekommen. Erziehungsmittel sind allzu oft Negativsanktionen, also Ermahnungen, Bestrafungen und Kritik. Nun ist es aber so, dass Kinder sich selbst zunächst für absolut normale Menschen halten, die versuchen, in ihrem Handeln erfolgreich zu sein. Lehrer, Eltern, ja fast wir alle glauben, dass man einem Kind eine Richtung am besten dadurch vorgeben kann, indem wir ihm die Grenzen aufzeigen und es in seinem Handeln und seinen Absichten beschränken.

Natürlich ist es extrem wichtig für ein Kind, Grenzen und Regeln sowie die Freiheiten und Bedürfnisse seiner Mitmenschen kennenzulernen, schon alleine deshalb, damit das Zusammenleben geordnet wird und ein Mensch gesellschaftliche Orientierung erhält. Die Erfahrung von Grenzen an sich ist vor allem auch in psychischer Hinsicht unerlässlich. Nur durch das Erleben von Grenzen kann ein Mensch erlernen, diese Grenzen zu verschieben – Entwicklung nennt man das. Würden Kinder im „luftleeren Raum", also ohne jegliche Beschränkungen aufwachsen, könnten sie sich niemals auf eine Zielsetzung fokussieren – es gäbe nichts zu überwinden, es würde keinerlei psychische Evolution stattfinden.

Nun ist Erziehung nicht allein das, was wir unseren Kindern beibringen, sondern zum Großteil das, was die Kinder sich von uns abschauen. Leider sind Kinder bis etwa zum achten Lebensjahr noch nicht in der Lage zu begreifen, dass Eltern auch selbst Probleme und Blockaden haben, und gehen daher davon aus, dass sie jedes elterliche Verhalten als „Erfolgskonzept zum Erwachsensein“ ungeprüft nachahmen können. Kinder glauben, dass Eltern tatsächlich recht haben, wenn sie sagen: „Das macht man nicht“, „Das darf man nicht“, „Du dummes Kind, lass dies und lass das“. Was glauben Sie also, wie eine solche „Gehirnwäsche“, die wir Erziehung nennen, auf das Kind wirkt? Es beginnt, den Glauben an sich selbst infrage zu stellen. Es beginnt zu glauben, es sei unvollkommen, müsse sich ändern, um Anerkennung zu bekommen, und hält sich mit seinen eigenen Eigenschaften und Bedürfnissen für liebens-unwert. Deshalb verändern Kinder langsam ihre Persönlichkeit, in der bangen Hoffnung, damit wieder den Erwartungen der Gesellschaft zu entsprechen und der Ablehnung (Kritik) zu entgehen. Auf diese Weise geben wir seit Jahrhunderten eine kollektive Selbstwertstörung an unsere Kinder weiter, nur weil wir niemals darüber nachgedacht haben, dass Kritik bei Kindern nicht notwendigerweise den Ehrgeiz weckt, sondern als grundsätzliche Ablehnung empfunden werden kann. Glaubenssätze wie etwa „Ich bin nicht gut genug“, „Ohne Fleiß kein Preis“, „Ich darf mich nicht laut beschweren“ wirken wie Sabotageprogramme, die verhindern, dass ein Mensch sich entwickelt und entfaltet. Sie sollten uns in der Kindheit vor weiterer Ablehnung schützen, bescheren uns als Erwachsenen aber nur Probleme – die wir dann wiederum an unsere Kinder weitergeben.

Da ich hier nicht näher ins Detail gehen kann – wir haben noch viel vor uns –, verweise ich auf meinen Ratgeber „Zu viel Erziehung schadet!“[9].

Bekommt ein Mensch in einer kontrollierten Rückschau diese „Sabotageprogramme" vor Augen geführt, kann er prüfen, ob sie heute noch Gültigkeit haben, und sie damit gegebenenfalls wieder unschädlich machen. Das ist meiner Ansicht nach der erste und wichtigste Schritt, seine Liebesfähigkeit zu „reparieren": zu erkennen, dass man liebenswert ist und schon immer war, lediglich geglaubt hat, man müsse seine Persönlichkeit verändern, weil man es als Kind immer so empfunden hat. Eine solche reparierende Rückschau ermöglicht Ihnen auch mein Audio-Coaching (→ Seite 225).

## Keine Liebe ohne Selbstliebe

Eigentlich ist diese Erkenntnis so alt wie die Menschheit – sie steht sinngemäß in fast allen heiligen Schriften der Weltreligionen, so etwa im Matthäusevangelium oder auch im Buch Levitikus der jüdischen Tora: „Liebe deinen Nächsten wie dich selbst!" Wenn Menschen sich seit Tausenden von Jahren so etwas weitererzählen, sollte doch wohl etwas dran sein. Ich halte diesen Satz für einen der elementarsten Grundsätze, um zwischenmenschliches Zusammenleben zu regeln. Unsere Vorfahren wussten offenbar, welche wertvolle Weisheit für die Psyche in diesen Worten steckt, oder haben dies zumindest geahnt.

Vor allem der Buddhismus, eine Weltanschauung, die als besonders friedfertig gilt, zeigt uns, wie man mit seinen Mitmenschen am besten auskommt: nämlich durch Selbstliebe. In diesem Sinne verstehe ich die Worte des Dalai Lama in seiner Rede anlässlich der Verleihung des Friedensnobelpreises 1989: „Frieden (...) nimmt seinen Anfang in jedem von uns. Wenn wir über inneren Frieden verfügen, können wir mit den Menschen in unserer Umgebung in Frieden leben."

Es ist nicht unbeabsichtigt von mir, Liebe und Frieden in eine begriffliche und semantische Nähe zu rücken. Frieden und Liebe sind wahrscheinlich verschiedene Formen der gleichen Sache. Vielleicht ist das einer der Gründe, warum Menschen, die sich selbst nicht lieben, oftmals von ihren Mitmenschen als unzufrieden empfunden werden.

Selbstliebe bedeutet somit weder Arroganz noch Egoismus, sondern die klare Überzeugung, dass man ein guter Mensch ist, der sich charakterlich nicht zu verbiegen braucht, um Respekt und Anerkennung zu bekommen – und diese auch erhält, weil man sie ausstrahlt. Selbstliebe geht meiner Ansicht nach einher mit Selbstvertrauen und Souveränität. Das ist die innere Größe, die einem Menschen die Gelassenheit gibt, andere Menschen mit ihren Meinungen und Urteilen so zu respektieren, wie sie sind – ohne sich davon negativ, sondern höchstens positiv beeinflussen zu lassen.

Die meisten Menschen, die ich kenne, haben allerdings eine Stimme im Kopf, die einen stetig kritisiert, korrigiert, mahnt und bremst. Diese Stimme hat viele Namen: „Schlechtes Gewissen“, „Oberster Richter“ (zum erlösenden Umgang mit dem „Obersten Richter“ hören Sie meine CD „Selbstwertcoaching“ in der „Power-Box“, erschienen im Mankau Verlag) oder auch „Ratio“, doch sind es immer wieder „die üblichen Verdächtigen“, die eigenen Eltern und deren Mustervertreter, die sich da zu Wort melden. Diese Stimme sagt Dinge wie: „Du bist zu dick, zu faul, zu arm, zu hässlich, zu dumm, zu egoistisch“, „Achte auf dein Geld, gehorche deinem Lehrer, sei nicht so frech“, und: „Muss das sein? Was sollen die anderen sagen? Iss, trink, lies, sieh und höre das nicht!“ Die Aufgabe von Eltern jeder Art und Gattung besteht eigentlich darin, dem Nachwuchs vorbildlich zu zeigen, wie er sein Potenzial entfalten kann, um ein erfolgreiches Leben zu gestalten, und ihn überdies vor Gefahren schützen. Doch gerade bei uns Menschen, den vielleicht intelligentesten Wesen der Erde, reduziert sich das Eltern-Kind-Verhältnis fast nur noch auf den letzteren Aspekt. Die befürchtete Gefahr besteht nicht etwa darin, unglücklich zu sein und ein sinnloses Leben zu leben, sondern abgelehnt und krank zu werden. Ihr Partner wünscht sich aber – genau wie Sie auch – ein sicheres Zuhause. Auch ohne Nachwuchspläne nenne ich das: Familie.

## *Familie ist eine Burg*

Ich unterscheide zwischen „Verwandtschaft" und „Familie". Mit Familie meine ich die Lebensgemeinschaft, die Sie selbst als solche definieren. Ihre Eltern, Kinder und Geschwister dürfen gerne dazugehören, müssen aber nicht. Familie sollte eine Gemeinschaft aus denjenigen Menschen sein, mit denen man sich seelisch verbunden fühlt und bei denen man emotional in Sicherheit ist. Familie sollten Menschen sein, für die Sie bereit sind, freiwillig mehr zu geben als für andere – Freundschaft zu Verwandten eben. Denn wenn Sie schon besondere Behandlungen zulassen und Menschen erlauben, emotionale Macht über Sie auszuüben, dann sollten diese Familienmitglieder es Ihnen auch wirklich wert sein – sonst sitzen Sie auf einem Pulverfass, das bei der nächsten Pflichtveranstaltung hochgeht.

Reden wir also von echter Familie. Wer dazu gehört, ist Mitglied in Ihrem „Club der Verbündeten". In diesem wird mehr verziehen, mehr vertraut und mehr gestattet als anderswo sonst. Wichtige Grundregel: Bei schlechten Nachrichten wird vorschusshalber immer zuerst zum Familienmitglied gehalten. Wenn der wütende Nachbar mit dem Sohn im Schlepptau ankommt, den Hals voller Beschwerden, sollten Sie wirklich entscheiden, welcher der beiden Menschen Ihnen wichtiger ist, welches Seelenheil Ihnen mehr bedeutet: das eines fremden Cholerikers, den Sie möglicherweise ohnehin nicht leiden können, oder das Ihres eigenen Sohnes, der noch in seiner Reifephase ist und jeden Fehler, den es im Leben zu machen gibt, erst einmal kennenlernen muss. Verteidigen Sie Ihre Kinder vor den Schrecken dieser Welt, sie werden es Ihnen mit Loyalität und Anerkennung danken. Egal, wie groß der Mist ist, den Ihre Sprösslinge angerichtet haben: Kleine Kinder sind keine Verbrecher, sondern unwissend, fahrlässig, gedankenlos und egozentrisch – aber niemals böse. Natürlich muss das Kind Konsequenzen seines Tuns erkennen. Aber machen Sie es sich dabei nicht zum Feind. Lassen Sie die Gefahr dort spürbar werden, wo sie ist: in diesem Falle beim Nachbarn.

Fallen Sie Ihren Kindern nie in den Rücken, erschüttern Sie deren Selbstvertrauen und Ihr Ansehen in keiner Situation. Denken Sie hierbei bitte wieder an Ihre eigenen Eltern. Unerwartete Solidaritätsbekundungen stärken dem Nachwuchs den Rücken und helfen, die rechte Spur zu finden. Begreifen Sie, dass Sie zum Schutz Ihrer Kinder auf der Welt sind. Wenn nicht Sie Ihre Kinder schützen, wer dann? Kinder brauchen ein Zuhause, in dem sie sich in Sicherheit fühlen. Da die allermeisten von uns sich ohnehin nie aus der Kindesrolle befreien, werden Sie also daheim in Ihrem Partner ein „Sohn" oder eine „Tochter" haben, die bei psychosozialem Stress bei Ihnen als „Papa" oder „Mama" Zuflucht sucht. Richten Sie nicht, sondern lieben Sie! Verurteilen Sie nicht, sondern beschützen Sie Ihren Partner, zeigen Sie Verständnis – sonst disqualifizieren Sie sich als

Verbündeter und ernten statt Vertrauen und Respekt Angst und Misstrauen. Menschen sind verletzlich. Schwierig wird es, wenn Sie selbst eine starke Selbstwertstörung haben, sich selbst also nicht erwachsen, mündig, verantwortungsvoll und souverän fühlen. Dann ziehen Sie meist ebensolche an und müssen dann mit diesem seelischen Scherbenhaufen klarkommen. Das ist meist keine leichte Aufgabe.

Meine Empfehlung für die Partnersuche lautet also: Finger weg von Menschen mit starken Selbstwertstörungen – es sei denn, Sie wissen, wie man diese therapiert. Verhinderte Selbstliebe rächt sich nämlich in Überkompensation. Die menschliche Psyche kann gar nicht anders, als sich selbst vor weiteren Verletzungen und Einschränkungen zu schützen. Dazu gehören „Strategien“ wie Eifersucht, Jähzorn, Depression, Ignoranz, Niedergeschlagenheit, Misstrauen, Neid, Erpressung, Promiskuität (auffällig häufige Partnerwechsel), Egoismus und Machtgier. Diese Strategien entstehen natürlich jenseits des Bewusstseins und erzeugen vordergründig einen enormen Leidensdruck bei den Betroffenen. Nicht selten entsteht aus dieser verhinderten Selbstliebe dann etwas, das wahrscheinlich zerstörerischer ist als jede Atombombe: Hass.

## Hassen heißt geliebt werden wollen!

Wenn Sie jemanden hassen, ist er Ihnen nicht egal, sondern Sie wollen, dass er sich ändert. Umgekehrt genauso: Je mehr Gemeinheiten sich jemand einfallen lässt, um Sie zu demütigen, zu kränken und zu verletzen, desto größer ist sein Hilferuf! Sogenannte „Borderline“-Kranke sind Experten darin, Ihnen das Leben zur Hölle zu machen – aber nicht etwa, weil sie krank oder verrückt sind, sondern um Ihnen unterbewusst zu zeigen, was sie selbst für eine Tortur erlebt haben. „Rache als Hilferuf“ nenne ich dieses Symptom auch. Jedenfalls ist Hass nicht das Ende der Beziehung, sondern, so absurd das klingen mag, der verzweifelte Versuch, mit Ihnen übereinzukommen.

Der Tiefenpsychologe Erich Fromm (1900–1980) unterscheidet zwei Arten des Hasses: reaktiven Hass und charakterbedingten Hass.

Der reaktive Hass, so Fromm, sei das Ergebnis einer tiefen Verletzung oder einer schmerzlichen Situation, der man ohnmächtig gegenübersteht, da man sie aus eigener Kraft nicht verändern kann. In seinem Buch „Die Antwort der Liebe“[10] beschreibt er reaktiven Hass als eine „Hassreaktion, die aufgrund eines Angriffs auf mein Leben, meine Sicherheit, auf meine Ideale oder auf eine andere Person, die ich liebe oder mit der ich identifiziert bin“, zustande kommt.

Der charakterbedingte Hass hingegen werde zwar auf die gleiche Art und Weise wie der reaktive Hass ausgelöst, setze aber eine grundlegend andere Persönlichkeitsstruktur des Hassenden voraus – Hass sei in diesem Fall ein Charaktermerkmal, eine Hassreaktion sei lediglich ein Ausdruck des innewohnenden Hasses. Der Hauptunterschied zum „reaktiven Hass“ sei die allgemeine Bereitschaft zu hassen, eine erkennbare Feindseligkeit, welche in Hassausbrüchen ihren Ausgang finde. Beim Hass ist also oftmals die schon erwähnte Projektion im Spiel.

Meiner Ansicht nach liegt der Hauptunterschied zwischen den Fromm'schen Hasstypen darin, dass beim reaktiven Hass der „Gehasste“ primär in den Freiraum des Hassenden eindringt (provoziert), während beim charakterbedingten Hass der Gehasste ein sekundärer Hassauslöser, somit nur Stellvertreter für jemand ganz anderes ist, der denselben Kriterien des Gehassten entspricht. Letztlich ist es also nur eine Frage der Reflexionsfähigkeit, ob der Wüterich versteht, dass nicht sein Gegenüber das Problem darstellt, sondern er ihn nur daran erinnert („antriggert"). Beim Hass ist also oftmals die schon erwähnte Projektion im Spiel.

Beispiel: Eine Frau hasst ihren Partner mit der Begründung, er würde ständig zu viel Zeit mit seinen Freunden verbringen, zu viel Alkohol trinken, mit anderen Frauen flirten, dabei Geld verprassen und zu wenig für sie und die Kinder da sein.

Doch warum empfindet die Frau ausgerechnet diese Eigenschaften ihres Partners als Verletzung? Sie könnte ihm ja auch ebenso gut andere Charakterlosigkeiten vorwerfen, beispielsweise, die Kinder nicht über Politik aufzuklären, nicht genügend Sport mit ihnen zu treiben, ihr die falschen Geschenke zu machen etc. Antwort: Genau mit diesen bestimmten Eigenschaften hat die Frau möglicherweise als Kind schon schlechte Erfahrungen gemacht, vielleicht, weil sich die eigene Mutter von einem ähnlichen Typus von Mann abhängig fühlte und aus dieser Situation nicht ausbrechen wollte. Es kann also tatsächlich sein, dass diese Frau die eigene Mutter auf sich und den Vater auf den Partner projiziert und damit den Konflikt auf unterbewusster Ebene austragen und lösen möchte.

Überlegen Sie nun einmal, wen Sie kennen, von dem Sie wissen, dass er jemanden hasst – und finden Sie heraus, warum er hasst und wer wohl tatsächlich damit gemeint ist.

Zu einer Reaktion gehören immer zwei: Aktor und Re-Aktor. Beim Hass bezieht sich der Aktor zunächst auf jemanden, zu dem er eine besondere Hinwendung (emotionale Affinität) verspürt, von dem er aber keine positive Resonanz bekommt. Das Eindringen in den persönlichen Freiraum mit negativem Eindruck (Bedrohung) erzeugt eine solch starke Gegenbewegung, dass daraus Hass entstehen kann. Stellen Sie sich bitte einmal eine Geige vor. Der Geigenbogen streicht über die Saiten, und der Resonanzkörper nimmt normalerweise die Schwingungen auf und verstärkt sie. Doch wenn der Resonanzkörper gar nicht auf die Schwingungen der Saiten reagiert oder gar ein völlig verfälschtes Signal wiedergibt, dann erfahren wir – im zwischenmenschlichen Bereich – statt einer positiven Verstärkung eine Enttäuschung. Und dies sind die Bausteine, aus denen Hass sich zusammensetzt. Hass ist weder eine Krankheit noch eine Dummheit, sondern nährt sich durch einen unbefriedigten Machtanspruch: Man kann nur hassen, was man lieben will, denn von etwas, das einem völlig gleichgültig ist, zieht man seine Aufmerksamkeit ab (Ataraxie). Wenn ein Mensch also sagt: „Mein Ex-Partner bedeutet mir gar nichts mehr, von mir aus soll er tot umfallen“, dann ist das eben keine Gleichgültigkeit, sondern eine sehr starke Beziehung! Eine solche hätte noch genug Energie, um wieder harmonisiert zu werden. Der große Unterschied zur Liebe besteht beim Hass darin, dass Liebe nicht aktiv verändern will, sondern toleriert, während Hass Bedingungen stellt und damit weder tolerant noch respektvoll ist.

„Sei so, wie ich das will, sonst vernichte ich dich.“ Hass kann folglich relativ leicht überwunden werden, wenn man das Eindringen in den Freiraum absichtlich duldet. Man muss sich nur sehr genau und voller Empathie in die Lage des Hassenden versetzen, um herauszufinden, warum er sich so verhält. Respekt und Verständnis sind der wichtigste Schritt, um Hass zu überwinden. Hass kann sogar (wieder) in Liebe verwandelt werden, wenn man einem hasserfüllten Menschen die Möglichkeit zur Toleranz eröffnet. Deshalb versuchen hasserfüllte Menschen ja auch, mit massivsten Mitteln Macht zu erlangen – in der Hoffnung, damit an Größe zu gewinnen und somit wiederum die Eigenschaften des anderen nicht länger als Bedrohung zu empfinden.

Das große Problem des Hassenden ist, dass er sich nicht selbst verändern will, denn genau dies wäre ja ein weiteres Eingeständnis von Schwäche, vor welcher er sich zu schützen trachtet.

Wir haben es bei Hass also mit einer Kettenreaktion zu tun: Ein Mensch kommt zur Welt, macht traumatisierende Frustrationserfahrungen durch subjektiv empfundenen Liebesentzug oder Lieblosigkeit und wird hierdurch immer misstrauischer und intoleranter gegenüber Frustrationen. Diese Misstrauens-Erwartungshaltung (Angst) verzerrt seine Wahrnehmung, und er leistet übertriebenen Ausgleich (überkompensiert) in der Hoffnung, seine Mitmenschen mit Druck derart verändern zu können, dass sie seinem Machtanspruch gerecht werden (und ihm die erhoffte Liebe entgegenbringen). Natürlich ist dieses Konzept zum Scheitern verurteilt, denn zur Liebe kann man niemanden zwingen. Liebe erhält man nur freiwillig – sonst ist sie keine. Außerdem gehören zur Liebe ohnehin zwei. Liebe sät Liebe, Hass sät Hass.

In meiner Beratung erlebe ich zig tragische Beispiele von Menschen, die ihre Beziehung niemals richtig getrennt haben und sich hassen – und damit für weitere Partner gar nicht offen sind. Diese Menschen sind sehr unglücklich und noch unglücklicher, wenn einer der beiden verstirbt, weil man niemals mit dem anderen seine Konflikte klären konnte. Hassen heißt geliebt werden wollen.

# Angst ist das Gegenteil von Liebe

Angst ist für eine Partnerschaft die Hölle. Aus Angst werden die unglaublichsten Dinge getan, die man später unter Tränen oder gar vor Gericht bereut. Jeder kennt Angst, doch was ist Angst denn eigentlich genau?

Meine Definition: *Angst ist ein unreflektierter Schutz gegen befürchtete Bedrohung.*

Damit ist Angst eine unterbewusste Vermeidungstaktik der Psyche mit dem Ziel, sich nicht in eine Situation zu begeben, die man selbst für existenzbedrohlich hält. Diese Bedrohung muss man allerdings zuvor selbst erfahren oder zumindest kennengelernt haben, um sie in Zukunft von sich fernhalten zu wollen.

Die Psyche des Menschen hat nur ein einziges Bestreben, nämlich *die maximale Verwirklichung der eigenen Absicht bei minimalem Widerstand.*

Dieses Bestreben nenne ich den „Algorithmus der Psyche". Der Begriff Algorithmus entstammt der Mathematik und bezeichnet eine Berechnungsvorschrift zur Lösung eines Problems. Er liefert unter denselben Voraussetzungen immer dasselbe Ergebnis. Ich behaupte, dass die menschliche Psyche durchaus nach berechenbaren Gesetzmäßigkeiten Problemlösungen anstrebt. Nur sind ebensolche komplexe Informationen sowohl über das Problem als auch über die zur Lösung notwendigen Strategien noch längst nicht bekannt, geschweige denn mit derzeit verfügbaren Mitteln darstellbar. Vergleichbar mit einem Wetterbericht, der auf die Sekunde und den Meter genaue Prognosen stellt. Möglich ist das bislang nur in der Theorie. Man muss sich die

Psyche vorstellen wie ein Computerprogramm, welches dem Algorithmus folgt: optimale Entfaltung bei minimalem möglichem Widerstand und maximalem Verwirklichungsgrad. Damit hat die Psyche, wie jedes Programm, ihren Niederschlag in der Realität.

Wir alle wollen an unseren Absichten nicht gehindert werden. Eine subjektiv empfundene oder objektive „Machtlosigkeitserfahrung" hindert die Psyche an der Entfaltung und ist somit das Letzte, was sie hinnimmt. Für das Gefühl der Selbstbestimmtheit nehmen Menschen auch körperliche Einbußen in Kauf.

Wir haben keine Wahl, *ob* wir auf eine Grenze reagieren – wir *müssen!* Doch hierfür haben wir dann gleich mehrere Möglichkeiten und Dosierungen zur Auswahl.

❶ Defensive (Rückzug)
❷ Offensive (Jähzorn)
❸ Akzeptanz (Verständnis)

Eine dieser Rückzugstaktiken ist Angst. Dazu gehören Depression, Introversion, Anpassung oder einfach Feigheit. Man bewegt sich nur noch im vorhandenen Freiraum und vermeidet damit, an die empfundene Grenze zu stoßen. Emotionale Erpressung, also das Zurschaustellen der eigenen Verletztheit, ist ein oft benutztes Mittel, um seine Mitmenschen dazu zu bringen, auf weitere Beschränkungen zu verzichten.

Das ist das Mittel der Wahl von besonders emotionalen Menschen: andere an den eigenen Gefühlen teilhaben lassen wollen, in der Hoffnung, das Gegenüber empfindet Mitgefühl und lässt ab vom Opfer. Nicht-Wasserzeichen stoßen dabei schnell an ihre Grenzen.

## *Sind Sie Vermeider oder Erreicher?*

Was machen Sie, wenn Sie an Ihre Grenzen stoßen? Treten Sie den Rückzug an, schmollen und zeigen Sie allen, wie ungerecht die böse Welt ist? Oder bleiben Sie am Ball und lassen nicht locker, bis Sie Ihre Herzenswünsche in Einklang mit der Mitwelt verwirklicht haben?

Hand aufs Herz: Meist tendieren wir doch zum Vermeiden. Wir haben gelernt, bei einer befürchteten Einschränkung unserer Entfaltung zu kapitulieren und den Rückzug anzutreten. Damit weichen wir der Grenze zwar aus, haben aber zugleich unsere primäre Absicht aufgegeben. Meist geht diese Defensiv-Strategie auch mit dem schon erwähnten Zurschaustellen der eigenen Verletztheit einher und bekommt somit den Beigeschmack der emotionalen Erpressung, denn ein jegliches soziales Verhalten hat schließlich auch einen Adressaten, an den es sich richtet. Selbst wenn der Adressat nur noch in der unterbewussten Erinnerung existiert – irgendjemand soll „wissen", wie es uns geht, während wir unseren Heiligenschein polieren. Wird der Rückzug nun zum Grundsatz, so endet diese Strategie möglicherweise sogar im Suizid.

Tatsächlich nehmen Menschen für das Gefühl der Entscheidungsfreiheit körperliche Einbußen bis hin zur Selbsttötung in Kauf. Die Motivation eines Selbstmörders ist nicht, die schöne Welt von sich zu bereinigen, sondern immer eine verzweifelte Rückzugsreaktion auf eine als aussichtslos und unverschiebbar empfundene Grenze. Somit verhindert die Psyche die ultimative Machtlosigkeitserfahrung, indem sie weiteren Einschränkungen von außen zuvorkommt. Wer sich selbst tötet, tut das, um dies den anderen *vorwegzunehmen* und zusätzlich zu zeigen, wie eingeschränkt man sich fühlt.

Die Verwirklichungsfähigkeit unserer eigenen Absichten zu sichern oder das Erreichte zu erhalten, danach trachten alle Lebewesen von Geburt an – wir können gar nicht anders. Deswegen reagieren wir ja auch so empfindlich auf Einschränkungen und Rückschritte. Der Vermeider weicht der Grenze aus, Symptome hierfür sind alle autoaggressiven Krankheiten, alle chronischen Störungen, Rauchen, Übergewicht, Missbrauch von Bewusstsein trübenden Drogen wie Alkohol, Cannabis und anderen.

Wir können aber auch unsere Energien bündeln und versuchen, ganz offensiv eine Grenze einzureißen – das rächt sich aber meist und würde im Extremfall zur totalen Vernichtung führen.

Ein Offensiver ist jemand, der versucht, seine empfundenen Grenzen taktisch auszuweiten (typisch für Feuerzeichen). Ein solches Verhalten finden wir beispielsweise bei vielen totalitären Herrschern, bei vorsätzlichen Straftätern sowie grundsätzlich bei allen Menschen, die uns einschüchtern wollen. Wütende Menschen fühlen sich unterdrückt, machtlos und hilflos und versuchen, durch Jähzorn ihre Beschränkungen niederzureißen. Je cholerischer ein Mensch auf Sie reagiert, desto mehr zeigt er Ihnen, dass er Minderwertigkeitsgefühle hat und sich von Ihnen dominiert oder eingeschränkt fühlt. Vielleicht hilft Ihnen bereits diese Information, um im Umgang mit cholerischen Menschen künftig einfach etwas gefasster und gelassener zu bleiben?

Diese Offensive der Wüteriche und Polterer ist meiner Ansicht nach somit ebenfalls keine Strategie, die von nachhaltigem Erfolg gekrönt ist. Widerstände mit offensiver Gewalt zu überwinden, ist zwar kein Vermeiden, aber ein automatisches Erreichen ist hier ebenso nicht möglich, denn was passiert, wenn die Offensive nicht aufrechterhalten werden kann? Wenn der Despot also durch Krankheit oder anderen Kontrollverlust geschwächt ist und seine Kontrolle nicht ausüben kann? Einer Rachereaktion seiner Opfer würden Tür und Tor geöffnet. Ein Straftäter, dem es nicht gelingt, seine Situation unter Kontrolle zu halten, würde durch die Justiz an seiner Entfaltung oder gar an der Teilnahme am gesellschaftlichen Leben gehindert. Nach dem Motto „Ist die Katze aus dem Hause, tanzen die Mäuse auf dem Tisch", würde sich auch ein Partner, der durch strukturelle Gewalt, Kontrolle und Druck versucht, seine Beziehung zu „leiten", nicht darauf verlassen können, dass alle Familienmitglieder genau in seinem Sinne funktionieren, wenn er beispielsweise einmal krank wird.

Dennoch wählen viele Menschen mit Führungsaufgaben noch diesen Weg der Einschüchterung mangels Wissens und Erfahrung. Dabei weiß jeder, dass Druck zunächst Gegendruck erzeugt und damit ein lösungsorientiertes und kongruentes Miteinander schon fast ausgeschlossen ist.

Es gibt für Sie einen Ausweg, falls Sie einmal unter Druck gesetzt werden:

Einem Menschen, der Sie einschüchtern, also bedrohen, anschreien oder mobben will, begegnen Sie ganz einfach damit, dass Sie ihm den geforderten Freiraum zugestehen. Geben Sie nach (das fällt Luftzeichen leichter als den anderen). Wenn Sie dies nämlich bewusst und absichtlich tun, ist es für Sie keine Einschränkung Ihrer Freiheit mehr, sondern gewollt und damit die einzige Möglichkeit, mit von außen gesetzten Grenzen konfliktfrei umzugehen, nämlich sie zu *akzeptieren* und damit zu integrieren und auch keinen Gegendruck zu erzeugen. So wird die Beschränkung nicht länger als Machtlosigkeitserfahrung wahrgenommen, sondern als *freie Entscheidung*. Sie nehmen die Grenze bewusst an und können diese somit von innen heraus verschieben. Das hat den immensen Vorteil, dass Sie Ihren neuronalen Hauptspeicher nicht mit „Scharmützeln" blockieren, sondern für Ihre wirklichen Wünsche freihaben. Wenn Sie dann noch herausfinden, was Ihr Gegenüber tatsächlich mit seinem Verhalten bezwecken will, und ihm auch noch behilflich sind, dies zu erreichen, sind Sie ein Virtuose in Möglichkeit drei, der *Akzeptanz*.

Dies ist das Erkennen der Sinnhaftigkeit einer Grenze, um diese dann strategisch zu verschieben. Dafür braucht man etwas, das Sie als Kind noch nicht haben konnten: Reife, Kommunikationsfähigkeit und Empathie (das Hineindenken in die Gefühle eines anderen). Die beiden letzteren Eigenschaften können sich ab dem Erreichen des Erwachsenenalters zu Diplomatie entwickeln. Dies ist die Fähigkeit, sich derart in die Bedürfnisse und Absichten eines anderen hineinzuversetzen, dass man das übergeordnete gemeinsame Ziel erkennt und es nach gegebener Möglichkeit widerstandslos ansteuern kann.

Übrigens: Egal, für welche der drei Strategien Sie sich entscheiden, die beiden unreifen Offensive und Defensive oder die mündige Akzeptanz – in jedem Falle haben Sie dafür einen Preis zu zahlen. Immer. Doch nur mit einer Möglichkeit werden Sie keine weiteren Grenzen provozieren und sichern sich einen nachhaltigen Erfolg.

Zusammenfassend kann man sagen: Schmollen, wüten oder akzeptieren – Sie haben die Wahl. Erwarten Sie eine Entfaltungsgrenze, werden Sie zum Vermeider; glauben Sie an die Überwindbarkeit (und damit an den Wegfall) einer Grenze, so werden Sie zum Erreicher.

Angst ist also ein sehr schlechter Ratgeber, wenn Sie erfolgreich und beliebt sein wollen, denn Angst verhindert Liebe. Ich begreife Angst sogar als das Gegenteil von Liebe. Denn wer Angst hat, vertraut nicht. Angst sorgt für Argwohn, Eifersucht usw. und muss erst einmal aufgelöst werden, bevor der Mensch anderen bedingungslose Liebe geben kann. Wenn Ihnen meine Ausführung zu drastisch formuliert erscheint, bitte ich Sie, einmal nachzudenken, ob Sie jemanden kennen, der Angst (im Sinne einer Selbstwertstörung) hat und dennoch in einer glücklichen und stabilen Liebesbeziehung lebt. Bedingungsloses Vertrauen, Respekt und Bewunderung, welche die Partner emotional und rational gegenseitig vereinen, lassen keinen Platz für die Angst.

Wenn Sie nun sagen, Sie kennen ohnehin kaum jemanden, der eine solche Liebe erfährt, gebe ich Ihnen recht. Das, wovon eigentlich alle Menschen träumen, ist genauso selten wie absolute Gesundheit ohne das kleinste Zipperlein. Dennoch glaube ich sowohl an Gesundheit als auch an die Liebe und ein angstfreies Leben. Was selten ist, muss deswegen noch lange nicht schwer zu erreichen oder gar unmöglich sein. Ich glaube nicht nur fest an die Liebe (und habe sie erlebt), ich weiß, dass sie jedem Menschen möglich ist.

In meiner Praxis begegne ich vielen Menschen, die den Weg zur Erfüllung gefunden haben. Doch hierzu muss man seine Angst zunächst weit hinter sich lassen. Wenn Sie selbst Ihren Weg zur Erfüllung gehen, werden Sie – und nicht nur Sie, sondern vor allem Ihre Mitmenschen – ein Phänomen im Spiegel beobachten können, das es in sich hat:

## *Liebe macht nicht blind, sondern schön*

Und gesund, möchte ich hinzufügen. Sie kennen alle die negativ formulierten Beispiele: „Hass macht hässlich", „Kummer macht dick" oder „Trauer lässt einen alt aussehen". Doch die gegenteilige Wirkung der Liebe ist ebenfalls nicht zu verachten. Der amerikanische Herzspezialist Dr. Dean Ornish beschreibt in seinem Bestseller „Die revolutionäre Therapie: Heilen mit Liebe. Schwere Krankheiten ohne Medikamente überwinden"[11] mehrere wissenschaftliche Studien, die eindeutig belegen, dass echte Liebe selbst todgeweihte Patienten wieder aufleben lässt. Im Tierversuch konnte bewiesen werden, dass es bei Kaninchen, denen man – durch Streicheln, Sprechen und Spielen – täglich nur eine halbe Stunde Aufmerksamkeit schenkte, zu 60 Prozent seltener gelang, eine Arterienverkalkung künstlich herbeizuführen, als bei den Tieren, die man schlichtweg ignorierte.

Ich habe in über drei Jahrzehnten Partnerschafts- und Konfliktberatung selbst so oft erlebt, dass Menschen von einem Moment auf den anderen viel entspannter, fröhlicher und somit attraktiver aussahen, nachdem sie mit einem einfachen psychologischen Verfahren, das man „Reframing" nennt, mit ihrer Vergangenheit abgeschlossen und ihr Selbstwertgefühl wiedergefunden hatten. Hierbei erinnern sich Menschen an negative kindliche Erfahrungen und interpretieren sie neu mit einer erwachsenen Sichtweise. Meine Erfahrung: Nach nur einer sehr intensiven Coachingsitzung wirken die Augen etwas runder, die Nasenflügel gespannter, die Wangen besser durchblutet und die Unterlidfältchen glatter! Wie ich oben schon erwähnte, stimulieren positive Gefühle jeglicher Art eine Vielzahl an Neurotransmittern, die selbstverständlich einen enormen Einfluss auf unseren Körper haben. Serotonin, Noradrenalin, Dopamin und Co. können die Haut glätten, die Durchblutung fördern, die Immunabwehr anregen und nicht zuletzt natürlich auch die Libido, die Liebesbereitschaft, steigern. Wie man diesen Aspekt der körperlichen Regeneration noch weiter nutzt und fördert, beschreibe ich in meinem Ratgeber „Anti-Aging".

## Bereichern oder belasten Sie?

Das Schlimme an Ihnen, wenn Sie keine Selbstliebe haben, ist, dass Sie damit meist Ihr Gegenüber „nerven". Ich habe einmal eine soziologische Grundregel formuliert, die Sie auf jeden Fall kennen sollten, wenn Sie keine bösen Überraschungen erleben wollen. Sie lautet:

*In einem Sozialkontakt wird stets entschieden: Bereichert oder belastet Ihre Anwesenheit oder der Gedanke an Sie?*

Niemand kommt um die Antwort herum! Sie nicht und Ihr Gegenüber auch nicht. Wir können nicht anders, als immer abzuwägen, ob sich der Kontakt lohnt oder nicht. Vorsicht: Ein Sozialkontakt ist nur so lange neutral, wie keine Resonanzen auftreten. Sobald Sie etwas mehr mit Ihrem Mitmenschen zu tun haben, treten Sie in Resonanz, entweder negativ oder positiv. Und wehe, der Daumen Ihres Gegenübers zeigt nach unten, dann wird er bei nächstmöglicher Gelegenheit den Kontakt abbrechen. Höflichkeit, Stärke, Unterlegenheits- oder Schuldgefühle bei einem Menschen ermöglichen, dass er sich trotz Negativresonanz zunächst freundlich verhält und mitspielt. Verliert er aber seine Schuldgefühle oder seine Stärke, wird er sich abwenden. Besonders deutlich wird dies bei Pflegefällen. Während meiner Studienzeit habe ich als Pflegeassistent in der häuslichen Krankenpflege gearbeitet. Angehörige zeigen nach einer Weile sehr deutlich, ob es sich lohnt, Vater oder Mutter zu pflegen. Nach wenigen Monaten kommt die lebenslange Grundtendenz zum Vorschein. Angehörige, die ihre Pflegefälle als Belastung empfinden, vergessen bei der Pflege schnell mal das gründliche Rasieren, Fingernägelschneiden oder das Abendessen. Deshalb ist es auch nicht zu empfehlen, darauf zu setzen, dass die eigenen Kinder einen im Alter pflegen – zu oft wird von denen unterbewusst entschieden, dass die Eltern eine Belastung sind. Und danach wird dann gehandelt.

Nerven Sie in Ihrer Beziehung, trennt man sich von Ihnen, sobald der Leidensdruck zu groß wird. Sind Sie eine wirkliche Bereicherung für denjenigen, der über den Kontakt mit Ihnen zu entscheiden hat, läuft er Ihnen bis ins Grab hinterher. Ich weiß, dass Sie das entrüstet, aber sehen Sie sich um: Sehr viele Menschen beklagen sich darüber, dass man ihnen am Arbeitsplatz das Leben schwer macht. Anstatt dies einfach zu ändern, gibt man der Sache zunächst erst einmal einen Namen – Mobbing – und verstärkt damit die Belastung.

Auch Ihr Partner hat, genau wie Sie, ein internes Punktekonto, auf dem Sie keine Hypothek bekommen. Leer ist leer. Ab dem Zeitpunkt tickt eine Bombe für Sie. Hat man Sie zu oft genervt, bevormundet, missverstanden und dominiert, werden Sie versuchen, den Kontakt zu meiden. Umgekehrt: Wenn Sie sich bei jemandem respektiert, ernst genommen und unterstützt fühlen, werden Sie ihm gegenüber große Toleranzen entwickeln. Bejahung ist die Droge, mit der Sie den anderen bereichern – vorausgesetzt, Sie haben genug Selbstachtung, denn ohne die sind Sie für die meisten

Empfänger wertlos. Sogar Menschen mit einem Helfersyndrom, die daraus Gewinn ziehen, dass Sie der Unterlegene und Bedürftige sind, werden Sie fallen lassen wie eine heiße Kartoffel, sobald die Zwangsbemutterung bei Ihnen keine dankbaren Entwicklungsergebnisse liefert.

Denken Sie einmal darüber nach, wann es Ihnen nicht mehr gelang, einen Menschen, den Sie länger kannten, zu ertragen. Es lag letztlich immer daran, dass „das Fass voll war".

## Begeistern Sie sich und andere

Sie können echte Zuneigung nicht erpressen. Vielleicht haben Sie Glück, und noch wenden sich Ihre Mitmenschen nicht von Ihnen ab, sei es aus Höflichkeit, Feigheit oder Liebe. Doch was geschieht, wenn Sie eines Tages zur echten Last werden, wenn Ihre Mitmenschen so richtig die Nase voll von Ihren Problemen haben? Dann können Sie sich ärgern, dann können Sie leiden, so viel Sie wollen, es wird keinen mehr kümmern. Menschen interessieren sich nicht wirklich dafür, warum Sie so sind, wie Sie sind, sondern letztlich nur dafür, ob Ihre Anwesenheit nervt oder guttut. Besser wäre es also, Sie begeistern Ihre Liebsten damit, wie sehr Sie sich zum Positiven hin entwickeln. Werden Sie ein Hoffnungsträger, ein lebendiges Symbol der Erneuerung. Machen Sie da weiter, wo Sie aufgehört haben, und fangen Sie erneut Feuer an sich selbst. Begeistern Sie sich und stecken Sie alle damit an. Glauben Sie, Sie müssten dann noch jammern? Glauben Sie, ein Rückfall ins alte Muster hätte dann noch irgendeinen Vorteil für Sie, wenn alle von Ihnen beeindruckt sind?

DER PSYCHOTIPP

# Säen Sie „Liebessaat“!

Diesen goldenen Tipp habe ich von einem Freund, der meiner Ansicht nach in einer ausgesprochen glücklichen Partnerschaft lebt. Ich habe ihn schon zigmal weitergegeben, und jedes Mal ist das Ergebnis verblüffend:

Sie warten nach dem Zubettgehen, bis Ihr Partner laut atmet, also offenbar an der Schwelle zum Einschlafen ist. Das sind im Normalfall so etwa 25 Minuten nach dem „Gute-Nacht-Sagen“. In diesem Zeitraum ist ein Mensch extrem suggestibel, der Zustand ist fast mit einer Hypnose vergleichbar. Nun sagen Sie mit normaler Betonung und normal lauter Stimme (nicht flüstern, das weckt auf) die Worte: „Ich bewundere dich! Ich freue mich auf dich! Jeden Tag!“ Falls Ihr Partner nun wach werden sollte, tun Sie bitte so, als hätten Sie im Schlaf gesprochen und drehen sich murmelnd zur Seite, sonst verspielen Sie sein Vertrauen, weil er denkt, Sie wollten ihn manipulieren. Wenn er aber mit einigen wenigen Atemunregelmäßigkeiten weiterschläft, wissen Sie: Er hat Ihre Worte unterbewusst registriert und reagiert darauf. Dann wiederholen Sie die Sätze nach ein bis zwei Minuten noch einmal, wieder in normaler Tonlage. Sagen Sie nicht so etwas Abstraktes wie: „Ich liebe dich“, oder „Ich will dich heiraten“. Darunter kann sich kein Unterbewusstsein etwas Konkretes vorstellen. Bleiben Sie bei der Vorlage. Damit passiert nun Folgendes: Sie geben Ihrem Partner mit diesen Worten genau das, was sich ein jeder Mensch von seinem Partner wünscht, nur mit dem Unterschied, dass er Ihnen im Schlaf nicht misstrauen und auch nicht aus falscher Bescheidenheit abwiegeln kann. Er muss es „schlucken“. Damit wird er sich, wenn alles geklappt hat, am nächsten Tag ein bisschen wie frisch verliebt fühlen. Machen Sie dies ein- bis zweimal innerhalb von zwei bis drei Wochen, und sagen Sie ihm parallel dazu tagsüber, wie sehr Sie seinen Geist bewundern und für wie intelligent und attraktiv Sie ihn halten. Überhaupt wirkt es Wunder, wenn Sie dem Menschen, an dessen Seite Sie Ihr Leben verbringen wollen, öfters deutlich – am besten sogar in Gesellschaft, also „unter Zeugen" – sagen, was Sie alles an ihm schätzen. Niemand ist dagegen immun, auch Sie nicht, oder?

## Liebesspeicher auffüllen

Die edle, bedingungslose Liebe mag ein Ideal sein. Aber die wenigsten Menschen in unserer Kultur können damit tatsächlich etwas anfangen. Die meisten von uns sind nicht mit Liebe, sondern mit Bedingungen aufgewachsen. Wenn-dann-Abmachungen sind keine Liebe, sondern ein Handel. „Wenn du dein Zimmer aufräumst, dann darfst du noch Fernsehen gucken!", „Wenn du eine Eins in der Klassenarbeit schreibst, gehen wir in den Zoo!" und so weiter – das ist Erpressung. Liebe liebt auch ohne Gegenleistung.

Wenn Sie also den Liebesspeicher Ihres Partners auffüllen möchten, müssen Sie konkret werden, denn wahrscheinlich reicht es ihm nicht, dass Sie ihn einfach lieben. Menschen wollen wissen, wofür sie geliebt werden, damit sie steuern und kontrollieren können, wie sehr die Liebe fließt.

Probieren Sie also bitte einmal Folgendes aus:

Sagen Sie Ihrem Partner 30 Tage lang jeden Tag, was Sie an ihm bewundern. Nehmen Sie jeden Tag etwas anderes. Sagen Sie nicht, was Sie lieben, sondern wählen Sie bewusst das Wort „bewundern". Sie werden sich wundern! Ihr Partner gibt Ihnen nach ein paar Tagen Liebe und Bewunderung zurück – damit Sie nicht aufhören.

Ihrem Partner ist Ihre Meinung über ihn nicht egal, selbst wenn Sie glauben, er müsste doch eigentlich wissen, dass Sie ihn lieben und warum, schließlich haben Sie ihm zur Verlobung im Jahr neunzehnhundertsoundso laut und deutlich gesagt: „Ja, ich lieb' dich auch!" Trotzdem, frischen Sie diese Bekundung ruhig hin und wieder einmal auf. Sagen Sie ihm auch ruhig öfters den Satz: „Bleib, wie du bist", selbst wenn Sie sich über seine Macken geärgert haben. Dass Sie mit dieser Aufforderung nicht seine problematischen Eigenschaften, wie notorisches Verspäten, Eifersucht oder Jähzorn, meinen können, bedarf keiner besonderen Erklärung. Dieser ausdrücklichen Bejahung seiner Person kann und will sich niemand entziehen. Jetzt kommt's: Infolgedessen wird Ihr Partner nicht nur wesentlich sanfter mit Ihnen umgehen und sich etwas mehr für Sie interessieren (denn Sie sind zu einer sehr mächtigen und authentischen Quelle seines Selbstvertrauens geworden), sondern er wird im Laufe der Wochen deutlich besser aussehen. Doch ich muss vorwarnen: Wenden Sie diesen „Trick" nur an, wenn Sie die Worte wirklich ernst meinen und tatsächlich Bewunderung, Freude und Respekt für ihn empfinden. Andererseits würden Sie ein moralisches Verbrechen begehen, denn Sie würden jemanden in Sicherheit wiegen, nur Ihres eigenen Vorteils wegen. Dies würde sich mit dem Heraufbeschwören von Enttäuschung rächen – also der Voraussetzung für Hass. Das Unterbewusstsein ist kein Spielzeug, und es lässt sich nicht dauerhaft täuschen! Wenn Sie aber aus ganzem Herzen der obigen Affirmation zustimmen, dann haben Sie damit die Möglichkeit, eine Art „Liebessaat" zu streuen.

Was glauben Sie, werden Sie wohl ernten? Ein mit derart wohltuenden Worten bedachter Mensch blüht auf. Das übrigens ist meiner Ansicht nach auch die Erklärung für den sogenannten „grünen Daumen“ bei Pflanzenliebhabern bzw. das „glückliche Händchen“ bei Tierliebhabern: Liebe lässt wachsen, da sie durch die positive Resonanz das Gegenüber zum Schwingen anregt.

### Fazit

Warten Sie nicht, bis Sie von irgendjemandem geliebt werden. Lieben Sie, wen Sie lieben wollen. Unbedingt und selbstsicher. Erniedrigen Sie sich nicht. Suchen Sie keine Liebe, sondern geben Sie Liebe. Wer Sie nicht will, obwohl Sie mit sich im Reinen sind, passt nicht zu Ihnen!

# Sex

Im Folgenden bezeichne ich als „Sex“ alle Formen des sexuellen Verhaltens, also nicht nur den reinen Geschlechtsakt, sondern auch andere Formen der Erotik. Die „schönste Nebensache der Welt“, so lebensnotwendig wie Essen und Atmen, gilt seit der Vertreibung aus dem biblischen Paradies als sündhaft oder bestenfalls als für die Fortpflanzung notwendiges Übel.

Zwar kommt kein Mensch in seinem Leben um sexuelle Erfahrungen herum, und sei es nur autoerotisch, also mittels Selbstbefriedigung, oder in der Fantasie, doch allein das Wort „Sex" treibt einigen schon die Schamesröte ins Gesicht. Warum eigentlich?

Mir persönlich ist es zudem ein Rätsel, warum Mutter Natur ausgerechnet unsere erogenste Zone, den Intimbereich, zum bevorzugten Bakterientummelplatz erkoren hat. Die Berührung desselben aus Hygienegründen und die Kontaktvermeidung aufgrund sexueller Tabus gestalten sich nämlich als recht problematische Gratwanderung. Auf Deutsch: Einerseits sollen sich Kinder gründlich den Intimbereich waschen, anderseits dürfen sie nicht daran herumfummeln. Was denn jetzt? Ist Anfassen erlaubt oder verboten?

## Warum schämen wir uns für unsere Sexualität?

Sexuelle Themen sind fast weltweit tabuisiert. Daher bezieht beispielsweise frivoler Humor seine Energie. Der Tabubruch bringt uns allerdings nicht nur zum Lachen, sondern beschert uns auch einige der größten zwischenmenschlichen Tragödien der Geschichte. Die Genitalverstümmelung von Frauen durch Beschneidung oder die gesellschaftliche Ächtung wegen vorehelicher Defloration oder Untreue enden nicht selten mit dem Tod der/des Betroffenen inklusive Mitwissern und Familienangehörigen. Der moralisierende Zeigefinger wird leider oft zum tödlichen Knüppel gegen Menschen, die sich in ihrer Sexualität nicht vollends unterdrücken lassen wollen. Hierzu reicht bereits ein Blick in einige unserer europäischen Nachbarländer wie Albanien, Griechenland, Italien und die Türkei, wo die Blutrache noch immer nicht aus den Köpfen einiger ewig Gestriger verschwunden ist. Auch bei uns ist es noch nicht so lange her, dass man heiraten „musste", sobald ein Kind unterwegs war, dass man als unverheiratete Mutter lebenslange Schande und Ausgrenzung zu ertragen hatte und dass uneheliche Kinder von bestimmten Berufen ausgeschlossen waren. Doch haben Sie sich je gefragt, warum wir Menschen (und nur wir Menschen) so ein Theater um den Sex machen?

Für die Antwort möchte ich etwas ausholen:

Wir Menschen haben ein derart differenziertes Gehirn, dass wir damit sogar freie Entscheidungen wider die Natur treffen können. Wenn beispielsweise irgendwo ein Feuer ausbricht, würden Tiere versuchen, davonzulaufen. Wir Menschen können jedoch, wie jeder Feuerwehrmann bestätigen kann, ins Feuer hineingehen. Das wiederum hat den Nachteil, dass wir uns, selbst wenn dies langfristig nicht sinnvoll wäre, über die Natur hinwegsetzen könnten und somit in der Lage wären, jegliche sexuelle Aktivitäten einfach einzustellen, wenn diese „keinen Spaß" machten. Frauen würden irgendwann abwägen, ob Schwangerschaftsstrapazen und der Geburtsschmerz wirklich „die Sache wert" wären, und Männer könnten vielleicht zu dem Schluss kommen, dass es ja doch nur Mühe macht, ständig für Kinder zu sorgen und von diesen womöglich den ganzen Tag genervt zu werden – wir würden aus freier Entscheidung glatt aussterben, wenn Sex keinen Lustgewinn brächte. Damit dies nicht geschieht, hat Mutter Natur ganz tief in die Trickkiste gegriffen und verschafft uns Menschen einen solchen Endorphinstoß bei geschlechtlicher Betätigung, dass wir dafür (fast) alles in Kauf nehmen. Der Lustgewinn ist zunächst bei jedem gesunden Menschen von

Anfang an vorhanden. Sogar Embryonen und kleinste Kinder berühren und streicheln sich in ihrem Genitalbereich. Das ist nicht verwerflich, sondern offenbar natürlich, denn Sexualhormone sind eine Quelle von Glücksgefühlen. Sex macht uns Menschen derart viel Vergnügen, dass wir dafür unter Umständen viel Geld bezahlen und im Extremfall sogar töten.

Damit wir mit Beginn der Geschlechtsreife nicht sofort Nachkommen zeugen – 13- und 14-Jährige wären dann ja in der Mehrzahl Familiengründer, und wir könnten uns kulturell kaum weiterentwickeln, weil wir mit der Aufzucht von Kindern ständig überfordert wären –, greifen wir wiederum selbst zu einem Trick, um die Natur auszubremsen: Mit unserem eigenen sexuell verklemmten Verhalten – und das kann sich auch gegenteilig in Überkompensation äußern – vermitteln wir den Kindern quasi, Sex sei eine Sünde, ein Verbrechen, verboten und eklig. Den Mädchen wird beigebracht, sie sollten sich vor den bösen Männern schützen; Jungen wird angedroht, sie kämen mindestens in die Hölle, wenn sie nur daran dächten, ihr eigenes Geschlechtsteil zu berühren (das ist bei allen abrahamitischen Religionen so, jedoch im Islam besonders extrem. Dort ist Selbstbefriedigung nur dann moralisch erlaubt, wenn die Ehefrau krank ist und keine Kraft für den geforderten Sex hat. Daher werden sexuelle Reize jeder Art auch verschleiert, denn der strafende Gott Allah hat kein Verständnis für sexuelle Selbstbestimmtheit). Natürlich sagt das niemand so deutlich, aber zu welchem Schluss sollen die Kids denn sonst kommen, wenn wir Sex dermaßen tabuisieren, dass bereits Blicke als sexuelle Belästigung aufgefasst und juristisch geahndet werden können. Vielleicht denken Sie jetzt: „Aber, aber, wir leben doch in einer aufgeklärten und modernen Welt." Doch prüfen Sie einmal Ihre Gefühle: Macht es einen Unterschied, ob Sie von einer Entzündung am Auge oder von einer Entzündung am eigenen Geschlechtsteil sprechen? Ist es, rein emotional gesehen das Gleiche, ob Sie jemand an den Haaren zieht oder Ihnen in den Schritt fasst? Sie sehen: Die Überreste dieser jahrhundertelangen religiösen Gehirnwäsche stecken vielen Menschen noch tief in den Knochen. Die Tabuisierung unseres Intimbereiches geht so weit, dass trotz sexueller Aufklärung bis heute noch Toilettengewohnheiten weltweit und kulturübergreifend tabuisiert sind, wie der Dortmunder Psychologe Prof. Bernd Gasch in einer vergleichenden Studie zwischen Australien und Deutschland im Jahr 1986 herausfand[12]. Wir reden eher über unser Monatseinkommen, unsere kleinen Lügen und unsere Familiengeheimnisse als darüber, wie wir Intimpflege betreiben. Der eigene Genitalbereich ist tabuisierter als alles andere in unserer Lebenswelt.

Wozu das alles? Warum sanktionieren wir Kinder (und ganz unreflektiert im Folgenden alle anderen Menschen ebenso), wenn Sexualität außerhalb eines genau festgelegten Spielregelbereiches thematisiert wird?

Meine Antwort noch vor fünf Jahren war: „Das tun wir in der Hoffnung, unsere Kinder mögen erst dann bemerken, dass wir sie glatt belogen haben, wenn sie alt genug für eine Familie sind." Mittlerweile weiß ich, dass die Wahrheit noch viel abenteuerlicher ist: Das Tabuisieren von Sex ist ein uraltes politisches bzw. religiöses Herrschaftsinstrument, unter anderem geregelt im dritten Buch Moses, Kapitel 18. Dort wird den Menschen so ziemlich alles untersagt, was allen anderen Geschöpfen selbstverständlich erscheint.

Der kommerzielle Ausgleich eines emotionalen Defizits ist ein Milliardenmarkt. Das „älteste Gewerbe der Welt“ wurde ursprünglich von Priesterinnen ausgeführt – Angehörigen jener Institution, die uns zuvor als „sündig“ erklärt haben, wenn wir an sexuelle Befriedigung dachen. Ein Mafiatrick, wie ich finde.

Prüderie, also das Tabuisieren von Sex, war eine effektive Möglichkeit, Menschen mit Schuldgefühlen gefügig zu machen, und eine natürliche Verhütungsmethode, die Kinder, vor allem die Mädchen, davor schützen sollte, ihr Leben zu früh durch eine unreife Elternschaft zu belasten. Die Erlaubnis, innerhalb der Ehe sexuellen Verkehr haben zu dürfen, sollte dieses tradierte Verbot zwar eigentlich aufheben, doch das käme psychologisch einer ideologischen Umerziehung von der Diktatur zur Demokratie von einem Tag auf den anderen gleich. Versuche, dieses Tabu aufzubrechen, mündeten bislang in Überkompensation, wie etwa bei der „sexuellen Revolution“ der späten 1960er-Jahre oder der „Hypersexualisierung“ in der Werbung. „Sex sells“ lautet die Devise, mit der mit weiblichen Orgasmen für ein Automodell und mit einem implizierten Beischlafversprechen für Fruchtsaft geworben wird. Mit dem Überbetonen von Sexualität schafft man keine Befreiung, sondern schwenkt schlicht ins andere Extrem – was im konservativen Lager den Status quo noch verstärkt.

Somit braucht sich niemand darüber zu wundern, dass Verheiratete selbst im hohen Alter noch „verklemmt“ sind und entsprechende Krankheiten bekommen. Ein Erwachsener, der Sex noch für unanständig hält und sich aufgrund dessen seine Erfüllung versagt, braucht lediglich zu reflektieren, dass Sex weder Gewalt noch Schmutz noch Abwertung der Frau bedeutet, sondern biologisch und psychologisch sinnvoll und durch Schutz und Verhütung sowie Abstimmung mit dem Partner „unschädlich“ ist. Stattdessen gibt es heutzutage Heerscharen von Männern, die eher vor Angst Prostatakrebs bekommen, und Frauen, die lieber Migräne in Kauf nehmen, als ihre sexuellen Wünsche konfliktfrei zu offenbaren und mit dem Partner in Einklang zu bringen. (Diese Krankheiten sind selbstverständlich keine bewussten Entscheidungen, sondern unterbewusste, die im soziokulturellen Kontext stehen. Den Zusammenhang zwischen Erkrankungen und unterdrückten Ängsten schildere ich ausführlich in meinem Ratgeber „Heilen durch Erkenntnis“.)

Seit vielen Hunderten von Jahren erniedrigen oder versklaven wir unsere Mitmenschen (die weltweite Versklavung ist auf einem menschheitsgeschichtlichen Höchststand; derzeit sollen etwa 200 Millionen Menschen in Sklaverei leben – allein in Asien davon 30 Millionen zum Zwecke sexueller Ausbeutung). Wir verbieten ihnen und uns selbst den lustvollen, aufgeklärten Umgang mit Sex – und das alles nur, weil wir nicht zu lieben imstande sind und weil wir nie reflektiert haben, wozu das Tabu und die Prüderie eigentlich gut sind. Heutzutage ist es in freiheitlich denkenden Gesellschaften zu nichts mehr gut! Wenn wir unsere Kinder mit dem Gebrauch von Kondomen genauso rechtzeitig vertraut machen würden wie mit dem Gebrauch von Feuerzeugen oder den Verkehrszeichen, hätten wir ein paar echte Probleme weniger. Dazu gehören nicht nur ungewollte Schwangerschaften und Infektionen, sondern auch Machtmissbrauch und Vergewaltigungen (die gewalttätige Überkompensation unterdrückter sexueller Bedürfnisse), wie ich Ihnen später noch darlegen werde. Verstehen Sie mich richtig: Ich sage nicht, dass wir Kinder zum Sex auffordern sollen, genauso wenig, wie wir ihnen Feuerzeuge oder Autos nach Gutdünken zur Verfügung stellen dürfen, ich rede hier nur von echter unverklemmter Aufklärung, um das Thema zu profanisieren (alltäglicher zu machen). Nur so können wir verhindern, dass experimentierfreudige Jugendliche unaufgeklärt „ins offene Messer" laufen oder verklemmte Teenager aus Frust vereinsamte Erwachsene werden.

Interessanterweise übernehmen das Internet und andere Medien offenbar einen großen und dankbaren Teil der Enttabuisierung und liefern einen Teil der Aufklärung. Es gibt einen direkten Zusammenhang zwischen wachsender Internetnutzung und dem sinkenden Eintrittsalter ins Sexualleben sowie einer abnehmenden Rate ungewollter Schwangerschaften.

Mit ungefähr 1,3 Prozent aller Geburten bei Mädchen zwischen 15 und 19 Jahren liegt Deutschland unter der Zahl der Briten (3,1 Prozent) und der USA mit 5,2 Prozent. Rund zwei Fünftel aller deutschen Mädchen haben ihren ersten Sex im Alter zwischen 14 und 17 Jahren. Rund zehn Prozent mehr als bei den Jungs (29 Prozent). Seit den letzten 150 Jahren verlagert sich der Zeitpunkt der ersten Menstruation um sechs Jahre vor, Mädchen können immer früher schwanger werden – werden sie aber eben nicht! Wissen hilft bei der Geburtenkontrolle – und nicht etwa Unwissen, Verklemmtheit und Geheimnistuerei.

Bedenken Sie, dass die USA trotz (oder wegen) ihrer Prüderie Spitzenreiter der ungewollten Schwangerschaften bei Minderjährigen sind! In den USA wird fast jede Minute ein Teenager ungewollt schwanger, und insgesamt ist knapp die Hälfte aller Schwangerschaften ungewollt[13]. Darauf folgen oftmals erschreckende menschliche Schicksale und Tragödien.

Wenn Sie nun brüskiert sagen, man könne doch einem Zehnjährigen nicht zumuten, sich mit Verhütung, Sex und Co. zu beschäftigen (die armen Kinder wären ja fürs Leben schockiert), dann verweise ich Sie auf die Erfahrungen, die deutsche Hilfsorganisationen beispielsweise mit den traditionellen Einwohnern in afrikanischen Staaten machten: In Angola etwa finden regelmäßig Aufklärungsveranstaltungen zum Thema SIDA, der internationalen Bezeichnung für die Immunschwäche AIDS, statt. Dort wird mit Mitgliedern verschiedener Stämme ganz offen über den Gebrauch von Kondomen, über Infektionsgefahr durch ungeschützten Sex, über die Krankheit und das Sterben gesprochen – und dennoch sitzen dort Mütter in Begleitung ihrer Kinder aller Altersstufen zwischen ein und elf Jahren. Diese Kinder sind im Anschluss nicht traumatisiert, sondern informiert! Mit spätestens 16 Jahren haben die dann allerdings auch meistens eine eigene Familie gegründet, was darauf hinweist, dass diese Menschen sich nicht wie wir hierzulande noch mit 18 wie Kinder fühlen, sondern recht schnell zur Reife gelangen.

Verstehen Sie mich richtig: Ich plädiere nicht dafür, unsere Gesellschaft zu einem Naturvolk zurückzuentwickeln, sehe aber ganz deutlich einen Zusammenhang zwischen überkompensierter Unfreiheit und gesellschaftlichen, politischen und gesundheitlichen Problemen und behaupte, diese Probleme wären vermeidbar, wenn wir aufhörten, uns für eines der natürlichsten Dinge der Welt gegenseitig auf die Finger zu hauen. Manchmal sollten wir uns daran erinnern, dass wir doch trotz aller Rationalität noch immer biologische Wesen sind – mit Herz, Gefühl und mit Bedürfnissen.

Kleiner Exkurs: Da es bis heute nicht gelungen ist, ein HI-Virus, einen AIDS-Erreger nachzuweisen, liegt es nahe zu vermuten, dass die gesamte Angstmacherei um AIDS mal wieder nur eine gigantische Marketing-Kampagne der Medizinindustrie war. Dennoch hatte das ein Gutes: Durch das permanente Auftauchen von Anti-AIDS-Sprüchen und Kondomen auf Großplakatwänden und in anderen Medien wurde der Anblick und der Gebrauch von Kondomen zu einer solchen Selbstverständlichkeit, dass es jedem Jugendlichem heutzutage relativ leichtfällt, Verhütungsmittel zu besorgen. Noch vor 20 Jahren sind wir doch vor Scham fast gestorben, wenn wir ein Kondom kaufen wollten. Jetzt legt man die Dinger einfach neben Brot, Milch und Gurken aufs Kassenband.

## *Die Rolle der Biologie*

Wie groß der Stellenwert der Biologie, also der Komponente sexueller Aktivität zur Arterhaltung, bei uns Menschen ist, möchte ich in diesem Kapitel darstellen. In einigen Bereichen wird er offenkundig, wie oben erwähnt, zu wenig beachtet, in anderen überbetont – etwa bei der Partnerwahl.

So wird immer wieder behauptet, das Verhältnis von 3 : 2 : 3 bei Brustumfang, Taille und Becken (das entspräche dem weiblichen Traummaß von 90/60/90) würde das optimale Reizschema eines Mannes bedienen, weil hierdurch unbewusst höchste Fruchtbarkeit signalisiert würde. Der perfekte Schnitt erzeuge angeblich höchste Attraktivität durch eine erwartete optimale Chance, seine Nachkommenschaft zu sichern. Abgesehen davon, dass diese Behauptung im Kulturvergleich nicht zu halten ist – Asiatinnen haben ein anderes Verhältnis der Körperteile zueinander als Afrikanerinnen –, müssten alle Männer sich gegenseitig äußerst abstoßend finden, da die Empfängnischance bei einem Mann gleich null ist. Besuchen Sie einmal die Schwulenparade des „Christopher-Street-Day“ in Köln und versuchen Sie, naturwissenschaftlich zu beweisen, dass Männer andere Männer für unattraktiv halten, nur weil diese keine Kinder bekommen können. Wie wäre es, wenn wir einmal davon ausgingen, dass Attraktivität durch Lernprozesse beeinflusst wird und nicht durch Mathematik oder Biologie?

Im arabischen Raum gilt ebenfalls ein für Europäer untypisches Schönheitsideal: Wehe, eine Bauchtänzerin hat keinen wohldosierten Hüftspeck zu bieten! Jeder Araber lernt seit Generationen, dass das Überleben in der Wüste als Nomadin für Twiggy und Kate Moss ohne Energiereserven eine echte Herausforderung wäre. „Nach spätestens einer Woche fallen die doch vom Kamel“, so lautet wahrscheinlich die Befürchtung der Wüstenvölker. Daher liebäugelt man in dortigen Gesellschaften eher mit robusteren Frauen mit „Reiseproviant auf den Rippen“. Daran sehen Sie übrigens, dass Hüftspeck keine Krankheit ist, sondern durchaus nachvollziehbare Hintergründe haben kann, wie ich auch in meinem Ratgeber „Abnehmen ist leichter als Zunehmen“ beschreibe.

Wenn die Biologie uns quasi zum Sex zwingen würde, dann müssten wir zum einen alle Vergewaltiger freisprechen, und zum anderen bräuchten Geistliche gar nicht erst zu versuchen, zölibatär zu leben. Ältere und damit womöglich unfruchtbare Damen und Herren wären somit für jeden Menschen gänzlich unattraktiv. Cher und Sean Connery, Mick Jagger und Tina Turner, sie alle beweisen uns aber deutlich das Gegenteil: alt, aber sexy.

Wie man seine Attraktivität noch steigern kann, erzähle ich Ihnen etwas später. Zurück zur Biologie, denn ganz so egal ist sie für die Partnerschaft nun auch wieder nicht.

# Die Pille als Beziehungskiller

Vor einiger Zeit bin ich darauf aufmerksam gemacht worden, dass hormonelle Verhütungsmaßnahmen einen derartigen Einfluss auf den empfindlichen Hormonhaushalt und damit auf die Persönlichkeit der Frau ausüben können, dass bestehende Partnerbeziehungen gnadenlos und ohne nachvollziehbare Ursachen in die Brüche gehen können.

Hintergrund: Die Hormone simulieren im Körper eine Schwangerschaft. Und was bedeutet dies entwicklungsgeschichtlich für die Frau? Es bedeutet: „Fass mich nicht an, denn ich habe bereits empfangen." Die gesamte Körperchemie der Frau stellt sich nach Einnahme der Pille um, sodass sie ihren Partner (in den sie vor Pillenbeginn total verliebt war) womöglich plötzlich „nicht mehr riechen" bzw. anfassen mag. Schließlich „weiß" ihr Körper, dass sie „von einem anderen" (der kleinen weißen Tablette) schwanger und somit der Genpool des Partners „abgemeldet" ist. Umgekehrt verhält es sich übrigens genauso: Setzt eine Frau die Pille ab, kann es sein, dass sie, dank ihres neuen „Beuteschemas", plötzlich nach ganz anderen Männern als dem eigenen Partner Ausschau hält.

So erklärt sich, warum Frauen wieder mit ihrem Ex-Mann zusammenkommen wollen (nur weil sie zu Beginn der neuen Partnerschaft die Pille wieder nehmen) oder warum Partner völlig irrational abgelehnt werden, weil „die Chemie einfach nicht mehr stimmt".

Deswegen sollte eine Frau sich gut überlegen, ob und wann sie die Pille nimmt, denn „so mittendrin" in einer Partnerschaft kann das übel ausgehen. Wahrscheinlich spielt auch die „Feinabstimmung" eine Rolle: Ist es die passende Pille oder nicht? Wie hoch ist die Hormondosis, und wie sensitiv ist die Frau überhaupt?

Wer Mutter Natur ins Handwerk pfuscht, sollte vorher über die Konsequenzen nachdenken.

In der Praxis zeigt sich jedenfalls, dass nach Absetzen der Pille eine Beziehung ganz automatisch wieder eine neue Chance bekommen kann, „auseinandergelebte" Partner verspüren wieder Anziehungskraft – ob man diese dann nutzt, steht auf einem anderen Blatt. Dieses Phänomen lässt sich natürlich auch bei „echten", also nicht hormonell simulierten Schwangerschaften beobachten. Also ruhig Blut, liebe werdende Eltern, wenn Sie sich zu Beginn der Schwangerschaft vorübergehend „nicht riechen" können. Zwischenzeitlich wird Sex von Frauen wiederum als besonders lustvoll empfunden, was meiner Ansicht nach daran liegt, dass diese im Kopf jetzt etwas freier sind: Sie müssen schließlich nun nicht mehr „aufpassen", nicht schwanger zu werden – sie sind es bereits. Auch andere biografische Veränderungen, wie Trauerfälle, Umzüge usw. können den Hormonhaushalt durcheinanderbringen und ein vorübergehendes „Ich-mag-dich-nicht-riechen" auslösen. Bevor Sie also fremdgehen oder sich scheiden lassen, klären Sie erst einmal, ob sich bei Ihrem Partner in den letzten Wochen der Hormonstatus verändert hat.

## Sex muss spannend sein

Gehen wir davon aus, dass Sexualität etwas mit Ergänzung zu tun hat, so ähnlich wie bei den beiden Halbkugeln, die wieder zueinanderfinden wollen. Dann muss natürlich vorher ein gemeinsamer Kontext geschaffen werden, in dem die Ergänzung stattfindet. Zu theoretisch? Damit Sie einen Partner beglücken können und durch ihn beglückt werden, reicht es nicht aus, Mann und Frau zu sein. Sie müssen ein paar gemeinsame Nenner haben, damit Sie überhaupt auf die Idee kommen, miteinander ins Bett zu gehen. Das Alter etwa ist nicht ganz unwichtig. Zu jung kann auf einen Menschen genauso unattraktiv wirken wie zu alt. Das Dominanzgefälle muss ebenso stimmen. Männer werden meistens derart sozialisiert, dass sie die Macher, Sender, Beschützer sind und zu sein haben, während Frauen eine Prägung zur Passivität, zur Empfängerin mit „kalten Füßen, die gewärmt werden wollen", erfahren. All diese Faktoren, die mit einfließen, sind wie Puzzleteile, die ineinandergreifen. Der gemeinsame Nenner ist die Basis, die polare Ergänzung ist der „Verschmelzungsfaktor". Sexualität ist immer auf dieses Spannungsverhältnis angewiesen.

Aus der fernöstlichen Philosophie kennen wir Taiji, symbolisiert durch das sogenannte Yin-Yang-Symbol. In einem geschlossenen Kreis greifen zwei abgerundete Flächen ineinander, die eine schwarz, die andere weiß. Jede der Flächen hat einen komplementären Punkt.

Yang, die weiße Fläche mit dem schwarzen Punkt steht hierbei für das maskuline und damit „sendende", „aktive" Prinzip und wird assoziiert mit hell, hart, heiß, männlich, mit Aktivität, auch mit der Sonne. Die schwarze Fläche mit dem weißen Punkt, Yin, gilt als dunkel, weich, kalt, weiblich, wird assoziiert mit Ruhe, mit dem Mond. Sie entspricht dem femininen, „passiven", „empfangenden" Prinzip.

Yin und Yang sind keine Substanzen, keine Gattungen oder Arten, auch keine Kräfte, sondern zwei Klassen von Eigenschaften, zwei Gruppen von Aspekten der Wirklichkeit, auf deren unterschiedlicher Kombination alle Erscheinungen beruhen. Erst die Ergänzung beider Prinzipien macht eine Sache vollständig.

In unserer Gesellschaft werden Jungen längst nicht mehr nur nach dem Yang-, Mädchen längst nicht mehr nur nach dem Yin-Prinzip sozialisiert. Dies sorgt mitunter für intrapersonale (also mit sich selbst stattfindende) Konflikte, die ich *„Yin-Yang-Verpolung"* nenne. Frauen vertrauen häufig nicht auf ihre femininen Eigenschaften, und Männer hassen sich für maskuline Attribute. Problematisch ist, dass man sich selbst in den seltensten Fällen darüber im Klaren ist, sondern erst im Laufe von Jahren dahinterkommt, warum man beispielsweise immer den falschen Schlag von Partner anlockt, mit dem es dann nach einigen Wochen das böse Erwachen gibt, da der Partner nach anfänglicher Verliebtheit als unpassend erachtet wurde. Zwar vertritt die feministische Position die Ansicht, dass eine Frau nicht als Frau geboren, sondern zur Frau erzogen wird. Dies lässt sich aber mit einem ganz einfachen Test widerlegen, den ich Yin-Yang-Test nenne und seit Jahren in meiner Praxis durchführe.

## Sind Sie „Yin-Yang-verpolt"?

Sie bringen einen Menschen in eine psychische Bedrängnissituation, indem Sie ihn auf einen von Kameras und Mikrofonen umgebenen Liegesessel setzen. Der Betreffende fühlt sich ausgeliefert und versucht, dieses Gefühl auszugleichen. Bieten Sie diesem Menschen dann zum Schutz eine blaue und eine orangefarbene Wolldecke an, wird sich der Mann, der statt der blauen, wie es dem Yang-Prinzip entspräche, die orange Decke wählt, nach weiterem psychischem Druck durch die Decke bedrängt und eingeengt fühlen. Einer Frau, welche die blaue Decke statt der orangefarbenen wählt, wird nach einer Weile frösteln. Zur Erklärung bemühen wir wieder die Physik: Blau ist eine niederenergetische Farbe und Orange eine hochenergetische. Zum Erreichen eines erfüllten Ausgleichs wird der Energie-Sendende etwas Energie-Aufnehmendes brauchen – und umgekehrt. Wer senden will, braucht einen Empfänger, wer empfangen will, braucht einen Sender. Verpolen Sie Sender und Empfänger, erzeugen Sie ein subjektiv empfundenes Ungleichgewicht. Ein echtes „Yin" kann nicht senden, selbst wenn es dies aufgrund seiner Sozialisation versucht. Eine Frau ist eine Frau, ein Mann ein Mann. Ausnahmen gibt es, soweit ich weiß, nur bei einigen Schnecken, Würmern und Pflanzen, wo das Geschlecht variabel ist.

Je nachdem, was ein Mensch in seinem Leben an Eindrücken gewonnen hat, kann er Strömungen in seinen Charakter einfließen lassen, die im Widerspruch zum biologischen Geschlecht sind. Das nenne ich dann eine „Yin-Yang-Verpolung". Sie erkennen diese zunächst einmal daran, dass Sie immer wiederkehrende partnerschaftliche Probleme haben und darunter leiden. Ohne Leid kein Handlungsbedarf. Überlegen Sie, ob Sie mit gegengeschlechtlichen positiven Vorbildern aufgewachsen sind. Gab es für Sie große Geschwister, die Sie bewundert haben, oder hatte das gegengeschlechtliche Elternteil einen starken positiven Einfluss auf Sie? Damit hätten Sie sich nämlich versehentlich ein Erfolgskonzept abgeguckt, mit dem Sie niemals wirklich erfolgreich werden können. So ähnlich wie eine Katze, die bei einem Hund in die Lehre geht, um Wachhund zu werden. Glauben Sie mir: Wenn eines Tages echte Hunde-Eigenschaften gefragt sind, wird man doch lieber einen richtigen Hund einstellen als eine verpolte Katze. Sie sind mit Ihren „gottgegebenen" Eigenschaften mit Sicherheit erfolgreicher, wenn Sie sich darauf besinnen, so ähnlich wie der Mond, der dem passiven Yin-Prinzip entspricht, gar nicht erst versucht, selbst zu leuchten – er lässt leuchten, und zwar perfekt, indem er die Sonne (Yang) einfach reflektiert.

Die Sonne hingegen (das maskuline, sendende Prinzip) täte sich mit Passivität recht schwer – sie wäre keine Sonne mehr, wenn sie das Leuchten einstellen würde.

Yin-Yang-Verpolte sind in der harmlosen Ausführung Mogelpackungen: etwa attraktive Frauen (die deshalb so attraktiv wurden, weil die Haupterfolgsquelle – meist der Vater – maskulin war; für eine Mutter muss ein Mädchen nicht hübsch werden, um ihr zu gefallen), die maskuline Männer anziehen, aber gar keinen „Beschützer, Problemlöser und Richtigmacher" brauchen, weil sie selbst einen hohen Anteil Maskulinität (nicht im biologischen Sinne!) haben. Solche Frauen locken also einen Typus Mann an, der sich bei ihnen gar nicht entfalten kann, also seine Maskulinität nicht als Erfolgskonzept ausleben kann. Dass eine solche Beziehung nicht gut gehen wird, liegt auf der Hand. Umgekehrt „knallt" es genauso: Ein Mann, der sich von Frauen, wie etwa seiner großen Schwester oder seiner Mutter, abgeguckt hat, wie man erfolgreich durchs Leben kommt (beziehungsweise von einem Mann abgeguckt hat, wie man *nicht* erfolgreich und durchsetzungsfähig ist!), wird zwar eine starke Anziehung auf Frauen ausüben, aber deren Yin-Pol nicht bedienen – er hat ihn ja selbst. Solche Männer wirken zu wenig hart, cool und offensiv, obwohl sie augenscheinlich so aussehen. Der „Yin-verpolte" Mann würde zwar ganz gut zur „Yang-verpolten" Frau passen – und eine solche Konstellation finden wir seit den 1980er-Jahren bei den erwachsenen Kindern der ersten Nachkriegsgeneration immer häufiger –, doch sind diese Partnerschaften darauf angewiesen, den Status quo der Polarität zu behalten; anderenfalls würden sie konfliktbesetzt. Da das Bestreben der Psyche aber optimale Entfaltung ist, tickt hier die Bombe. Eine Frau beispielsweise, die zum Yin-Pol zurückfindet, empfände den hohen Yin-Anteil ihres Mannes plötzlich als Schwäche, da nicht ausreichend maskulin. Solche Partnerschaften zerbrechen recht unverhofft, nur weil einer der Partner seine Primärpersönlichkeit entwickelt hat. „Gleich und Gleich gesellt sich gern“, stimmt eben nur, wenn Einheit die Gemeinsamkeit bestimmt – bei polaren Spannungsfeldern wie dem Sex gilt immer noch: „Gegensätze ziehen sich an.“

Welche Orientierungsschwierigkeiten eine nicht geschlechtstypische Sozialisation mit sich bringen kann, sehen wir an der stark polarisiert geführten Debatte über die Bücher der umstrittenen Autorin und früheren Fernsehmoderatorin Eva Herman. Ihre These, dass sich die Frau wieder auf ihre femininen Stärken, wie etwa Familienpflege, besinnen sollte, wird – logischerweise von Menschen, die Femininität für eine Schwäche halten – negativ interpretiert oder gar falsch verstanden. Sogenannte Feministinnen kämpfen damit einen vergeblichen Kampf, den die Autorin – wahrscheinlich, weil sie keine frühkindlichen schlechten Erfahrungen mit weiblichen Eigenschaften gemacht hat – in der Gesellschaft beendet wissen will (oder nicht nachvollziehen kann). Dieser feministische Kampf gilt als die logische Gegenreaktion/Überreaktion auf 50.000 Jahre männliche Unterdrückung und Ausbeutung, wobei man (Mann) genauso gut sagen könnte, dass sich Männer 50.000 Jahre lang von Frauen nicht hinreichend geführt, unterstützt und geborgen gefühlt haben könnten. Die Diskussion um Unterdrückung ist meiner Ansicht nach müßig, da sie nur eine Sichtweise berücksichtigt und eine Täter-/Opferhaltung propagiert. Mein Standpunkt ist, dass man einen Kampf gegen die Vergangenheit ohnehin nicht gewinnen kann und er sich auch nicht lohnt, zumal das Ziel eines Kampfes ohnehin Frieden ist (kämpfen ist eine offensive Vermeidungstaktik der Psyche, anstatt eine Grenze zu akzeptieren und sich dem Leben zu stellen); und wenn der Feminismus eines Tages zur Normalität werden würde, weil Frauen nun Yin plus Yang und Männer Yang plus Yin sein sollen, so würden wir in einer Welt ohne geschlechterpolare Spannung leben: Sex wäre dann nur noch eine rein rationale Angelegenheit. Das fände ich persönlich nicht erstrebenswert und ziemlich öde.

In meine Praxis kommen Frauen, die wegen „ganz normaler Alltagsprobleme" wie etwa Rauchen, Allergien, Depressionen oder Übergewicht eine Beratung aufsuchen. Einige von ihnen wirken auf den ersten (tiefenpsychologisch geschulten) Blick hart, tough, kontrolliert und etwas zu cool. Und meist ist diese äußere Erscheinung eine Folge von moralisch oder emotional negativ empfundenen maskulinen Einflüssen, die aber leider den Grundtenor trugen: „aggressiv, aber erfolgreich durchsetzungsfähig". Wenn ich diesen Frauen ihre geschlechtlichen Neigungen auf den Kopf zusage und deren biografische Herleitung anfüge, ohne dass sie vorher mehr als „Guten Tag" gesagt haben, staunen sie in der Regel nicht schlecht. Man sieht einem Menschen an, womit er sein Leben erfolgreich gestalten zu können glaubt. Feministinnen kämpfen einen Kampf um ihre Weiblichkeit, weil die Mutter zu schwach oder der Vater zu dominant war. *Maskuliner Druck erzeugt den Schluss, Frausein sei ein Nachteil, den die Männer zu verantworten haben.*

Weshalb eine solche intrapersonale Geschlechterrollenverschiebung problematisch werden kann, das erleben Hunderte von Betroffenen, denen es einfach nicht gelingt, einen passenden Partner zu finden. Zu groß ist der Widerspruch zwischen dem, was ein Partner bei einer solchen Frau sehen kann, und dem, was er mit ihr erleben kann. Frauen, die zu viele Yang-Anteile haben, brauchen entweder einen Mann, der extrem maskulin ist, oder eben einen, der entgegengesetzt gepolt ist – doch beides wird meist als unpassend abgelehnt. Jahrelange Einsamkeit und stetige Beziehungsbrüche sind die Folge. Ich habe eine ganze Reihe intelligenter, vermögender und attraktiver Kundinnen, die seit Jahren alleinstehend sind, nur weil sie für jeden Mann quasi eine „Mogelpackung" darstellen: außen weiblich, innen maskulin. Damit lockt eine Frau natürlich permanent die falschen Partner an – und bleibt folglich allein. Dass dies auf Dauer nicht nur Selbstwertstörungen, sondern auch gesundheitliche Probleme nach sich ziehen kann, habe ich in meinem Buch „Abnehmen ist leichter als Zunehmen" in dem Kapitel „Alexandra wollte Alexander sein" beschrieben.

Die Geschlechterrollenerziehung ist meines Erachtens eines der am meisten unterschätzten Störfelder unserer Zeit. Wenn ein Mannequin dadurch einen wichtigen Wettbewerb nicht gewinnt, ist das schon bedauerlich. Wenn Menschen aber tödliche Krankheiten bekommen, die eindeutig auf eine falsche Geschlechterrollenerziehung zurückgeführt werden, so ist das tragisch und geht uns alle an, denn wir reden von einem gesellschaftlichen Problemfeld. Da, bildlich gesprochen, eine Katze von einem Hund niemals gutes Miauen lernen kann, möchte ich Sie dafür sensibilisieren zu erkennen, dass eine Tochter von einem Vater niemals lernen kann, eine zufriedene und erfolgreiche Frau zu sein. Ebenso wenig bekommt ein Sohn von seiner Mutter die notwendige Geschlechterrollenerziehung für einen Mann vermittelt.

Wie sehr unterscheidet sich bei Ihnen Ihr biologisches Geschlecht von der sozialen Geschlechtsrolle?

Im extremsten Fall geht die Abkehr vom eigenen Geschlechtspol tatsächlich so weit, dass eine Partnerschaft beim gleichen Geschlecht gesucht wird. Homosexualität ist für mich die Folge einer vollständigen Yin-Yang-Verpolung.

## Homosexualität – eine Folge der Erziehung?

Nicht selten stehen bei meinen Vorträgen gleichgeschlechtliche weibliche Paare auf und verlassen den Saal, wenn ich ausführe, dass Homosexualität die Folge eines Konfliktes mit der sozialen Geschlechterrolle ist und keine angeborene Normvariante. Zu groß ist meist die Angst, für seine Neigung die Verantwortung tragen zu müssen. Doch diese haben wir nun einmal. Ob wir uns dessen bewusst sind oder nicht, ändert nichts.

Vor einigen Monaten kam ein 30-jähriger Mann in meine Praxis, ursprünglich, um eine Zwangsstörung loszuwerden. Noch bevor er Platz genommen hatte, sagte er zu mir: „Herr Winter, vielleicht sollten Sie wissen, ich bin homosexuell." Das war für mich fast wie eine schriftliche Einladung zu einem meiner Lieblingsvorträge. Ich behaupte nämlich: Es gibt keine grundsätzliche Homosexualität. Weder im eigentlichen Sinne noch absolut. Das wäre so ähnlich, wie wenn jemand grundsätzlich als Single festgelegt wäre, nur weil er es einmal in seiner Partnerschaft nicht ausgehalten und sich schließlich davon getrennt hat. Doch jeder weiß: Ändern sich Einstellungen und Erkenntnisse, so können sich auch Vorlieben und Verhaltensweisen ändern. Gleichgeschlechtliche Partnerschaft ist weder determiniert noch eine Folge

„schlechter" Erbanlagen, verhätschelter Erziehung oder von zu viel pränatalem Östrogen. Auch die Theorie vom überschüssigen Östrogen im Mutterleib halte ich für abwegig, dann müsste ein permanenter Überschuss an Endorphin ja auch zwangsläufig überglückliche Kinder erzeugen – tut er aber nicht, wie die Erfahrung mit ADHS-Kindern zeigt. Diese wurden pränatal mit zu vielen Reizen überflutet. Meist geschieht dies dadurch, dass das betreffende Kind von der Mutter sehr gewollt war und quasi bei jeder Bewegung im Bauch mit Glücksgefühlen überschüttet wurde; es entwickelt dann nach der Geburt Verhaltensweisen, mit denen es versucht, die nachlassende Aufmerksamkeit wieder zurückzuerobern. Was macht die Schulmedizin mit diesen Kindern? Sie gibt ihnen ein Medikament namens Ritalin, eine Art Antidepressivum. Pränatale Endorphinüberversorgung macht nicht notorisch glücklich, und ein vorgeburtlicher Östrogenüberschuss macht nicht schwul. „Mann" sollte auch wirklich keine Angst davor haben, einen anderen Mann zu berühren (von den meisten Frauen, kann „Mann" lernen, dass eine gleichgeschlechtliche Umarmung oder sogar ein Kuss nicht kränkt, verletzt und den Selbstwert zerstört, sondern einfach nur guttut).

Homosexualität ist meines Erachtens das oft unbewusste Ablehnen der eigenen sozialen Geschlechtsrolle und damit ein Angstsymptom. Wir Menschen haben, bedingt durch unsere stark differenzierte Großhirnrinde, die absolute (aber leicht zu beeinflussende) Entscheidungsfreiheit über unser Verhalten. Das bedeutet: Wir sind per se befähigt, *polysexuell* zu sein: Menschen können sich – einmal ganz wertfrei – zu gleichgeschlechtlichem Sex, zu heterosexuellem Sex, zu Sex mit Tieren, Gummipuppen oder sich selbst entscheiden, je nachdem, wie die frühkindlichen Erfahrungen mit dem Thema Geschlechtlichkeit ausgefallen sind. So waren im antiken Griechenland erotische Beziehungen zwischen Männern und Knaben weder selten noch anstößig. Auch heute gibt es auf der Welt, unter anderem auch in Europa, Kulturen, die Sex mit Tieren nicht stärker tabuisieren als zwischenmenschlichen Geschlechtsverkehr. Den gleichen Status hat hierzulande in Deutschland Sex mit Spielzeug wie künstlichen Geschlechtsteilen oder Gummipuppen. Tabu – aber faktisch praktiziert. Von Gefängnisinsassen oder Schiffsbesatzungen, die oft monatelang auf hoher See unterwegs waren, ist bekannt, dass vorübergehend gleichgeschlechtliche Sexualkontakte stattfanden, die mit Beendigung der Lebenssituation ebenso ein Ende fanden. Sex mit dem gleichen Geschlecht bedeutet nicht automatisch Schwulsein!

Daraus leitet sich ab: Menschliche Sexualität ist in der Hauptsache auf Lustgewinn ausgerichtet – ganz gleich, wie man diesen Lustgewinn erreicht. Homosexualität kann eine Reaktion auf soziosexuelle Bedrohung oder eine freie Entscheidung des menschlichen Geistes sein. Weswegen den meisten Menschen diese Entscheidung als nicht besonders frei erscheint, liegt daran, dass Sexualität aufgrund bipolarer Spannung zustande kommt: Nur entgegengesetzte Pole können sich ergänzen, wie etwa der Nord- und Südpol zweier Magneten. Jeder Sexualpartner muss dem entgegengesetzten Geschlechtspol, entweder Yin oder Yang, entsprechen, sonst kommt keine Anziehung zustande. In fast jedem „Schwulenpärchen“ finden wir bei genauer Betrachtung einen passiven, devoten und einen aktiven, dominanten Part. Es reicht übrigens, wenn diese Polarität vom Partner unterstellt bzw. hineininterpretiert wird.

Ich höre oft von Menschen, die sich „geoutet" haben, also im Familien- oder Bekanntenkreis offen über ihre Neigung zu einem gleichgeschlechtlichen Partner sprechen. Dieses „Coming-out" zieht nicht selten menschliche Katastrophen nach sich, etwa Nervenzusammenbrüche der Eltern oder sogar den Suizid des Betroffenen. Dabei wäre dies überhaupt nicht notwendig, wenn man die pädagogischen Hintergründe erkennen und verstehen würde.

Natürlich ist es so, dass die Geschlechtsrolle auch ihre Spuren im körperlichen Bereich hinterlässt. Bedenkt man, dass für Biologen unser Gehirn während eines großen Teils der vorgeburtlichen Entwicklung als weiblich gilt, wird klar, dass maskuline Eigenschaften erst im Laufe der Reifung durch maskuline Sozialisation deutlich ausgeprägt werden.

Die britische Filmgesellschaft BBC führte von Februar bis Mai 2005 eine Studie mit 250.000 Menschen aus aller Welt zum Thema Sexualität durch[14]. Das aussagekräftigste Ergebnis gab es mit Blick auf Links- oder Rechtshändigkeit der Betroffenen: Überdurchschnittlich viele Teilnehmer, die sich selbst als bisexuell bezeichneten, gaben an, auch beidhändig zu sein. Wenn Sie nun noch wissen, dass Links- beziehungsweise Rechtshändigkeit durch eine bestimmte Hirnhälftendominanz erzeugt wird und diese wiederum einhergeht mit Betonung der Emotionalität (rechte Hirnhälfte) oder Rationalität (linke Gehirnhälfte), dann wundert es auch nicht mehr, dass männliche „Homosexuelle" eher ein feminines Erscheinungsbild – wie glattere Haut, erhöhten Körperfettanteil und eine weichere, höhere Stimme – haben können und weibliche „Homosexuelle" eben deutlich maskuliner wirken können als Frauen, die ihre weibliche Geschlechtszugehörigkeit akzeptieren. Menschen der weniger extremen Polzuwendung bezeichnen oder empfinden sich eher als „bisexuell". Unser

Empfinden steuert selbstverständlich unseren Hormonhaushalt und damit auch unser körperliches Erscheinungsbild.

So lässt beispielsweise Testosteron einige Gehirnregionen anwachsen, was dafür sorgt, dass etwa das Areal für den Sexualtrieb bei Männern doppelt so groß ausfällt wie bei Frauen. Es verdrängt aber andere Bereiche, die mehr mit emotionaler Wahrnehmung zu tun haben. Daher können sich Frauen besser an emotionale Details erinnern, behauptet die amerikanische Neuropsychiaterin Louann Brizendine in ihrem Buch „Das weibliche Gehirn. Warum Frauen anders sind als Männer“[15]. Bei der Geburt habe jeder Mensch ein weibliches oder männliches Hirn. Im weiteren Verlauf des Lebens sei das Geschlechtshormon Östrogen im weiblichen und das Testosteron im männlichen Hirn hauptverantwortlich für Unterschiede zwischen den Geschlechtern, so die Forscherin, die übrigens ihre Leser sehr stark polarisiert.

Ob der Mensch nun mehr Testosteron oder mehr Östrogen ausbildet, hängt stark vom Empfinden des Menschen und damit von seinen biografischen Erfahrungen ab. Wir wissen zum Beispiel, dass Menschen mit der Erfahrung einer stark traumatisierenden Geburt durch das Steckenbleiben im engen Geburtskanal in engen Räumen mehr Adrenalin ausschütten als andere; sie nehmen Enge als Bedrohung wahr. Diese Erfahrung ist aber, genau wie die sexuelle Orientierung, relativ und „reframable“, also in anderem Kontext erlebt durchaus wieder umkehrbar.

Männer erzielen in allen Ländern der Erde bessere Ergebnisse bei Tests, in denen es darum geht, Gegenstände in der Vorstellung zu drehen oder deren Neigungswinkel zu bestimmen, Frauen hingegen können sich wortgewandter ausdrücken oder sind besser im Interpretieren von Stimmungen.

Das räumlich-visuelle Sehvermögen von Homosexuellen unterscheidet sich dementsprechend von dem heterosexueller Männer und tendiert eher zu dem des weiblichen Sehvermögens. Analog dazu unterscheidet sich das räumlich-visuelle Sehvermögen von lesbischen Frauen von dem heterosexueller Frauen in Richtung des männlichen Sehvermögens. Diese Beobachtung lässt aber meiner Ansicht nach nur darauf schließen, welche Gehirnareale angesteuert werden. – Ich wehre mich gegen die Behauptung, das Gehirn mache mit uns, was es will, sondern behaupte: Es ist genau umgekehrt! Wir entscheiden mit unbewussten Erfolgsstrategien, wie wir leben – und der Körper folgt dieser Lebensweise.

Mein oben genannter Kunde gab jedenfalls in einem Nachgespräch nach einigen Wochen an, dass seine ursprüngliche Problematik zwar verschwunden sei, er aber nun ein noch größeres Problem habe: Sein Freund sei eifersüchtig, weil er sich in eine Frau verliebt habe. Ich sag's ja: Menschliche Sexualität ist nicht determiniert, sondern frei entscheidbar. Überdies ist Homosexualität zunehmend zu einer Lifestyle-Entscheidung geworden: Homo ist chic, homo ist *anders*.

### Fazit

Noch einmal in aller Deutlichkeit: Homosexualität ist keine Krankheit, macht auch nicht krank, und eigentlich gibt es sie nur als Wort. Menschen können aufgrund ihrer Erfahrungen und Konditionierungen verschiedene Neigungen haben und sich dahingehend jederzeit umentscheiden. Menschliche Sexualität gehört in den Bereich der Kultur und nicht der Biologie. Und hier sollte jeder dürfen, wie er will.

## Was ist männlich, was ist weiblich?

Damit kommen wir zu einer wichtigen Frage: Welche Eigenschaften gehören denn nun zu einer Frau und welche zu einem Mann? Ist Kochen und Putzen typisch weiblich? Ist Chef sein und dabei die Puppen tanzen lassen typisch männlich? Nein. Ganz im Gegenteil! Wenn der Yang-Pol der Sonne zugeordnet wird und der Yin-Pol dem Mond, dann ist „machen, aktiv verändern" männlich und „ermöglichen und geschehen lassen" weiblich. Somit ist Holz hacken und Mauern bauen zwar männlich, aber eine Handwerker-Kolonne dazu zu bringen, ein Haus aus dem Boden zu stampfen, weiblich. Ethnologen sagen, dass die ursprüngliche Form der menschlichen Sozialorganisation das Matriarchat, die Regierung durch Frauen, war. Das muss allerdings lange, lange her sein, denn es gibt zumindest in unserem Sprachgebrauch keine weibliche Bezeichnung für *Herr*schaft.

Denken wir jedoch einmal an die Überlieferungen der ägyptischen Königin Cleopatra, die ja nun mal ein ganzes Weltreich regiert hat, so wird einleuchten, dass diese während ihrer Regierungszeit die Kornspeicher, Wasserleitungen, Straßen und Tempel nicht selbst gebaut haben wird, sondern den Bau veranlasst hat. Im Gegensatz dazu würde ein männlicher Herrscher (Yang) nicht *veranlassen,* im Sinne von *ermöglichen,* sondern erzwingen, erpressen oder erkaufen.

Der Clou ist nämlich: Ein ganzes Weltreich zu regieren – dazu hat sie, genau wie ihre Kollegin Nofretete, aller Wahrscheinlichkeit nach nicht eine Peitsche benutzt, sondern eher einen Augenaufschlag! Wenn eine Frau einem Mann die Möglichkeit gibt, seine Männlichkeit unter Beweis zu stellen – und ihre Anerkennung überdies für den Mann wertvoll ist, weil er die Frau begehrenswert findet *und* respektiert, dann tut er für sie *alles!* Daher ist es auch so wichtig, dass eine Frau, die gesellschaftlichen Erfolg haben möchte, nicht so tut, als sei sie ein Mann – dann wird sie nur mit ihm verglichen und schneidet in Bezug auf männliche Eigenschaften entsprechend schlecht ab –, sondern ihre eigene Femininität als Stärke begreift. Klar: Eine Katze, die beim Wachhund in der Lehre war, wird den Einbrecher nicht so erfolgreich wegbellen wie ein Hund ganz ohne Ausbildung. Umgekehrt verhält es sich genauso: Wenn ein vierjähriges Mädchen im Kindergarten von den bösen Jungs geärgert wurde, kann der Kindergärtner mit Fusselbart, Jesuslatschen und Plüschpulli, weicher Stimme und sanfter Art noch so lieb sein – eine *echte* Frau wird das Kind besser, da empathischer und authentischer beruhigen. Mit echter Frau meine ich folglich keine Frau, der es leidtut, dass sie kein Mann geworden ist. Und damit es keine Missverständnisse gibt: Rosa Lippenstift und Miniröckchen, dazu Schmollmund und Augen wie ein Seehundbaby sind meines Erachtens nicht *feminin,* sondern *kindlich!* Mit so einer Erscheinung wollen vielleicht einige Kerle ins Bett gehen, aber einen Tempel bauen wird ihr keiner! *Ermöglichen* ist das Yin-Prinzip, nicht *sich erniedrigen!*

Nur nochmals zur Klarheit: Sie können als Frau natürlich gerne Reifen wechseln, einen Bagger fahren und Architektin werden. Auch Marathonlauf und Zehnkampf sind für eine Frau völlig okay. Als Mann können Sie auch im Kindergarten arbeiten, den Haushalt machen oder einfach nur zuhören – Hauptsache, Sie tun das niemals, um Anerkennung beim anderen Geschlecht zu bekommen, sondern um sich damit *zu verwirklichen.* Solange nicht ein schlechtes Gewissen, Ehrgeiz oder Schuldgefühle Ihr Motivator sind, sondern Ihre Persönlichkeit, Ihr Naturell, werden Sie damit nicht nur erfolgreich, sondern oftmals sogar einzigartig sein.

Weibliche Stärken sind: Regieren, Interpretieren, Kommunizieren, Einfühlen, Heilen und Fantasieren. Männliche Stärken sind: Konstruieren, Rationalisieren, Destruieren (Zerstören), Pionieren (Erobern) und Ausführen. Laut alter Keilschrifttexte hat unser Schöpfer den Mann wohl ursprünglich zum Arbeiten und die Frau zur Aufzucht und Heilung dieses geschundenen Arbeitstieres geschaffen. Ungewöhnlich erscheint mir dieser Gedanke jedenfalls nicht.

## Warum ist Sex so wichtig?

Menschen beschäftigen sich mit Sex, einige geben dafür Geld aus, fahren meilenweit, riskieren Schwangerschaften oder sogar, aus der Familie verstoßen zu werden. Das bedeutet, Sex kann so wichtig werden wie ein Glas Wasser in der Wüste. Wie geht das?

Bevor ich versuche, diese Frage tiefenpsychologisch zu beantworten, möchte ich Sie bitten, einmal selbst kurz nachzudenken:

1. Wie wäre es, wenn Sie ab heute für den Rest Ihres Lebens keinerlei Sex mehr haben dürften, weder mit anderen noch mit sich selbst? Wäre das eine Belastung? Warum empfinden Sie so?
2. Was wäre, wenn Sie für den Rest Ihres Lebens keine sexuelle Lust mehr hätten, Ihnen Sex also völlig egal wäre? Wäre das nun ein anderes Gefühl?

Vermutlich werden Sie bei der ersten Vorstellung ein Gefühl von Verzicht verspüren, bei der zweiten ein Gefühl von Leere. Das kommt wahrscheinlich unter anderem dadurch zustande, weil Sex sehr viel mit Sich-selbst-durch-andere-Spüren zu tun hat. Aus dem Zustand der Unität, des Einsseins, wird eine Dualität: Durch Sexualität schlagen wir uns körperlich in dieser Welt nieder, wir spüren einen Unterschied zur Außenwelt. Damit ist Sex nicht nur ein Schöpfungsakt, sondern vor allem Ausdruck unseres eigenen körperlichen Lebens. Dies erklärt übrigens auch, warum Geistliche das Zölibat ablegen: Es geht nicht darum, keinen Sex haben zu dürfen, sondern darum, zu begreifen, dass nur Körper *und* Geist Sex brauchen – nicht aber die körperlose Seele. Erst dann hätte man irdische Fesseln überwunden.

Ob dies immer so verstanden wird, sei dahingestellt; ob dies dem Sinn des Lebens (wie ich ihn begreife), dem Streben nach Verwirklichung durch Entwicklung, entspricht, wage ich ebenso zu bezweifeln. Ich glaube allerdings, dass es Menschen gibt, die sich auf seelischer Ebene derart gut verwirklichen und in der materiellen Welt manifestieren können, dass Sex keinen solch hohen Stellenwert mehr hat. Damit gehört Sex für mich philosophisch gesehen zum Materialismus. Das bedeutet, Sex ist durchaus für uns existenziell! Hinzu kommt bei partnerschaftlichem, also nicht autoerotischem Sex der nicht zu verachtende Faktor der Bejahung. Wenn ein Mensch sich derart auf einen anderen Menschen einlässt, dann hat das durchaus etwas von Gemeinsamkeit. Ob Liebe nun mit im Spiel ist oder nicht – da sagt jemand deutlich Ja zum Körper des anderen. Und das ist so ziemlich das Gegenteil unserer häufig vorkommenden Alltagserfahrung von Kritik und Ablehnung. Daher lässt sich mit Sex auch so hervorragend trösten.

# Macht Fruchtbarkeit sexy?

Dass Sex für uns Menschen unverzichtbar ist, zeigt auch eine Untersuchung der Berliner Charité aus dem Jahr 2006: „Schwangerschaft, Geburt und Sex". Zu diesen Themen haben Wissenschaftler der dortigen Klinik für Geburtsmedizin eine Umfrage bei über 1.000 jungen Berliner Müttern gemacht. Das Ergebnis: „Die durchschnittliche Frequenz des Geschlechtsverkehrs nahm nach Eintritt der Schwangerschaft von 2,4 Mal pro Woche auf 1,5 Mal pro Woche ab. Direkt nach der Geburt gab es kaum sexuelle Aktivität; erst nach einem halben Jahr stieg die Frequenz dann wieder auf 1,5 Mal pro Woche. Bemerkenswert war allerdings, dass etwa die Hälfte der jungen Mütter schon innerhalb der ersten zwei Monate nach der Geburt wieder Sex hatte. Dabei ging die Initiative nach Angaben der Frauen meist von beiden Partnern aus und nicht nur vom Mann, wie in der Vergangenheit häufig vermutet wurde."[16] Studienleiter Privatdozent Kai J. Bühling zeigte sich von den Studienergebnissen überrascht.

Ich dagegen folgere daraus, dass Sex von uns Menschen ganz eindeutig als weit über die Fortpflanzung hinausgehende soziale Komponente gebraucht wird. Kaninchen sind mit wenigen Minuten nach dem Wurf zwar noch schneller bei der Sache als wir, doch der Grund für ihre Eile liegt hier wohl eher im Fortpflanzungstrieb denn in Lustgewinn, Bejahung und Sozialverhalten.

Biologen, die manchmal die menschliche Psyche mit all ihren Bedürfnissen einfach zu ignorieren scheinen, sehen im Sex natürlich noch weitere Aspekte: Es wird argumentiert, Klone brächten schließlich identische Individuen und Generationen hervor, und so läge in der geschlechtlichen

Vermehrung die Chance der Veränderung und Anpassung an neue Bedingungen. Daraus leitet sich ab: Sex bereichert den Genpool und ist somit die Voraussetzung für die biologische Vielfalt.

Die Welt wird durch Sex bunter und reichhaltiger, einverstanden. Aber praktizieren Sie Sex für die Welt oder doch eher für sich? Glauben Sie, jemand geht aus dem gleichen Grund ins Bordell, aus dem er Blut spendet oder Geld für eine Hilfsorganisation? Einem Individuum, das künstlich verhütet, ist es ziemlich egal, ob es mit seinem Geschlechtsakt nun den Genpool bereichert oder nicht.

Natürlich dient menschliche Sexualität nicht in erster Linie dem Lustgewinn, sondern umgekehrt, der Lustgewinn dient der Sicherung der Zeugung von Nachkommen, wie ich ja ausgeführt habe. Da aber bei statistischen 6.000 Sexualkontakten im Leben eines Deutschen etwa 1,36 Kinder gezeugt werden (Quelle: Berlin-Institut für Bevölkerung und Entwicklung; www.berlin-institut.org), kann man diesen Aspekt – rein statistisch – vernachlässigen.

Wie wir erfahren haben, ist Sex auch wichtig für die Psyche. Gestörte Sexualität kann sehr, sehr krank machen. Sollten Sie hier also ein Problem haben, wird es höchste Zeit für eine Partnerschaftsanalyse.

## Sexprobleme – Frigidität, Impotenz, vorzeitiger Orgasmus

Ich will an dieser Stelle nicht darauf eingehen, wie sowohl in der Vergangenheit als auch in der Gegenwart die Schulmedizin die absurdesten und hilflosesten Versuche unternommen hat, sexuelle Unlust mit Medikamenten zu therapieren – ich würde mich und Sie nur aufregen und mir den Zorn der Pharmaindustrie zuziehen. Wenn tatsächlich organische Störungen, die medikamentös behandelt werden können, vorlägen, hätten diese eine klar festzustellende Ursache, wie etwa einen Unfall oder eine Infektion, und würden entweder eines Tages geheilt sein oder hätten ein klar zu definierendes Krankheitsbild. Dann wäre nicht nur die sexuelle Stimulation betroffen, sondern auch verschiedene andere Reize im Genitalbereich, wie etwa Wärme, Druck oder Schmerz.

Isoliert beobachten lässt sich jedenfalls, dass sexuelle Lust durch ein Überforderungsgefühl im Keim erstickt wird. Immer dann, wenn sich ein Partner dazu bewogen fühlt, sexuell funktionieren zu müssen und dem Erwartungsdruck des Partners zu entsprechen, klappt's nicht mit der Stimulation. Dass dieser Zustand auch bei wechselnden Partnern oft jahrelang unverändert anhalten kann, ist ein Zeichen dafür, dass dieses Überforderungsgefühl tatsächlich in der Persönlichkeit des Betroffenen verhaftet ist; doch finden wir die Ursache weder im Gehirn selbst noch in dessen Leiterbahnen, sondern in der Art, wie ein Mensch denkt und welche Gehirnregionen er damit ansteuert. Erwartungsdruck und Überforderung werden vorwiegend in Arealen des Gehirns registriert, die rein rationale Funktion haben und in der Hauptsache äußere Daten erfassen. Damit wird die interne Datenverarbeitung weitgehend unterbunden. Immer wenn man sich darum kümmert, was man muss, soll und andere von einem erwarten, registriert man seine eigenen Bedürfnisse kaum noch. Nun ist sexuelles Lustempfinden aber darauf angewiesen, dass man zur Abwechslung eine Menge interner Daten verarbeitet und sich einmal nicht darum kümmert, was man soll und muss. Man kann Sex nicht für andere haben, man muss ihn für sich selbst wollen – vorbehaltlos, erlebend und angstfrei! Ist dies nicht der Fall, weil ein Mensch etwa durch moralisierende Glaubenssätze oder ständige Machtlosigkeitserfahrungen wie etwa Missbrauch oder Misshandlung eine Angst vor Kontrollverlust entwickelt hat, kann er Tabletten schlucken, bis der Arzt kommt – das Lustempfinden bleibt aus.

Wird ein Mensch aber von seiner Angst vor Kontrollverlust befreit, etwa indem man ihm mittels tiefenpsychologischer Analyse genau herleitet, wovor er sich schützt, und dann dem Unterbewusstsein eine Alternative aufzeigt (diese Methode praktiziere ich seit Jahren erfolgreich bei Missbrauchsopfern), dann kann dieser wieder recht schnell erfüllenden Sex und sogar Orgasmen erleben, obwohl diese vorher blockiert waren.

Wenn der Orgasmus allerdings unerwünscht früh kommt, hilft nur eines: Entwickeln Sie ein normales Verhältnis zum Sex, machen Sie keinen „Staatsakt" daraus! Sex muss einfach sein und Spaß machen und darf nicht überfordern. Die „Ejaculatio praecox", wie der vorzeitige Samenerguss medizinisch genannt wird (damit sich der Arzt nicht schämen muss, wenn er darüber spricht), ist meist auf einen solch hohen, inneren sexuellen Erwartungsdruck zurückzuführen, der sich dann in einem unkontrollierten Maße entlädt. Etwa ein Drittel der (statistisch erfassten) Männer aller Altersstufen ist davon betroffen. Mir ist übrigens nicht bekannt, dass ein frühzeitiger weiblicher Orgasmus in dieser Gesellschaft als Problem, geschweige denn als pathologisch wahrgenommen wird – weder von der Frau noch vom Mann. Im Gegenteil: Ein schneller weiblicher Orgasmus beim Koitus wird sogar als Indiz hoher weiblicher Potenz oder hoher sexueller Leistungsfähigkeit des Mannes gewertet. Warum nicht beim

Mann, wenn doch die Fortpflanzungsfunktion des Sexes einen solch hohen Stellenwert hat, wie Biologie, Theologie und Verhaltensforschung oftmals betonen?

Im Internetlexikon www.wikipedia.de können wir nachlesen: „Männer, die unter der Ejaculatio praecox leiden, beschreiben ihr eigenes Interesse an der Sexualität als normal bis stark ausgeprägt und haben im Normalfall keine Probleme mit der Erektionsfähigkeit. Der vorzeitige Samenerguss tritt bei ihnen meistens kurz nach der Einführung des Penis in die Vagina auf, oft jedoch auch bereits davor. Zu diesem Zeitpunkt ist bei ihnen bereits ein Erregungsniveau erreicht, in dem die Kontrolle der Ejakulation nicht mehr möglich ist. Die Betroffenen selbst empfinden allerdings häufig keine besonders stark ausgeprägte Erregung, sondern meistens eher eine allgemeine Aufgeregtheit und Anspannung."

Diese Anspannung, möchte ich ergänzen, ist ebenso eine Form von sexueller Überforderung, die, wie oben schon erwähnt, das Lustempfinden unterbindet.

Vor Kurzem kam ein Mann in meine Praxis, der aufgrund von Erektionsstörungen seit Jahren keinen Sex mehr mit seiner Frau hatte. Wie sich herausstellte, ist sie Sternzeichen Stier, Aszendent Skorpion, und er Zwilling, Aszendent Jungfrau. Er fühlte sich von ihrer „permanenten Wollüstigkeit" schlicht bevormundet und war nicht flexibel genug, damit klarzukommen. Sein Körper trug diesen Trotz einfach nur aus. Ich ermöglichte ihm in einer Hypnose eine gewisse Immunität gegen Erwartungsdruck. Mehr konnte ich für die beiden nicht tun. Es gibt nun einmal Dinge, die passen einfach nicht besonders gut zusammen.

# SM und Co. – gibt es „kranken“ Sex?

Sex ist ein Spiel. Die einzige Regel lautet: Alle Beteiligten machen freiwillig mit. Wie das Spiel dann im Einzelnen gespielt wird, ist beliebig. Dennoch gibt es einige Hundert verschiedene sadomasochistische Praktiken, bei denen die Frage erlaubt sei, „aus welchem Grunde“? In der Hauptsache sollen sie dazu dienen, die für eine normal funktionierende Sexualität erforderliche Polarität beziehungsweise ein Dominanzgefälle (das bezeichnet die Rollenakzeptanz zweier Partner in Bezug auf Dominanz, also die Vereinbarung darüber, wer über wen „das Sagen“ hat) wiederherzustellen. Im Gegensatz zum nicht sadomasochistisch motivierten Sex steigert sich beim Sadomasochismus (SM) dieses Gefälle ins Extrem, weil oftmals durch frühkindliche Misshandlungserfahrungen in seelischer und körperlicher Hinsicht eine Art unterbewusster Empfindungsschutz aufgebaut wurde, der „normal“ dosierte Dominanz wahrzunehmen nicht in der Lage ist.

Im Klartext heißt das: Ein SM-Praktiker hat häufig derart traumatisierende Misshandlungserfahrungen gemacht, dass er sich in der Folge ein „dickes Fell“ zugelegt hat. Um in sexueller Hinsicht durch dieses dicke Fell zu kommen, braucht der Betroffene emotionale Eindrücke, die seine Toleranzgrenze überschreiten. Erniedrigungen gehören daher zum geläufigsten Repertoire, weil hierdurch ein scheinbares Verantwortungsgefälle erzeugt wird. Dies wiederum sorgt für das notwendige „Abschalten“ der Kontrolle – der Masochist lässt sich von außen kontrollieren, das Lustempfinden wird nicht länger von der eigenen Aufmerksamkeit blockiert. Das ist auch einer der häufigsten Gründe dafür, warum sehr streng erzogene Menschen, die als Kinder geschlagen wurden, ihren Partner provozieren oder offen zu Schlägen auffordern – sie wollen sich (und ihren Einfluss auf andere) endlich einmal wieder selbst spüren. Dieses Phänomen finden wir oftmals auch bei Selbstverstümmelungen durch Zigarettenkippen, Rasierklingen, Glasscherben und anderes. Es geht dabei nicht nur darum, bei einem Schuldgefühl unterbewusst etwaigen Bestrafungen des Peinigers zuvorzukommen, sondern auch um die Wahrnehmung der eigenen Körperempfindungen.

Um meine Frage aus der Überschrift nun zu beantworten: Egal, welch ausgefallene, abscheulich erscheinende, erniedrigende und oftmals blutige und lebensbedrohliche Sexualpraktik auch angewendet wird, dahinter steckt immer eine schwer verletzte Seele, die sich wie bei jedem anderen Menschen auch nach Erfüllung sehnt. Es gibt keinen kranken Sex, sondern höchstens die psychologisch nachvollziehbare Reaktion auf Traumatisierungen. Entscheidend ist in solchen Fällen ein Partner, der diese Art Sexualität mitträgt und ähnlich tickt. Schwierig wird eine Beziehung dann, wenn der eine Partner SM-Sex ablehnt oder sich mehr und mehr davon befreien will, weil er selbst darunter leidet.

Die Praxis zeigt, dass sich durch das Verarbeiten der Kindheitserlebnisse wieder eine „kuschelfähige" Sexualität erreichen lässt, die frei von erniedrigenden Elementen ist.

An dieser Stelle möchte ich aber deutlich machen, dass das Hauptmerkmal der sogenannten „pathologischen Sexualität" nicht etwa das Benutzen von Handschellen oder Augenbinden ist; auch nicht handelsübliches Sexspielzeug oder eine Lederpeitsche machen den Sadomasochisten aus, sondern das erforderliche Erreichen einer Leidensstufe, um sexuelle Lust zu empfinden. Und auch hier gilt: Ohne Leidensdruck kein Leid – wenn etwas nicht als schmerzlich empfunden wird, dann *ist* es das subjektiv auch nicht. Also: Nur weil Sie beim Herumspionieren im Zimmer Ihrer 16-jährigen Tochter ein paar Plüschhandschellen oder schwarze Lackunterwäsche finden, müssen Sie noch lange nicht den Arzt rufen. Töchterchen ist vielleicht einfach nur etwas liberaler und sexuell kreativer als ihre Vorbilder.

In meiner Praxis habe ich Menschen kennengelernt, die sehr unter den seelischen Folgen einer völlig übertriebenen Reinlichkeitserziehung, bei welcher die Thematisierung der eigenen Geschlechtlichkeit oder gar die Beschäftigung mit Scheide oder Penis gewalttätig sanktioniert wurde, gelitten haben. Nicht nur extreme Verklemmung und Selbsthass in Bezug auf sexuelles Verlangen, sondern auch das Gegenteil, Promiskuität bis hin zur Selbstverstümmelung der Genitalien waren solche Folgen. Dass eine Partnerschaft unter dem fehlenden Selbstverständnis der Sexualität enorm leiden kann, ist einleuchtend. Stattdessen stoßen Betroffene auf Unverständnis und fühlen sich gesellschaftlich ausgegrenzt und schuldig. Nur weil sich jemand schmerzhaft auspeitschen lässt, um zum Höhepunkt zu kommen, ist er noch lange kein „Perversling“, sondern braucht vielleicht die Hilfe von Fachleuten.

## Sexsucht und Promiskuität

Es ist nicht unbedingt ein Zeichen von Freizügigkeit, wenn jemand ständig die Sexualpartner wechselt. Selbstverständlich gibt es keinen Richtwert dafür, wie lange eine Beziehung dauern muss, um als ernsthafter Bindungsversuch zu gelten, und wie ich schon sagte, schreibt uns niemand vor, dass wir einen Partner fürs Leben finden müssen. Doch wenn Leidensdruck ins Spiel kommt, ein Mensch sich eigentlich einen

„Heimathafen“ wünscht, aber nirgendwo richtig „anlegt“, dann wird es Zeit, die Sache aufzulösen. Promiskuität, so nennt man diese „emotionale Heimatlosigkeit“, bei der die Betroffenen von einer Kurzbeziehung zur nächsten wechseln, ist der unreflektierte und aussichtslose Versuch, durch eine Vielzahl von Verbindungen an den „richtigen“ Partner zu geraten. Meist liegt hier ein extrem gestörtes Verhältnis zum gegengeschlechtlichen Elternteil vor, bei dem dieser nach anfänglicher positiver Bezugnahme als abwesend oder gar als ablehnend erlebt wurde. Dieses Aufmerksamkeitsdefizit will der promiskuitive Mensch ausgleichen, indem er seine Attraktivität ständig erneut unter Beweis zu stellen versucht. Der Betroffene versucht damit unterbewusst die Gewissheit zu erlangen, dass er selbst nicht der Grund für die damalige Zurückweisung war. Dass ein solcher Mensch in einer dauerhaften Partnerschaft selten glücklich wird, sondern, im Gegenteil, den Partner nach anfänglicher Verliebtheit prüft und provoziert, in der Hoffnung, dass er nun Liebesbeweise antritt, ist offensichtlich. Durchbrechen kann man dieses Muster nur, indem man als Partner eine ständig sprudelnde Quelle der Liebe wird (doch wer liebt schon Menschen, die einen dauernd provozieren und emotional erpressen?) oder dieses Muster dem Promiskuitiven aufzeigt, ihn die Wurzeln seines Verhaltens erkennen lässt und ihm damit die Möglichkeit gibt, mit der Vergangenheit Frieden zu schließen.

Besonders problematisch ist, dass die Betroffenen zusätzlich zu ihrer emotionalen Rastlosigkeit gesellschaftlich stigmatisiert werden. Noch vor siebzig Jahren wurde promiskes Verhalten unter bestimmten Umständen mit dem Tode bestraft, und sogar in der Bundesrepublik Deutschland kam es bis in die 1970er-Jahre vor, dass insbesondere junge Frauen wegen Abweichungen von sexuellen Normen zur sogenannten Heimerziehung eingewiesen wurden. Dabei wurden sie oftmals in klösterlichen Einrichtungen psychisch erniedrigt und körperlich gezüchtigt.

Dennoch wird aufgrund des leicht erhöhten Bewusstseins um Ansteckungsgefahr mit sexuell übertragbaren Krankheiten Promiskuität als Risikofaktor gewertet. (Ich sage bewusst „leicht erhöhtes Bewusstsein", da die Ansteckungsgefahr mit Hepatitis im Vergleich zum Risiko einer HIV-Infektion fälschlicherweise stark unterschätzt wird).

Äußere Ähnlichkeit mit der Promiskuität hat die sogenannte Sexsucht. Dass hier keine körperliche Sucht vorliegt, bei der ein Mensch unter organischen Ausfallerscheinungen leidet, wenn er nicht in über den Tag verteilten Dosierungen Sex bekommt, dürfte sogar den Ärzten des letzten Jahrhunderts einleuchten. Es gibt keine „Sexsucht" – wohl aber das zwanghafte Verlangen nach sexueller Stimulation sowie nach den dazu führenden Handlungen. Dieses Verlangen ist allerdings nicht körperlicher, sondern psychischer Natur und deshalb ständig wiederkehrend, weil es falsch beantwortet wird. Hinter dem eigentlichen Wunsch nach Sex steckt, so äußern interviewte Betroffene, der Wunsch nach körperlicher Liebe und sexueller Freiheit. Dies klingt zwar nach „Sex", ist aber etwas völlig anderes, denn der Geschlechtsakt an sich befriedigt das sexuelle Verlangen, wenn überhaupt, nur kurzfristig. Das tatsächliche Defizit bezieht sich auf seine Bedeutung. Ein Trauma, das ein solch pathologisches Verhalten wie „Sexsucht" auslösen kann, könnte schon allein die Adoptionsfreigabe eines Säuglings sein, wenn die Pflegeeltern emotional zurückhaltend, der körperlichen Nähe unfähig und obendrein noch prüde sind. Die Schlussfolgerung des heranwachsenden Kindes auf eine solche frühkindliche Erfahrung wäre: Ich bin liebensunwert (deswegen wurde ich von meiner Mutter verstoßen) und brauche fortan besonders viel Liebe und Nähe, um meine eigene Daseinsberechtigung zu spüren. Diese Nähe wird von den Eltern versagt und beim Sexualpartner gesucht. Doch auch Sexualität ist untersagt, und so wächst das emotionale Defizit ins Unermessliche. Ein Sexsüchtiger sehnt sich danach, Erfüllung durch körperlichen Frieden zu finden – auf den er natürlich lange warten kann, wenn er nie reflektiert, was er da eigentlich wirklich sucht und wie er es tatsächlich bekommen kann. Wenn dieses enorme und als quälend empfundene Bedürfnis nach Zuneigung, körperlicher Nähe und sexueller Entscheidungsfreiheit nicht aufgelöst wird, besteht sogar die Wahrscheinlichkeit, eine Neigung zu sexuellen Übergriffen zu entwickeln.

Nun bekommen Sie eine Vorstellung davon, wer bei Vergewaltigungen oft die eigentlichen (ursprünglichen) Täter oder mit Sicherheit Mittäter sind: Es sind die Menschen, die einem Kind das Gefühl gaben, „normale" Sexualität sei eine Schande, und es so zur Überkompensation trieben. In der Rechtsprechung wird oft argumentiert, ein strafmündiger Erwachsener hätte eine Eigenverantwortlichkeit, mit der er Recht von Unrecht unterscheiden und die Konsequenz seines Tuns vor Augen haben müsse. Meine Praxiserfahrung zeigt, dass eine bevormundende und despektierliche Erziehung einem Menschen die Entwicklung des Verantwortungsbewusstseins erschwert und teilweise sogar unmöglich macht.

Ob Mauerschützen, Konzentrationslager-Aufseher, Raubmörder oder Vergewaltiger – sie alle tragen die absolute Verantwortung für ihr Tun, genauso wie Autofahrer, Raucher, Eltern oder Ärzte. Ob sich jeder Mensch dieser Verantwortung bewusst ist und sie rational auch übernimmt, ist aber eine Frage der Sozialisation, des Reflexionsvermögens und des Systems, in dem der Mensch aufgewachsen und in das er eingebunden ist. Wir alle in unserer Gesellschaft sind Zahnräder in einem großen Uhrwerk. Wir alle nehmen Einfluss auf unsere Mitmenschen, und wir alle haben die Macht, allein durch unser Dasein etwas zu verändern. Wie und ob wir diese Macht nutzen, entscheiden wir aufgrund unserer persönlichen Präferenzen – wir erreichen nur das, was uns für uns selbst absolut wichtig erscheint.

## Liebe und Sex – eine Einheit?

Nicht nur äußerlich, sondern auch im Verhalten und Empfinden gibt es zwischen den Geschlechtern Unterschiede im Hinblick auf Liebe und Sex, die sich wissenschaftlich untersuchen lassen. So zeigt eine Studie des GEWIS-Instituts im Auftrag der Zeitschrift „Elle“: Liebe und Sex gehören für Männer nicht unbedingt zusammen. Die Geschlechter unterscheiden sich in ihrer Ansicht deutlich: Während 84 Prozent der Frauen Sex an Liebe knüpfen, sind es nur 27 Prozent der Männer. 79 Prozent der Frauen erklären, dass sie sich nach Sex ohne Liebe leer fühlen. Dagegen empfinden nur 16 Prozent der Männer ähnlich.

Wer hofft, durch einen One-Night-Stand die Liebe fürs Leben zu finden, wird meist enttäuscht. Nur bei 26 Prozent der Befragten wurde aus einem Sexabenteuer tatsächlich eine Beziehung. Die Aussagen beziehen sich auf 503 Frauen und 519 Männer zwischen 18 und 60 Jahren.

Interessanterweise gibt es keinen Unterschied zwischen den sexuellen Bedürfnissen einer Frau vor und nach den Wechseljahren. Es wurde immer vermutet, dass die Libido nach dem Klimakterium nachlässt, aber das stimmt nicht:

Eine Frau hat im Alter genauso viel oder wenig Lust auf Sex wie vor den Wechseljahren, aber Glaubenssätze und Tabus scheinen das Sexualleben suggestiv zu unterdrücken, ähnlich wie beim Mann.

Doch es gibt noch viele, weit ins alltägliche Leben reichende Unterschiede, die für Missverständnisse und Konflikte verantwortlich sind und oftmals zur Trennung mit Rosenkrieg führen können. Der Wunsch, das andere Geschlecht zu verstehen, ist dementsprechend groß – klar. Bevor wir in den therapeutischen Teil gehen, zitiere ich als Einstieg zunächst eine humorvolle Glosse, die auf mehreren Hundert Seiten im Internet zu finden ist[17]:

*„Regeln aus Sicht eines Mannes: Wir hören immer von Regeln aus Sicht der Frauen. Hier sind endlich die Regeln aus Sicht der Männer. Das sind unsere Regeln: Bemerke … alle Regeln haben die gleiche Wichtigkeit. Sie stehen deshalb alle auf Platz 1!*
*Platz 1:*

- *Brüste sind dazu da, angeschaut zu werden. Und deshalb tun wir das auch. Versucht nicht, das zu ändern.*
- *Lernt mit der Klobrille umzugehen. Du bist ein großes Mädchen. Wenn sie offen steht, klappe sie herunter. Wir benötigen sie offen, ihr geschlossen. Ihr hört uns auch nicht jammern, dass der Deckel geschlossen ist.*
- *Samstag = Sport. Das ist wie Vollmond oder Ebbe und Flut. Lasst die Finger davon.*
- *Shopping ist KEIN Sport. Und nein, wir verschwenden keinen Gedanken daran, shoppen zu gehen. Wir kaufen ein.*
- *Schreien ist kein schlagendes Argument. Sagt uns, was ihr wollt. Sagt es eindeutig: Subtile Hinweise funktionieren nicht! Wütende Hinweise funktionieren nicht! Versteckte Hinweise funktionieren nicht! SAGT ES EINFACH!*

- *‚Ja' und ‚Nein' sind fantastische Antworten für fast jede Frage.*
- *Kommt nur dann zu uns, wenn ihr wollt, dass euer Problem von uns gelöst wird. Das ist es, was wir tun. Für Mitgefühl sind eure Freundinnen da.*
- *Kopfschmerzen, die sieben Wochen dauern, sind ein Problem. Geht zum Arzt.*
- *Was wir vor sechs Monaten gesagt haben, ist als Argument nicht verwendbar. Tatsächlich sind alle unsere Kommentare nach sieben Tagen null und nichtig.*
- *Wenn ihr denkt, ihr seid zu dick, wird das zutreffend sein. Fragt uns deshalb nicht, ob es stimmt.*
- *Wenn ein Spruch von uns auf zwei Arten interpretiert werden kann und eine Antwort macht euch traurig oder wütend, dann meinten wir die andere.*
- *Entweder könnt ihr uns bitten, etwas zu tun, oder uns sagen, wie wir etwas tun sollen. Beides geht nicht! Wenn ihr wirklich wisst, wie etwas besser gemacht wird, dann macht es selber.*
- *Wenn ihr etwas zu sagen habt, dann macht das bitte während der Werbung.*
- *Christoph Columbus benötigte keine Wegbeschreibung. Und uns geht es genauso.*
- *ALLE Männer können nur 16 Farben erkennen. Pflaume, zum Beispiel, ist eine Frucht und keine Farbe. Und Aubergine ist ein Gemüse. Wir haben keine Ahnung, was Malve ist.*
- *Wenn etwas juckt, will es gekratzt werden. Wir tun das!*
- *Wenn wir euch fragen, ob euch etwas stört, und ihr sagt ‚nichts', werden wir uns so verhalten, als ob alles in Ordnung ist. Wir wissen, dass ihr lügt, aber wir wollen uns allen nicht den Abend verderben.*
- *Wenn ihr uns eine Frage stellt, auf die ihr eigentlich keine Antwort erwartet, bereitet euch auf eine Antwort vor, die ihr nicht hören wollt.*

- *Wenn wir ausgehen, sieht alles, was ihr anhabt, absolut toll an euch aus. Wirklich!*
- *Fragt uns nicht, was wir gerade denken. Es sei denn, ihr seid bereit, eine Diskussion über folgende Themen zu beginnen: Sex, Sport oder Autos.*
- *Ihr habt genug Klamotten. Ihr habt viel zu viele Schuhe.*
- *Ich fühle mich wohl, wie ich bin. Ein Bierbauch ist noch kein Übergewicht.*

*Danke, dass ihr dieses gelesen habt. Ja, ich weiß! Ich werde heute Nacht auf dem Sofa schlafen müssen, aber das stört uns Männer nicht wirklich. Das ist ein wenig wie Camping.“*

So weit dieser humoristisch gemeinte Versuch, Klarheit über männliche Bedürfnisse zu schaffen. Dass es natürlich bei Weitem nicht reicht, den Frauen einen Status quo als „gottgegeben“ zu präsentieren, ist klar. Zum Verstehen und zum Regeln des Zusammenlebens gehören immer zwei. Außerdem gibt es mit Sicherheit entsprechende „Frauenregeln“, wie etwa: „Wenn du von der Arbeit nach Hause kommst, möchte ich von dir geküsst und in den Arm genommen werden, um zu spüren, dass du mich vermisst hast. Frag mich danach, wie es mir geht, denn ich möchte mit dir reden, um dir damit zu zeigen, dass ich dich an meinen Gefühlen teilhaben lassen möchte.“

Der obige Text ist, wie gesagt, nicht von mir, aber er zeigt, dass die Unterschiede zwischen Mann und Frau offenbar etwas Groteskes an sich haben. Wie sehr unser Selbstvertrauen und unsere Selbstsicherheit sich in unserem Sexualleben widerspiegeln, erfahren Sie nun im folgenden, zwar durchaus ernst gemeinten, aber mit etwas Humor dargestellten Kapitel:

DER PSYCHOTIPP

# *Zeig mir, wie du tanzt, und ich sag dir, wie du im Bett bist!*

Ein Grafologe sieht sich Ihre Handschrift an und kann daraus überraschend präzise ableiten, wie Sie ticken. Ob Sie zum Übertreiben neigen, Minderwertigkeitsgefühle haben, ein Selbstdarsteller sind, ja sogar, ob Sie zum Lügen neigen oder besonders trotzig sind – das alles verraten Sie durch Ihre Schrift. Während meines Studiums der Diplom-Pädagogik (das ist weniger die Ausbildung eines Lehrers, sondern eher die (erziehungs-)wissenschaftliche Beschäftigung mit der Frage: Wie lernt ein Mensch und wie wirkt sich das Gelernte auf das Verhalten aus?) arbeitete ich an den Wochenenden als Discjockey in verschiedenen Diskotheken. Ich liebe Musik und fand es immer großartig, Menschen mit „meiner" Musik zum Tanzen zu bringen. Nun sind Diskotheken nicht nur die „Kathedralen des 21. Jahrhunderts", wie der Erziehungswissenschaftler Prof. Dr. Horst W. Opaschowski sie treffend nennt, in denen die Gruppendynamik tatsächlich als spirituell artverwandtes Erlebnis empfunden werden kann, sondern vor allem Balzplätze, die neben der Identitätsfindung durch Musikszenenzugehörigkeit die zwischenmenschliche Kontaktaufnahme durch Tanz, Alkohol und Erlebnis erleichtern sollen. Mit meinem Interesse für menschliches Verhalten gelang es mir, einen Zusammenhang zwischen dem persönlichen Tanzstil und Details im Sexualverhalten wissenschaftlich zu isolieren. Das Verhalten und die Bewegungen beim Tanz bringt uns nämlich genau wie beim Sex niemand ausdrücklich bei. Wir erarbeiten unseren Stil, ähnlich wie unsere Handschrift, auf Basis einiger Vorlagen selbst. Daher lassen sich sehr zutreffende Rückschlüsse vom Tanz auf den Charakter und das Sexualverhalten ziehen.

Betont jemand beim Tanzen eher die Bewegung der Arme, im Gegensatz zur Beinarbeit, so zeugt das von Fantasie und emotionaler Isoliertheit. Reines Headbanging, also das heftige Kopfschütteln – Sie kennen das von Heavy-Metal-Fans – deutet auf (halten Sie sich fest, Sie hätten nie damit gerechnet) übertriebene Intellektualität und Treue hin. Das Tanzen fast nur mit den Füßen ohne Miteinbeziehung des restlichen Körpers zeigt das Gegenteil, eher eine gewisse Schlichtheit und damit Manipulierbarkeit.

Im Folgenden ein paar Figuren:

**Der Unsichere:** Wenn überhaupt, tanzt er/sie nur, wenn alle tanzen, bewegt sich eher „eckig“, will beim Tanzen nicht beobachtet werden und hält sich gerne an ein bestimmtes Schrittmuster. Das sieht nicht besonders aufregend aus, ist aber besser als gar nichts. Mit diesem Menschen können Sie nach gutem Zureden auch Sex haben (Licht ausmachen, nicht vergessen!). Doch äußern Sie bloß keine exotischen Wünsche, das käme einer persönlichen Kritik gleich.

**Der Hippie:** Er/sie tanzt ausschweifend, mit großen Schritten oder fuchtelnden Armbewegungen, auch gerne ganz allein auf der Tanzfläche. Ein selbstverliebter Selbstdarsteller, der in Kauf nimmt, zu polarisieren. Kein bestimmtes Schrittmuster vorhanden, aber dennoch eine gewisse Stereotypie erkennbar, denn der Hippie tanzt zu allen Stücken nahezu gleich. Er ist ein Sexualpartner, der seinen Freiheitsanspruch überbetont, dem es meist an gesellschaftlichem Einfühlungsvermögen mangelt und der sich selbst schnell missverstanden fühlt. Er ermöglicht atemberaubenden Sex, aber nur nach seinen Spielregeln.

**Der Soldat:** Ihm/ihr hat man das Feeling für Körperästhetik gänzlich aberzogen. Bewegungen wirken einstudiert und leidenschaftslos. Tanzt nach Aufforderung und absolviert damit sein Pflichtprogramm. Tanzt sehr kontrolliert und interessiert sich nicht wirklich für die Musik. Sex ist zum Kinderzeugen und zur Erfüllung ehelicher Pflichten da. Gibt verschämt zu, dass es aber auch seltsamerweise Spaß macht. Kann durchaus fordernd und unberechenbar sein, besonders unter Alkoholeinfluss.

**Der geheime Verführer:** Beobachtet andere, während er/sie tanzt. Fühlt sich in die Musik gut ein – egal in welche – und missbraucht die Tanzfläche als sein Jagdrevier. Neigt zur Kontaktaufnahme während des Tanzens durch Blicke oder zufällige Distanzlosigkeit. Dieser Typus sucht Selbstbestätigung durch Schwächen der Konkurrenz – schreckt nicht vor dem Ausspannen/Abwerben zurück. Sex mit diesem Typus hat hohe Erlebnisqualität, ist aber vergleichbar mit einer Kirmes: Das normale Leben außerhalb der Verführungsmomente ist eher öde.

**Der Unbeholfene:** Er/sie ist ein etwas tollpatschiger Tänzer, wirkt unkontrolliert und etwas dümmlich. Hat selbst viel Spaß beim Tanzen und bricht zwischendurch alle Spielregeln. Eine der genialsten Maschen, jemanden für einen One-Night-Stand abzuschleppen, denn der Unbeholfene gibt einem ein Überlegenheitsgefühl. Jemanden, der beim Tanzen schon dümmlich wirkt, würde man ja auch im schlimmsten Falle nach einer schlechten Nacht locker wieder loswerden.

**Der König:** ein Mensch, der ästhetisch tanzt – mit einer Mischung aus Kreativität, Spaß und Anmut. Er weiß, dass man ihm/ihr dabei zusieht. Tanzt nicht zu x-beliebigen Stücken und tanzt nicht gerne auf überfüllten Tanzflächen, sondern nur, um wirklich zu tanzen. Ein freiheitlicher Mensch, der sich nimmt, was ihm zusteht, aber auch dafür einen Preis zu zahlen bereit ist. Im Bett ist der König anspruchsvoll, hält aber auch, was er verspricht. Hat gerne Sex, um Liebe zu geben, kann sich aber auch gut etwas gefallen lassen – fast egal, was, Hauptsache, es ist nicht banal.

**Der Rüpel:** Tanzt mit Zigarette in der Hand, tritt auf die Füße und rempelt andere an. Geht mittendrin auf die Tanzfläche und vor Ende des Musikstücks wieder herunter. Hat zwar Rhythmusgefühl, beherrscht aber keine Schritte oder Figuren. Was Frauen hier völlig abschreckend finden, zieht Männer hingegen oft magisch an, denn eine Frau, die sich nichts aus den Gefühlen anderer macht, bei der kann „Mann" ja wohl auch nicht viel falsch machen. Diese Plumpheit finden Sie tatsächlich auch im Bett wieder: Sex wird aufs rein Geschlechtliche reduziert.

**Die Elfe:** Tanzt filigran und zerbrechlich und nur nach Stücken, die er/sie gut kennt. Feinste Details finden sich in den Bewegungen, die oft nur wenig Raum einnehmen. Ein sehr verletzlicher Typ, der seine Kultiviertheit zur Schau stellt. Stellt im Bett tausend Bedingungen, wie Kerzen, Düfte, besondere Bett- und Unterwäsche, und erwartet diese Finesse auch vom Partner. Die schnelle Besenkammer-Nummer à la Boris Becker läuft hier gar nicht. Sex wird zu einer Kulturdemonstration. Hatte höchst wahrscheinlich schlechte Erfahrungen mit einem rüpeligen Vater und einer zerbrechlichen Mutter, mit der sich der Elf/die Elfe solidarisch erklärt.

**Der Künstler:** Er/sie tanzt gekonnt mit nahezu perfekten Schritten. Wirkt oft etwas glatt, kann aber dafür nicht kritisiert werden, da der Tanz laut Schulbuch perfekt ist. Neben dem Aspekt der Selbstdarstellung ist vor allem die Angst vor Kritik der Hauptgrund des kunstvollen Tanzes. Wenn Sie mit einem solchen Perfektionisten ins Bett gehen, werden Sie seine/ihre Ungeduld spüren, wenn es zu Unvorhergesehenem kommt. Der Künstler will das Besondere und das besonders gut, doch was Sie wollen, interessiert ihn nicht so sehr.

**Der falsche Latinlover:** Ein Mischtyp zwischen dem geheimen Verführer und dem König. Tanzt sehr sexy und weiß das auch, verzieht dabei keine Miene und hat auch eigentlich keinen rechten Spaß, denn der Abend fängt nach der Disco erst an. Dieser Typus ist kein echter Latino, wäre aber gerne einer: Während ein echtes südländisches Feuerherz nach dem Tanzen einfach nur ein Bier, ein Wasser oder einen Rotwein zu sich nehmen würde, trinkt er – gut sichtbar – teure Cocktails. Sex mit dem falschen Latinlover ist wie eine Fahrschulstunde im Autoscooter – wirklich authentisch ist das nicht.

**Der echte Latin Lover:** Tanzt rhythmisch und ästhetisch zu jedem Song der passenden Richtung. Ist sexy gekleidet und weiß um die Wirkung seines Körpers. Ist genauso im Bett: Feurig, geschmeidig, ausdauernd, und Sie sind – beliebig.

**Der Verklemmte:** Tanzt nicht, aus Scham, es nicht gut genug zu können, und verachtet aus Selbstschutz die „alberne Hampelei auf der Tanzfläche“. Ist entsprechend verklemmt und ekelt sich vor Extravaganzen – außer in seinen/ihren Fantasien, die mittels Alkohol plötzlich durchbrechen können.

Natürlich gibt es auch weitere Mischtypen, ebenso wie nicht zu klassifizierende Typen. Beobachten Sie Menschen beim Tanzen und überlegen Sie selbst, ob Ihnen die Art der Bewegung und die äußere Form der Darstellung gefallen oder ob diese Sie eher abschrecken.

Die Fortgeschrittenen-Variante dieses Eigenschaftsmessinstrumentes ist übrigens der Kuss. So wie ein Mensch küsst, so will er den Körper des anderen erfahren und sich selbst dem anderen geben – das wissen Frauen. Wenn eine selbstsichere Frau Sie also kurz nach dem Kennenlernen küsst, bilden Sie sich bitte nichts darauf ein – sie will damit wahrscheinlich nur Ihre sexuelle Visitenkarte begutachten.

Behalten Sie bitte immer im Auge, dass Sex nur eine der vielen Komponenten von Partnerschaft ist. Fundiertes und aufgeklärtes Wissen über die sexuellen Bedürfnisse Ihres Partners ist für eine erfüllte, befriedigende Partnerschaft unabdingbar, doch nicht die Aufgabe dieses Buches. Mein dringender Rat an alle Paare, die sich ernsthaft eine dauerhafte Partnerschaft aufbauen wollen: Klären Sie sich gegenseitig über Ihren Körper, Ihre Wünsche und Ihre sexuellen Ängste auf! Offenbaren Sie sich, denn woher soll Ihr Partner so genau wissen, was er falsch oder richtig macht? Geben Sie Ihrem Partner eine „Gebrauchsanweisung" für Ihre Sexualität und zeigen Sie ihm, wie Sie behandelt werden möchten – in aller Offenheit und Einfühlsamkeit. Bedenken Sie: Ihr Partner möchte genauso gerne Sex wie Sie, hat aber womöglich – wie die meisten Menschen und vielleicht auch wie Sie selbst – Angst vor Ablehnung durch „Fehltritte". Nehmen Sie ihm diese Angst!

# *Sex hält jung!*

So lautet das Ergebnis verschiedenster Studien. Noch vor wenigen Jahrzehnten ging man davon aus, dass eine hohe Fortpflanzungsrate aufgrund des erhöhten Energieverbrauchs eher die Lebenszeit verkürze, und zeigte damit, dass man Energieverbrauch für das Altern verantwortlich machte. Ein Extrembeispiel, mit dem diese Annahme gestützt wurde, ist die australische Beutelbreitfußmaus. Kein Männchen überlebt seine erste Fortpflanzungssaison. Professor Dr. Hynek Burda, Leiter der Abteilung für Allgemeine Zoologie an der Universität Duisburg-Essen, und Doktorand Philip Dammann veröffentlichten im Herbst 2008 eine Studie, die belegt, dass sexuell aktive Tiere eine deutlich höhere Lebensspanne haben als Sexmuffel. Die Forscher untersuchten hierfür Zuchtdaten des Ansells Graumulls, einer Nagetierart aus Sambia, aus einem Zeitraum von über 20 Jahren. Diese Mulls gehören zu den wenigen Säugetierarten, die in großen Familiengruppen mit nur einem fortpflanzungswilligen Paar leben. Dagegen verbleiben die Nachkommen lange Zeit – oftmals ihr gesamtes Leben lang – als „Helfer" bei den Eltern. Gemeinsam gehen alle Koloniemitglieder auf Nahrungssuche, legen Vorratskammern an, erweitern, reparieren und verteidigen das unterirdische Gangsystem und kümmern sich um die Aufzucht weiterer Nachkommen. Doch während das Elternpaar das ganze Jahr über sexuell aktiv ist, bleiben die Helfer vollkommen abstinent.

Wie Burda und Dammann feststellten, hat diese Fortpflanzungs-Kompetenzverteilung zur Folge, dass die reproduktiven Tiere beiderlei Geschlechts bis zu 20 Jahre alt werden können und damit im Schnitt ungefähr doppelt so lang leben wie ihre nicht-reproduktiven Geschlechtsgenossen. Dies ist weder auf unterschiedliche körperliche Fitness der Tiere noch auf ihren sozialen Rang oder ihre allgemeine Lebensweise und Arbeitsbelastung zurückzuführen.[18]

Aber auch vom Menschen ist längst bekannt, dass Sex ein Jungbrunnen ist. So belegten britische Forscher 2005, dass Ehepaare, die in höherem Alter dreimal in der Woche oder noch häufiger miteinander schliefen, durchschnittlich zehn Jahre jünger aussahen als Menschen mit wenig Sex. Geschlechtsverkehr aktiviere das Wachstumshormon Somatotropin, welches sich verjüngend auf das Bindegewebe auswirkt. Ebenfalls im Jahr 2005 erkannten deutsche Forscher, dass Sex das unspezifische Immunsystem aktiviert. Die Zahl der natürlichen Killerzellen, die Viren abtöten, steigt nach Sex auf das Doppelte.

Sex lässt länger leben. So berichtete das Wissenschaftsmagazin „New Scientist“ im August 2008 von einer Studie mit über 60-Jährigen in 140 Ländern, dass „polygame Verhältnisse“ das Leben um bis zu zwölf Prozent verlängern können. Die finnischstämmige britische Forscherin Dr. Virpi Lummaa führt dies auf den sogenannten „Großmutter-Effekt“ zurück, infolgedessen die mögliche Erwartung von Enkelkindern die Menopause hinauszögert und damit das Leben verlängert.

## Liebeskiller Treueschwur

Eine der schlimmsten Geißeln der Zivilisation ist meines Erachtens der gefühlte Zwang einer monogamen Partnerschaft. Allein der Gedanke daran, mehrere Partner gleichzeitig haben zu wollen, erzeugt beim Betroffenen ein Schuldgefühl und bei Angehörigen eine Ächtung. Morde gehen auf das Konto von dem schwer zu ertragenden Konflikt zwischen „dem anderen treu bleiben“ und dem Bedürfnis nach sozialer Multioptionalität.

Der Treueschwur, der unterschwellig fast mit der Muttermilch aufgesogen wird, ist ein Tor zum Verbrechen an dem, den man glaubte zu lieben.

Es gibt aber Bestrebungen, diese Konvention aufzuweichen, gar abzuschaffen und durch neue Konzepte zu ersetzen.

Mein guter Freund Bernhard Reicher, seines Zeichens Philosoph, Coach und Seminarleiter, ist ein anerkannter Experte für Polyamorie. Dies ist eine Lebensweise, oder Weltanschauung, die Liebesbeziehungen für mehrere Teilnehmer öffnet. Es geht hierbei tatsächlich nicht um kurzlebige sexuelle Kontakte wie bei Swingern oder Seitensprüngen, sondern verbindliche, loyale und ehrliche Partnerschaften über die traditionelle Paarbeziehung hinaus. Diese Lebensweise ist erlernbar, die Initiation sollte aber nicht dem Zufall überlassen werden. Bernhard Reicher unterrichtet Menschen in Seminaren dahingehend, dass Besitzdenken und Eifersucht durch Verständnis und Offenheit abgelöst wird. Seine Definition davon lautet:

„Polyamorie ist die Möglichkeit, langfristig tiefgehende Liebesbeziehungen mit mehr als einem Partner zur selben Zeit führen zu können und zwar im vollen Wissen und der Zustimmung aller Beteiligten." Seine Erfahrung ist, dass nach circa zwei Jahren der Rückfall ins monogame Besitzdenken ausgeschlossen werden kann.

Doch bis wir das Konzept der Monogamie modifizieren, werden wohl noch einige Jahre vergehen. Bislang gilt: Partnerschaftlichen Sex darf man nur innerhalb von Paarbeziehungen haben, ist dort allerdings wiederum Pflichtprogramm, und allein der Gedanke an Sex ist ein „heißes Eisen", erst recht der Gedanke an Sex mit jemand anderem.

Selbst in den sogenannten aufgeklärten Gesellschaften können wir feststellen, dass mit Sex hervorragend kommerzielle Produktwerbung betrieben werden kann. Das geht nur, weil wir uns noch nicht daran gewöhnt haben, dass Sex erlaubt ist. Verhütung kann man jeder Zehnjährigen erklären – diese ist auch nicht komplizierter als das Halten eines Haustieres. Bedenkt man, dass sich der Beginn der Menstruation in den letzten 150 Jahren um sechs Jahre vorverlegt hat, heutzutage bereits zehnjährige Mädchen voll zeugungsfähig sind, wird es wirklich Zeit, unsere Moral der biologischen Wahrheit anzupassen.

Nun geht es mir nicht darum, dass Sie losgehen und kleine Kinder aufklären, sondern dass Sie *sich selbst* erst einmal aufklären. Denn wenn Sex einen Anti-Aging-Effekt hat, Sie sich aber vor Sex schämen, verspielen Sie einen großen Joker für die Lebensqualität!

Der deutsche Regisseur Andreas Dresens zeigt in seinem Film „Wolke 9" eine Liebesgeschichte unter Senioren – mit offensiven Sexszenen. In einem Interview mit n-tv wurde er darauf hingewiesen, dass manche Zuschauer die gezeigten Sexszenen voyeuristisch finden könnten. Dresens: „Ihr werdet auch mal alt, würde ich denen sagen, und seid froh, wenn ihr dann noch Sex habt. Warum traut man den eigenen Eltern eigentlich keinen Sex zu? Wenn man sich ein bisschen informiert, erfährt man, dass es die Alten noch munter treiben. Natürlich nicht alle, aber vielleicht doch mehr, als man gemeinhin denkt. Wenn man dann noch liest, dass der Sex im Alter bei manchen noch schöner wird, ist das umso verblüffender."[19]

Na bitte, weg mit dem obsoleten Sex-Bann, denn: Studien zeigen, dass Kopfschmerzen verschwinden, wenn der Körper beim Liebesakt Endorphin produziert. Das Hormon wirkt schmerzstillend und beruhigend – ähnlich wie Morphium. Auch Depressionen werden durch Ausschüttung von

Dopamin abgeschwächt. Sex stimuliert den Kreislauf: Der Pulsschlag steigt auf rund 140, während 30 Minuten Sex verbrennt man rund 200 Kalorien. Zudem beansprucht ein intensives Liebesspiel zahlreiche Muskeln – vor allem Bauch, Po und Hüften profitieren von den Bewegungen beim Sex. Die psychische Bejahung beim Sex wirkt kardioprotektiv. Das Herz profitiert vom kurzfristigen Blutdruckanstieg. Außerdem senkt die Hormonproduktion das Risiko für Herzinfarkte bei Männern.

Intensive Küsse gelten als gut für die Zähne, weil beim Küssen vermehrt Speichel produziert wird. Ebenso verbessert sich durch den kontrollierten Austausch von Keimen die Immunabwehr. Wissenschaftler fanden heraus, dass Geschlechtsverkehr generell das Immunsystem stärkt. Regelmäßiger Sex soll Frauen zu geregelteren Menstruationszyklen verhelfen, und Männer, die mehr als fünf Mal wöchentlich ejakulieren, senken das Risiko für Prostatakrebs.

Dr. David Weeks – Neuropsychologe am Royal Edinburgh Hospital – konnte auch in einer neuen Studie bestätigen, dass Sex das Altern verlangsamt. Er untersuchte 3.500 Personen zwischen 18 und 102 Jahren. Seine Schlussfolgerung: Wer sich regelmäßig der Lust hingibt, sieht durchschnittlich zehn Jahre jünger aus.[20]

Dass Monogamie für viele Paare, die zu unreif geheiratet haben, durchaus ein Vergreisungsfaktor sein kann, ist wohl für niemanden mehr ein Geheimnis. Doch auch hier zeigt sich die Systemträgheit wie ein Hochseetanker mit nahezu ewigem Bremsweg. In Amerika scheint sich langsam eine für uns hierzulande sicherlich noch undiskutable Abkehr von dieser Ideologie abzuzeichnen: Die amerikanische Sexualtherapeutin Dossie Easton hat offenbar erkannt, dass eine über 50-prozentige Scheidungsrate sowie monogamiebedingte Konflikte und Verbrechen nach einem Ausweg rufen. Sie verfasste das Buch „The Ethical Slut“ (zu deutsch „Schlampen mit Moral“[21]), das Anleitung zum moralisch vertretbaren Seitensprung gibt. Die Autorin schlägt Paaren vor, über die Erlaubnis für eine „harmlose“ Fremdknutscherei zu verhandeln, oder jeder erlaubt dem anderen Partner den Vollkontakt zum anderen Geschlecht. Das Ziel ist dabei die Erhaltung der Ehe mit allem Respekt für die Gefühle des Partners.

Durch diese besondere Freiheit, aber auch die prickelnde Unsicherheit, ob der oder die Geliebte wirklich nach Hause kommt, würde immer wieder neues Begehren ausgelöst.

Credo dieses neuen Ehekonzepts, das sich in Amerika „New Monogamy“ nennt, ist: „Das Herz bleibt zu Hause, der Körper geht.“ Durch die Ehrlichkeit, mit der die Paare die Spielregeln aushandeln, blieben böses Blut, Eifersucht und sexuelle Frustration in der Beziehung aus.

Übrigens glaube ich fest daran, dass dem scheinbar veralteten Konzept der Monogamie eine große Renaissance bevorsteht. Ich halte die alarmierenden Scheidungsraten für einen Ausdruck davon, dass unerfahrene Paare mit der Ehe völlig überfordert sind. Ehe ist lernbar, so glaube ich. Allerdings müssen wir uns von der traditionellen Moralvorstellung verabschieden, dass man ein Leben lang mit einem Partner auf Gedeih und Verderb zusammenbleiben muss. Überdies sollte ein Mensch über ein hohes Maß an Selbstliebe und Respekt seinen Mitmenschen gegenüber verfügen, bevor er leichtfertig sein verbindliches „Ja-ich-will-bis-dass-der-Tod-uns-scheidet“ herausposaunt. Wer charakterlich zu instabil ist, seine Versprechen zuverlässig zu halten, sollte auch keine Eheversprechen geben, nur weil das gesellschaftlich „in“ ist. Wenn wir uns allen selbst moralisch erlauben, zunächst mit reichhaltigen Erfahrungen beziehungsfähig zu werden, haben wir eine gute Chance auf gemeinsame tolerante Entwicklung, in der sich die Partner gegenseitig ergänzen und stärken – und nicht frustrieren und ausnutzen. „Die erste Ehe ist zum Üben da“, habe ich einmal lakonisch formuliert, und dabei bleibe ich derzeit noch. Vielleicht bauen spätere Generationen ja eines Tages eine standesamtliche „Vertragsklausel“ ein, nach der eine Ehe erst ab 35 geschlossen werden darf und nach sieben Jahren automatisch „ausläuft“, wenn sie nicht ausdrücklich „verlängert“ wird. Besser als Scheidungskrieg, chronische Krankheiten oder Depression ist das allemal. Nur damit Sie mich richtig verstehen: Ich glaube, dass eine Ehe eine enorme Bereicherung für das Zusammenleben von Menschen sein kann – wenn die Partner für diese Ehe auch geeignet sind. Doch die derzeitige gesellschaftliche Entwicklung – weg von der Stabilität, hin zur Entwicklungsgesellschaft – verlangt nach Anpassung traditioneller Konzepte des Zusammenlebens. Die Scheidungsraten sprechen jedenfalls eine traurige, aber deutliche Sprache.

Zusammenfassend gesagt: Sex ist menschlich. Sex ist wichtig. Sex ist eine der tragenden Säulen einer Lebenspartnerschaft – völlig ohne Sex wird’s schwierig. Sex ist weder böse, schmutzig oder ein Verbrechen, sondern eine soziale Handlung. Aufgeklärte und sexuell souveräne Menschen sind selten, aber in der Regel sehr beliebt, weil sie keine Schuldgefühle erzeugen. Machen Sie im Bett, was Sie für richtig halten, und gewinnen Sie Ihren Partner dafür. Wenn er Ihre Ansichten und Vorlieben nicht teilt, waren Sie nicht überzeugend genug, oder er hat Angst.

## Tipp

Klären Sie sich gegenseitig in Bezug auf Ihre Sexualität auf. Gehen Sie davon aus, dass Ihr Partner einfach nicht weiß, was Sie wollen, brauchen, wünschen und mögen – und vor allem, was Sie *nicht* mögen. Sie kommen nicht in die Hölle, wenn Sie über Sex reden, sondern bleiben in ihr, wenn Sie es *nicht* tun.

# Dauerbeziehungen

Wie funktionieren sie, die sogenannten Dauerbeziehungen, die auf lange Zeit angelegt sind? Gibt es Bedingungen, ohne die keine Bindung Bestand hat? Was ist der Klebstoff für die Diamantene Hochzeit? Werden Paare über die Jahre und Jahrzehnte einfach nur blind, oder gibt es noch weitere Kriterien für das Partnerglück?

# Körper, Geist und Seele – die drei Säulen einer Partnerschaft

Ich hab's ja gern immer reduziert und übersichtlich. Daher versuche ich einmal, die Hauptbestandteile einer partnerschaftlichen Beziehung aufs Wesentliche zu reduzieren. Daher möchte ich Ihnen mein Dreisäulenmodell einer Beziehung vorstellen. Malen Sie in Gedanken das Vordach eines griechischen Tempels, welches von drei großen Eingangssäulen getragen wird – unabhängig davon, ob es dies in der Realität gibt. Dieses Dach ist die partnerschaftliche Beziehung.

Säule eins ist die körperliche, Säule zwei die geistige und Säule drei die seelische Ebene. Die körperliche Ebene bezieht sich auf äußere Merkmale wie Aussehen, Geruch und all die Schlüsselreize, die ein Mensch bewusst und unterbewusst auf körperlicher Ebene aussendet. Diese Säule, die antiken Griechen nannten sie „Eros", ist sehr mächtig, denn sie kann dafür sorgen, dass sich zwei Menschen ohne viel Federlesens zueinander hingezogen fühlen, ohne sich näher kennen zu müssen. Diese Säule ist es wohl auch, die die schnellen Affären, die Kurzschlusshandlungen und den Quickie in der Besenkammer begünstigt. Ihr Nachteil: Sie ist nicht besonders zuverlässig in Bezug auf soziale Bindungen. Sie ermöglicht Sex, aber keine Liebe ... Und wie wir gesehen haben, gereicht Sex allein keinem Menschen zur Erfüllung.

Säule zwei ist die geistige Ebene, welche die Beziehung trägt. Sie entspricht der griechischen „Philia". Hiermit ist alles an gemeinsamen Interessen und rationalen Übereinstimmungen gemeint. Themen wie Kinofilme, Theaterstücke, Bücher und Musik sind die Elemente, aus denen die Säule besteht.

Diese Säule trägt auch Freundschaften zwischen Kumpels und Freundinnen. Sie ist wesentlich zuverlässiger für eine Liebesbeziehung, auch durchaus spannend, aber das Feuer fehlt ihr natürlich. Eine Beziehung, bei der Säule zwei die Hauptlast trägt, ist sehr anfällig für Affären, in denen Säule eins dominiert, doch sie lässt sich aufbauen. Das heißt: Je besser man sich kennenzulernen bereit ist, desto stärker kann diese tragende Kraft werden. Auch Beziehungen, die ohne gemeinsame Interessen eingegangen worden sind, können nach wenigen Monaten durch eine enorme inhaltliche Übereinstimmung auf der geistigen Ebene beeindrucken.

Die dritte tragende Säule ist die seelische. Das griechische Wort „Agape" oder der lateinische Ausdruck „Caritas" bezeichnet hiermit auch die göttliche Liebe als die spirituelle oder metaphysische Verbindung zwischen Menschen, die vollkommen uneigennützig auf das Wohl des anderen bezogen ist. Wer meine anderen Bücher kennt, weiß, dass ich immer bemüht bin, streng naturwissenschaftlich zu argumentieren, und formal nicht zwischen Geist und Seele unterscheide, weil beides zum gleichen Informationsfeld (das ist das, was unseren menschlichen Körper strukturiert und unser Verhalten und Empfinden steuert) gehört. Dennoch brauchen wir hier jetzt diesen Behelf, um zwischen den im Leben erworbenen Interessen (Geist) und der schon von vornherein vorhandenen Persönlichkeits- oder Seinsstruktur (Seele) zu unterscheiden. Diese seelische Ebene lässt sich nicht erzeugen, sondern nur entdecken und sie lässt sich leider auch nicht abbauen. Keine Trennung kann diese Verbindung lösen, was tragisch ist, wenn man sich nämlich auf den anderen Ebenen nicht versteht. Agape lässt zwei Partner beispielsweise gleichzeitig mitten in der Nacht aufwachen und das Gefühl verspüren, miteinander verbunden zu sein. Sie ist auch dafür verantwortlich, dass ein Mensch seinem Partner alles Gute auf all seinen Wegen wünscht – egal, mit welchem anderen Partner, denn diese Säule verbindet ohne körperliches Zusammensein. Die seelische Verbundenheit kann somit so stark sein, dass man körperlich loslassen kann, ohne sich dabei voneinander zu trennen. Partnerschaften, die auf dieser Säule fußen, halten ewig.

Dennoch fehlt ihnen der Stoff, aus dem glückliche Ehen sind. Hierfür brauchen Sie nämlich eine möglichst ausgewogene Mischung von allen Anteilen der drei Säulen. Die seelische Säule lässt sich nicht aufbauen, wohl aber entdecken. Man sollte sie sehr ernst nehmen, selbst wenn sie vollständig immateriell (nichts zum Anfassen oder Zeigen) ist und vielleicht für Spinnerei gehalten wird. Ich habe viele Fälle erlebt, wo diese Säule eine Beziehung über den Tod hinaus getragen hat, was aber enorm unglücklich machen kann, wenn dadurch eine andere Partnerschaft verhindert wird!

Zusammengefasst gesagt: Die Körper-Säule erzeugt schnell ein paar Schmetterlinge im Bauch und lässt Menschen wie zwei Magnete zusammenkleben; die geistige Säule beeindruckt durch Resonanz in den Lebensgebieten, die dritte Säule sorgt für eine lebenslange Verehrung.

Ist eine der drei Säulen deutlich schwächer, also der Zusammenhalt der Partner in der entsprechenden Hinsicht nur gering, so ist die gesamte Beziehung nicht stabil. Sind die Säulen an sich nicht stark, bleibt immer eine Sehnsucht ungestillt, die beide Partner (und sei es auch auf verdrängter Ebene) weiter nach Erfüllung suchen lässt. Sehnsucht ist ein unerträglicher Zustand, der jede Beziehung an ihr Ende führen kann.

Die Liebe auf ausschließlich geistiger Ebene wird auch „platonische Liebe“ (lat. amor platonicus) genannt. Platon, der sich, wie schon erwähnt, sehr viele Gedanken über die Liebe machte, fasste auch die Philosophie selbst als eine Form der Liebe auf. Der Ausdruck „philosophia“ bezeichnet nämlich traditionell die Liebe bzw. Freundschaft (= philia) zur Weisheit (= sophia). Wesentlich ist hier das Streben nach dieser, die streng genommen nur den Göttern zukommt, während der Mensch zwar bescheidenerweise wissen sollte, dass er nichts weiß, aber dennoch nach dem höchsten Wissen strebt. Sie sehen also, warum dieses Buch über die Liebe ein sehr philosophisches Buch ist.

Heute bezeichnet die platonische Liebe eine innige Freundschaft und Beziehung, eine Liebe, bei der die seelische Verbundenheit dominiert, die sexuelle Komponente aber keine Rolle spielt.

Einige Menschen, so auch Platon, vertreten die Ansicht, zwischen Mann und Frau könne es keine rein platonische Liebe geben, da die Polarität zwischen den Geschlechtern immer auf Sex aus ist. Denken wir jedoch an das oben erwähnte Spannungsgefüge und an das Dreisäulenmodell, werden wir eines Besseren belehrt: Mann und Frau müssen nicht zwangsläufig an gemeinsamen Sex denken, wenn sie befreundet sind. Wenn jedoch einer der beiden in einer freundschaftlichen Beziehung sexuelle Ambitionen hat, die vom anderen nicht erwidert werden, so nenne ich den Betreffenden einen „Zwangsplatoniker“ – den Prototyp einer unglücklichen Partnerschaft. Was ein sogenannter Zwangsplatoniker ist, finden wir in einem anonymen Beitrag, der seit Jahren im Internet (zum Beispiel unter www.die-frauenversteher.de) herumgeistert.

## *Prototyp einer unglücklichen Partnerschaft – der „Zwangsplatoniker"*

Lesen Sie den folgenden Text bitte mit Humor und Gelassenheit. Unter dem Titel „Warum Frauen keine netten Kerle lieben …"[22] verwendet er teilweise eine recht vulgäre Ausdrucksweise, die den Angesprochenen aber ehrlich aus der Seele zu sprechen scheint:

*„Hand hoch! Wie viele verzweifelte Männer gibt es da draußen, die sich selbst als nett, verständnisvoll und zärtlich einstufen und trotzdem Sonntagabend alleine vor dem Fernseher sitzen und ihrem Vorbild Kai Pflaume (ein augenscheinlich netter, verständnisvoller, aber auch ein Frauentyp) die Frage ihres Lebens stellen: ‚Warum will mich keine Frau?'*

*Bevor ich das beantworte, definieren wir mal die typischen Merkmale eines Mr. Nice Guy. Nur damit sich auch die Männer wiedererkennen, die sich morgens in grenzenloser Selbstverleugnung mit einem Poster von Sylvester Stallone vor dem Badezimmerspiegel rasieren.*

*Perfekt: ein stahlharter Körper ohne Hirn!*

*Du hast in deinem Freundeskreis Unmengen von hübschen, intelligenten Frauen, von denen du jede Einzelne irgendwann einmal begehrt hast. Jede dieser Frauen hat dein Liebesgeständnis – vorgetragen in einem edlen italienischen Restaurant, in der Hand ein Strauß mit 1.000 roten Rosen (mindestens!) – folgendermaßen quittiert:*

*‚Du bist echt ein netter Kerl, und ich habe dich wahnsinnig gern, aber lieber als Freund.'*

*Und weil du so ein echt netter Kerl bist, hast du dich der Bitte ‚Lass uns doch weiterhin Freunde bleiben, ja?' gebeugt, statt der Schlampe gegenüber zu sagen, dass sie für das teure Essen wenigstens einmal die Beine breitmachen könnte.*

*Zum Beispiel so, wie sie es für ihren monatlich wechselnden Idioten von Freund tut, der sie mindestens zweimal die Woche verprügelt und außerdem mit ihrer besten Freundin fremdgeht. Woher du das weißt? Du bist schließlich ihre Telefonseelsorge. Deine Nummer ist bei ihr ganz oben auf den Schnellwahltasten ihres Telefons gespeichert. Natürlich unter ‚Oma' oder ‚Tanja', denn die südländischen Macker, mit denen sie derzeit herumhängt, sind rasend eifersüchtig. Meistens ruft sie nachts um drei an, wenn das Veilchen gerade frisch blüht und sie ungeachtet dessen noch vor fünf Minuten Versöhnungs-Sex mit ihm hatte. In schöner Regelmäßigkeit stößt sie dir mit ‚Wenn er doch nur ein bisschen so wäre wie du!' die verrostete Nagelfeile tiefer ins Herz, während sie dir dein C&A-Hemd mit wasser- und waschmittelfester Wimperntusche verschmiert.*

*Ein bisschen so wie du? Mädel, hier sitzen 100 Prozent, warum bekommst du das nicht in deinen dummen blonden Schädel? Trotzdem wartest du, denn du bist dir ganz sicher, dass sie irgendwann dieses muskelbepackte Wanzenhirn abschießen und merken wird, dass DU der Richtige bist. Ja, und die Zeit gibt dir in einem Punkt recht: Eines Tages steht sie vor deiner Tür und heult, bis sich dein Laminatboden wellt. Er ist weg, durchgebrannt, ein Arsch, der nur mit seinem Schwanz denken kann und du hättest ja so recht gehabt und überhaupt. Du bist sozusagen seit Jahren bereit zur Übernahme und krempelst schon die Ärmel hoch, da sagt sie plötzlich: ‚Du, dein Freund, der Sebastian … ist der eigentlich noch solo?' Und in genau dem Moment wünschst du dir die Hexenverbrennung zurück.*

*Aber weil du ein echt netter Kerl bist, bist du ihr Trauzeuge, wenn sie nächste Woche Sebastian heiratet.*

*Deine Ex-Freundinnen, die sich für kurze Zeit in einem Anfall von Mitleid (und weil barmherzige Hilfsorganisationen gerade ‚in' waren) in dein Leben verirrt hatten, reden ausnahmslos nur Gutes über dich. Und zwar, dass du zärtlich, verständnisvoll und ein guter Zuhörer bist und immer für sie da warst, wenn sie dich brauchten. Und dass du natürlich der beste Partner bist, den eine Frau sich wünschen kann. Doch den Satz ‚Du bist mein bester Kumpel und der Einzige, der mich wirklich versteht!' hast du so oft gehört, dass du inzwischen das Copyright darauf haben müsstest. Auf die Frage, warum sie dich dann verlassen haben, sagen sie, dass sie es selbst nicht wissen und es wahrscheinlich irgendwann bereuen werden ... Alle Welt denkt jetzt, dass du eine riesengroße Niete im Bett bist. Du bereust, dass du in eurer Beziehung deine Sado-Maso-Fesselfantasien aus Rücksichtnahme nicht ausgelebt hast. Aber weil du ein echt netter Kerl bist ..., bist du auch nach der Trennung noch zärtlich, verständnisvoll, ein guter Zuhörer.*

...

*In der Disko führst du oft lange und ernste Gespräche mit Frauen. Du hast ihnen nach einer hitzigen Tanzphase ein Glas Wasser gereicht und ihnen Komplimente über ihre Ausstrahlung und ihre Ohrringe gemacht. Jede ist beeindruckt von deiner Intelligenz, deinem Wissen, deinem Humor und deiner zurückhaltenden Art. Sie freut sich über dein Interesse an dem, was sie tut und was sie bewegt. Alle anderen Männer, die sie sonst ansprechen würden, seien nämlich nur auf das Eine aus. Wenige Minuten später verlässt sie mit dem dubios aussehenden Typen, der eure Unterhaltung mit den Worten ‚Du hast einen geilen Arsch! Kommst du noch mit zu mir?' unterbrochen hat, die Disko.*

*Aber weil du ein echt netter Kerl bist ..., fährst du ihr hinterher und wartest vor dem baufälligen Plattenbau in einer Gegend, in der du nicht mal einer 80-jährigen Nonne über den Weg trauen würdest, dass sie wieder herauskommt. Im Morgengrauen verlässt sie mit verheultem Gesicht und zerrissenen Klamotten panikartig das Gebäude. Du fährst das zitternde Häufchen Elend nach*

*Hause, und sie verspricht dankbar, sich bei dir zu melden. Circa zehn Kilometer Rückweg vergehen, bis dir klar wird, dass ihr eure Telefonnummern gar nicht ausgetauscht habt.*

*Du hast dich wiedererkannt? Du sitzt vor dem Bildschirm und rufst seit zehn Minuten: ‚Ja, genau! Aber WARUM ist das so?'*

*Grund 1: Jemand, der einer Frau zu jeder Tages- und Nachtzeit so gut zuhören kann wie du, ist selten. Und das ist dein Todesurteil, denn um es mal mit den Worten einer Bulimikerin auszudrücken: ‚Ich esse nie dort, wo ich kotze.' Das heißt für dich, dass sie zwar gerne ihre Sorgen bei dir ablädt, sich ihren Spaß aber woanders und nicht bei dir – ihrer seelischen Müllhalde – holen wird.*

*Grund 2: Nette Männer sind langweilig. Sie verbreiten nicht dieses prickelnde Versprechen eines aufregenden Marlboro-Man-mit-Drei-Tage-Bart-Abenteuers. Frauen sind Pferdeflüsterinnen; sie wollen wilde Hengste zähmen und nicht auf dem Pony-Karussell reiten.*

*Grund 3: Frauen wissen nicht, was sie wollen, und sind dankbar, wenn ihnen jemand die Entscheidung abnimmt. Männer wie du, die ihnen alle Wege offen lassen und ihnen signalisieren: ‚Es wird so ausgehen, wie du es magst, ich werde all das tun, was du sagst, ich werde da sein, wenn du nach mir fragst', werden leider auch irgendwann fragen müssen: ‚Äh, wo willst du hin?', wenn ihre Angebetete mit dem Kerl abzieht, der ihr sagt: ‚Du willst mit mir ins Bett, gib es zu!'*

*Grund 4: Wohl der entscheidende Faktor ist die Tatsache, dass irgendwo in dem großen Buch der menschlichen Geschichte verankert ist, dass nette Männer nicht mit netten Frauen zusammenkommen dürfen. An sich ist das ein physikalisches und psychisches Polaritätsproblem, vergleichbar wie bei einem Magneten. (+) und (+) stoßen sich nun mal ab. Was bedeutet das also für dich? Werde ein rücksichtsloses Arschloch, dem die Gefühle einer Frau völlig an den Sackhaaren vorbeigehen.*

*Aber weil du ja ein echt netter Kerl bist ..., wirst du weiterhin deiner Linie treu bleiben und darauf hoffen, dass sich irgendwann die physikalischen Gesetze ändern. Bei Kai hat es ja schließlich auch geklappt ...“*

So weit dieser amüsante und schon recht alte Text aus dem World Wide Web. Ich füge noch ein passendes Zitat von Ephraim Kishon hinzu: „Die Frauenseele ist für mich ein offenes Buch – geschrieben in einer unverständlichen Sprache.“

Sie spüren die unverhohlene, aufgestaute Aggressivität in der vulgären Wortwahl und dem Zynismus. Der anonyme Schreiber scheint offenbar das enorme Frustrationspotenzial des beschriebenen Umstands nachempfunden oder gar am eigenen Leibe erfahren zu haben.

Diesen Text schickte mir eines Tages ein Kunde zu und gab mir dabei zu verstehen, dass er sich darin zwar sehr gut wiederfinde, aber noch immer einen Rat suche, sich aus der Rolle des ewigen platonischen Freundes zu lösen.

Da ich mir im Laufe meiner Beratungstätigkeit angewöhnt habe, möglichst die Sprache meines Gegenübers zu sprechen („Der Hund versteht Bellen am besten“), habe ich eine recht derbe Erwiderung zu diesem Text verfasst, um diesem betroffenen jungen Mann und seinen Leidensgenossen mit klaren Worten zu verdeutlichen, was wirklich hinter dem „Zwangsplatoniker“ steckt und wie man aus diesem Muster herauskommt. Lesen Sie den folgenden Text bitte mit noch mehr Gelassenheit. Er enthält ebenfalls Vulgärsprache, doch bedenken Sie, dass der Text auf den Erkenntnissen von zwei Jahrzehnten erfolgreicher Partnerschaftsberatung basiert und tatsächlich psychologisches „Handwerk“ darstellt:

*„Lieber netter Zwangsplatoniker,*

*du bist der beste Freund deiner Freundin. Nur leider bist du nicht ihr Lover. Jede Nacht schläfst du unglücklich und einsam ein, während sie sich von irgend so einem emotionalen Bruchpiloten verführen lässt, bis sie halb bewusstlos ist. Diese Frau hat dich wirklich gerne, und oft denkt sie sogar: ‚Ich liebe dich.' Doch diese drei Worte schreit sie lieber ihrem Liebhaber ins Ohr, während er sie lustvoll in die Matratze drückt (nachdem sie sich mit ihm darüber gestritten hat, dass er sie in der Kneipe einfach stehen ließ, um lieber mit seinem Kumpel drei Stunden lang über Car-Tuning und Fußball zu fachsimpeln). Dir gegenüber würde sie diese drei Worte niemals sagen. Denn sie fürchtet, dass du dann mit ihr ins Bett wollen könntest. Schließlich will sie dir ja nicht das verständnisvolle Herz brechen. Du bist zwar etwas ganz Besonderes für sie – eigentlich ein Mann fürs Leben, wenn da nicht diese eine dumme Sache wäre: Sie findet dich leider so sexy wie ein Angora-Kaninchen. Du weißt selbst, du wirst diese Frau mit deiner ganzen Nettigkeit niemals kriegen, obwohl du sie anbetest – im Gegensatz zu diesem Blödmann, der in der Kneipe seinen Kumpels angeberisch erzählt, wie er fantastischen Oralsex mit ihr hatte – was dich natürlich nie, nie, niemals neidisch machen würde …*

*Was du nämlich nicht weißt (und sie genauso wenig): Sie hat noch eine alte (tiefenpsychologische) Rechnung mit ihrem Vater offen. Ja, ihr Vater, der alte Quartalssäufer, der ihre Mutter nach zwölf Jahren einfach hat sitzen lassen. Er war es, der seine Tochter immer wie Dreck behandelt hat und ihr als 13-Jährige nachts um eins im Suff vor den Kopf knallte: ‚Du bist genauso dämlich wie deine bescheuerte Mutter!', jedoch zwei Stunden später hilflos und reumütig mit einer Tafel Schokolade an ihrem Bett erschien, ihr verheultes Gesicht streichelte und dabei sagte: ‚Schlaf jetzt schön, damit du morgen Früh in der Schule gut aufpassen kannst.' Da wurde ihre Welt, die gerade noch ein rauchender Trümmerhaufen gewesen war, nun wieder mit ein paar spärlichen Sonnenstrahlen beschienen (mehr an emotionaler Sonne gab es damals ohnehin nicht für sie). Deshalb, genau deshalb, sucht sie sich heute – ein halbes junges Leben später – mit der weiblichen Intuition eines Minenräumpanzers einen Lover, der sie genauso wie Dreck behandeln wird wie einst ihr Vati. Warum? Weil sie diesem ‚Vater-Muster' beweisen will, dass sie doch ein liebes Mädchen ist – und schon immer war. Sie will zeigen, dass sie alles richtig macht (also alles, was er von ihr erwartet), denn dann, so hofft sie, muss ‚Vati' endlich zugeben, dass er es war, der die moralischen Fehler gemacht hat, und nicht sie. Sie will beweisen, dass er unfair war und ihr Unrecht getan hat. Dass dies ein unterbewusstes Muster ist und sie den Krieg an der falschen Front führt, verstehen leider weder deine Freundin noch du, obwohl sie doch ansonsten wie ein offenes Buch für dich ist. Und warum nicht? Weil du selbst eine Leiche im Keller hast. Du willst nämlich deiner eigenen, womöglich in der Jugend sexuell belästigten Mutter nicht zu nahe treten. Du glaubst, wenn du schön deine sexuellen Bedürfnisse verbirgst – und damit auch alle Äußerungen, die darauf schließen lassen könnten, dass du überhaupt welche hast –, dann fühlt sich jedes Mädchen bei dir sicher. Schließlich willst du sie doch fürs ganze Leben haben und nicht nur einfach mit ihr schlafen wie die anderen. Damit lägest du ja auch gar nicht mal so falsch, wenn nur die Lady, die du da ‚umweichspülst', nicht zufällig genau diese Eigenschaft von dir als absolute Schwäche (und damit Unzuverlässigkeit) interpretieren würde, denn ihr Vati war hart und direkt, und der hat sich immer durchgesetzt und auch mal drauflosgeschlagen. Und einen durchsetzungsfähigen Mann möchte sie doch bitteschön auch gerne fürs Leben.*

*Doch Kopf hoch, ich lass dich nicht alleine. Denn du bist wirklich ein netter Kerl und zum Glück nicht nur lernfähig, sondern derart bedient von deinem Frustrationsbalztanz, dass du selbst merkst: Es ist an der Zeit, etwas zu ändern in deinem Leben.*

*Mein Tipp: Bleib so nett, wie du bist, aber leg dir eine andere Visitenkarte zu. Sag deiner angebeteten Cleopatra doch mal, dass sie einen geilen Arsch hat, und frag sie nach ihrer BH-Körbchengröße. Und dann sag ihr beiläufig, dass du dich in ihre Freundin verknallt hast (du meinst damit natürlich das ‚Miststück' unter ihren Freundinnen, nicht das ‚Sonnenblümchen'), und erzähl ihr brühwarm, dass dieses ‚Luder' auch einen geilen Arsch hat, der deine Fantasie anregt.*

*Damit gehört die Kampfarena dir. Denn damit hast du ihr zum ersten Mal verraten, dass du sehr wohl Männlichkeit besitzt und damit spielen möchtest. Du hast ihr damit auch gezeigt, dass sie durchaus auf deiner sexuellen Speisekarte steht – nur eben nicht auf Platz eins. Aus heller Angst vor Ablehnung (denn das ist ihr zentrales Problem) wird sie dir beweisen wollen, dass ihr Po viel hübscher ist als der ihrer (nun plötzlich) schlampigen Freundin, die sie jetzt beiläufig diskreditiert (‚Die lässt sich doch von jedem Fahrschullehrer mitnehmen, außerdem hat die Zellulitis').*

*Angestachelt vor Eifersucht wird deine liebe kleine Freundin dir eventuell jetzt mal zeigen, wer hier wen ins Bett kriegt. Wenn du nicht ganz blind bist, wirst du eine Einladung zum Zungenkuss nicht übersehen. Und dann kommt dein Auftritt: Du machst mit ihr, was du schon immer mit einer Frau machen wolltest, und verlangst von ihr Stellungen im Bett und auf dem Teppich, dass ihr schwindelig wird.*

*Wenn du mit ihr fertig bist, spielst du deinen wahren Joker aus: Du bist wieder lieb.*

*Du nimmst sie in den Arm, streichelst ihr Haar und sagst ihr, wie gut sie riecht und wie gut sie dir tut. Du streichelst sie in den Schlaf und machst ihr morgens ein Nutella-Brot (Schokolade, du erinnerst dich!?). Damit hast du mit altbekannten Stilmitteln eine neue Verknüpfung geschaffen: Das liebe Mädchen hatte seine Chance, und Vati ist lieb mit ihr. Nur eben ist ‚Vati' diesmal je-*

*mand, der es tatsächlich ernst mit ihr meint und wirklich lieb ist. Sie hat den alten Kampf endlich gewonnen, du hattest die Nacht deines Lebens und liegst bei deiner Cleopatra in den Armen.*

*Alle sind glücklich. Du musst die Nummer nur ein paar Jahre durchhalten.*

*Aber gestatte mir eine Frage: Ist so eine Frau wirklich diese Schauspielerei wert? Wenn du doch so ein netter und patenter Typ bist, warum willst du in so eine Beziehungsruine investieren? Suche dir doch lieber eine Frau, die schon deine emotionale Kragenweite hat. Ach? Wegen dem hübschen Po? Na gut – das ist natürlich fürs Erste ein gutes Argument."*

## Tipp für Zwangsplatoniker und STUMULI

STUMULI = Stubenhockende Muttersöhnchen mit Linkshemisphärendominanz, auch amerik. NERD – Non Emotionally Responding Dude – genannt.

Frauen mögen es zwar, wenn Männer ihnen Sicherheit geben, daher ist „Mein Auto, mein Haus, mein Pferd, meine Jacht" durchaus sexy und beeindruckend, aber Frauen mögen es überhaupt nicht, wenn man sich ihnen zu selbstsicher aufdrängt und sie somit dominiert. Denn was ist, wenn sich Mister Supererfolgreich nach drei Tagen als Charakterschwein herausstellt? Wie wird Frau den Kerl dann wieder los, ohne dass er ihr Selbstwertgefühl dabei in Stücke reißt? Damit hast du mit deiner Verklemmtheit einen Vorteil. Wenn du nämlich nervst, gibt dich die Prinzessin einfach wieder an der Garderobe ab – ohne mit der Wimper zu zucken. Da du ja mit deiner Hornbrille und Mutters Strickpullunder wahrscheinlich nicht sofort Claudia Schiffer anbaggerst, sondern Lieschen Müller, wird selbige deinen unbeholfenen Versuch, ihr mitzuteilen, dass du sie schön findest, den ganzen Abend über genießen. Das ist doch besser als wieder allein auf Mutters Sofa „Big Bang Theory“ zu gucken. Richtig? Das Einzige, das du in Kauf nehmen musst, ist also, dass Prinzessin Müller nicht sofort heute deinen Trauschein unterschreibt, sondern vielleicht erst …, na, mal sehen …

Nun, ich vermute, dass ich die „Anständigen“ unter Ihnen sowohl mit meiner Wortwahl als auch mit meinem Ratschlag etwas schockiert habe. In der Beratungspraxis heißt es jedoch, dass der Köder dem Fisch und nicht dem Angler schmecken muss. Jedenfalls hat sich dieser Text in der Praxis nicht nur bei jungen Menschen (und auch nicht nur bei Männern) oft als „Wachrüttler“ bewährt, erklärt er doch recht plakativ, wie ein Partnerschaftsmuster uns für unsere zukünftigen Beziehungen blockieren kann. Hier wird auch deutlich, dass eine Partnerschaftsbeziehung auf verschiedenen Säulen aufbaut, die von beiden Beteiligten als unterschiedlich stark und mit unterschiedlich hoher Priorität gesehen werden können. Welche Priorität hier gesetzt wird, hängt sehr von unseren Vorerfahrungen mit dem Thema Beziehung ab. Und damit sind wir nun endlich inmitten der Hauptproblematik angelangt: Unsere kindlichen und frühkindlichen Erfahrungen entscheiden darüber, ob wir es zu einer glücklichen Partnerschaft bringen oder womöglich ein Leben lang einen Kampf ausfechten, den wir nie gewinnen können.

DER PSYCHOTIPP

# Zeig mir, wie du aussiehst, und ich sag dir, wofür du geliebt werden willst

Hier ist noch ein weiterer Nachschlag zum besseren Kennenlernen der Mitmenschen. Eigentlich ist es gar nicht so schwer, einen Menschen einzuschätzen. Man muss nur wissen, dass ein Hund nicht miaut, wenn er Gassi gehen will. Wenn also ein Mann steif wie ein Stock tanzt, Texte der Weltliteratur zitiert und einen karierten Pullunder trägt, dann können Sie davon ausgehen, dass er versucht, mit Intellektualität, moralischer Integrität und einer wertekonservativen Haltung bei Ihnen (bzw. bei dem Menschen, den er auf Sie projiziert) Punkte zu machen. Wenn eine Frau schmalschlitzige Augen, senkrechte Stirnfalten über der Nasenwurzel und möglicherweise grellrot gefärbte Haare hat und damit aussieht wie der inkarnierte Trotz, was signalisiert sie Ihnen damit? Richtig: „Unterschätz mich nicht, bevormunde mich nicht, ich weiß, dass du nur auf meine Schwächen wartest, um mich zu dominieren." Wofür will sie geliebt werden? Dafür, dass sie sexy ist oder eine patente Vorstandsvorsitzende? Quatsch! Sie erhofft sich bei Ihnen Punkte dafür, dass sie sich nicht übers Ohr hauen lässt und lieber alles argwöhnisch kontrolliert. Wer so offenkundig darum kämpft, nicht für durchlässig gehalten zu werden, wird Erfahrungen gemacht haben, die genau zu dieser Haltung führten.

Lesen Sie einfach das Äußere eines Menschen wie ein Buch. Wofür will ein Mensch geliebt werden, der pummelig ist und den ganzen Tag Witze macht? Für seine brutale Durchsetzungsfähigkeit? Oder eher dafür, dass er eben keine Gefahr darstellt und daher aussieht wie ein lustiges Kind? Noch ein

Beispiel: hübsche Augen, schöne Haare, täglicher stundenlanger Körperkult – auf welches Pferd setzt ein solcher Mensch wohl? Welche Art von Anerkennung macht einen gewollt schönen Menschen glücklich? Bingo! Komplimente über Äußerlichkeiten! Sie merken, so schwer ist das alles gar nicht.

Das Gemeine aber: Niemand mag es, wenn Liebe erpresst wird. Der Kampf um Liebe schreckt ab, und außerdem wollen die anderen ja auch geliebt werden – und nicht nur lieben. Daher empfehle ich immer: Finger weg von allem, was komplett anders aussieht als Sie selbst, es sei denn, Sie sprechen die „Sprache Ihres Tieres“.

## Vertrauen Sie Ihrer Intuition

Denken Sie an einige Ihrer Mitmenschen, und finden Sie heraus, wofür sie geliebt werden wollen – aber meistens nicht werden!

# Wir heiraten zuerst unsere Eltern

Es zeigt sich also, dass uns die Erfahrungen mit unseren Eltern leider oftmals zu deutlich in unserem Partnerschaftsverhalten beeinflussen. Julia Onken hat in ihrem Buch „Vatermänner. Ein Bericht über die Vater-Tochter-Beziehung und ihren Einfluss auf die Partnerschaft“[23] dieses Muster skizziert. Sie beschreibt, wie ein als stark empfundener Vater von der Tochter als Übervater angesehen wird und via Identifikation mit ihm weit über seinen Tod hinaus ihre Partnerwahl beeinflusst. Eine solche Vater-Beziehung wirkt wie ein vorgeschalteter Filter, durch den alle potenziellen Partner der Tochter hindurchmüssen: Problematisch ist, dass eine Frau dann einerseits „keine anderen Götter“ neben ihrem (im Kopf spukenden) Vater duldet oder andererseits, wie in dem Beispiel mit dem „Zwangsplatoniker“, versucht, eine offene Rechnung zu begleichen, indem sie „ihrem Vater“ beweisen will, dass sie liebenswert ist. Dieses Muster kann derart pathologisch werden, dass diese Frau sich einen „lieben“ Partner sucht, mit welchem sie eigentlich eine Traumbeziehung führen könnte, ihm aber nicht zutraut, dass er tatsächlich so nett ist, und ihn so lange provoziert, bis er die Nerven verliert und ihr damit den „Beweis“ liefert, dass Männer tatsächlich Verbrecher sind, denen man nicht trauen darf. Dieses Muster ist weitverbreitet: Vier von zehn Männern, die zu mir in die Praxis kommen, wurden schon einmal damit konfrontiert. Gerade Männer, die sich von struktureller Gewalt distanzieren, sind „willkommene Opfer“. Nur damit wir uns nicht falsch verstehen, liebe Leserinnen: Ich sage nicht, dass alle Frauen, die sich über ihren Partner beschweren oder ihn auch mal provozieren, böse Zicken sind, die sich an armen, schwachen Männern vergreifen, nur um sie „kleinzukriegen“. Im Gegenteil: Männer „suchen“ sich nach demselben Muster solche Frauen aus, die ihnen das Leben schwer machen, nur um ihnen zu beweisen, dass es eben doch „liebe“ Männer gibt. Hintergrund ist hier ebenso ein als misogyn (frauenfeindlich) erlebter Vater, sodass der Sohn aufgrund der Identifikation mit der Mutter (oder auch einer großen Schwester) eher zum Yin-Pol tendiert. Wenn einer der Partner, oder gar beide, eine solche Rechnung mit einem Elternteil offen haben, so ist dies eine „tickende Zeitbombe“.

Ich erinnere mich an eine Frau, die ich Mitte der Achtzigerjahre kennenlernte – nennen wir sie Ute. Sie fühlte sich von ihrem Vater stark abgelehnt. Dieser war Alkoholiker und somit unberechenbar. Leider hatte ihr Vater auch nüchterne Momente, in denen er sich als wohlwollend und spendabel zeigte, gerade genug, um nicht völlig von der Tochter abgelehnt zu werden, sodass sie ihn als „eigentlich guten" Vater wahrnahm. Nach wenigen Jahren verließ der Vater die Familie, und ein Stiefvater, der noch übler war, trat in das Leben von Ute. Er schlug sie und verachtete sie ansonsten, zumal er mit Utes Mutter eine eigene Tochter zeugte, die bei ihm ein paar Monate lang etwas höher im Kurs stand als das Stiefkind. Als junge Erwachsene flüchtete Ute dann zu einem Mann, der etwas von einem lieben, lustigen Brummbär hatte, aber leider ebenfalls mehr und mehr zu trinken begann. Sein Muster entsprach dem traditionellen Bild, als Mann seine Frau eifersüchtig schützen zu müssen und sie finanziell zu versorgen, während sie dafür das Heim verschönerte, kochte, ihn in seinem Hobby (Sportsendungen ansehen) unterstützte und seine Freunde bewirtete. Der Brummbär, der seine Frau stets „Mäuschen" nannte, entpuppte sich im Laufe von fünf Ehejahren als gar nicht so lustig, zumal er Ute zu schlagen begann, meist wegen aus der Luft gegriffener Eifersüchteleien. Ute, die nur über wenig Bildung und keinerlei Selbstwertgefühl verfügte, erduldete diesen Zustand hilflos und leidend, weil sie im Elternhaus Ehe genau so kennengelernt hatte. Es erschien ihr nicht ungewöhnlich, dass ein Mann seine Frau so behandelt. Beide waren von der Normalität und dem Zusammenhalt ihrer Beziehung so überzeugt, dass sie ein altes Zechenhaus kauften und es in langer Eigenarbeit renovierten. Eine andere, konfliktfreiere Vorstellung von Beziehung hatten beide nicht. Doch eines

Tages kam es zu einer Wende im Leben von Ute: Ermutigt durch ihre jüngere Schwester machte sie auf der Abendschule das Abitur nach und erweiterte so ihren spärlichen Bekanntenkreis – der bislang fast nur aus den Freunden des Mannes bestand – um einige intelligentere und sozialkompetentere Menschen, mit denen sie sich zu ihrer eigenen Überraschung sehr gut verstand. Innerhalb weniger Monate erholte sich ihr Selbstwertgefühl, der Glaube an ihren eigenen Intellekt kehrte zurück. Mit der Zeit fühlte sie sich nicht mehr im Geringsten wie ein „Mäuschen". Noch bevor die Tinte auf ihrem bestandenen Abiturzeugnis trocken war, trennte sie sich von ihrem Mann (trotz Haus!), begann, Jura zu studieren und ist heute eine erfolgreiche Staatsanwältin, die zwischenzeitlich mit einem netten Rechtsanwalt aus der Studienzeit sehr glücklich zusammen war.

Noch einmal zurück: Provokationen können selbstverständlich von beiden Geschlechtern ausgeübt werden. Sie sind aber meist ein weiblicher Guerillatrick, um den anderen indirekt zu etwas zu bewegen, derweil Männern in diesem Fall der Sinn eher nach „Dampfablassen" steht. Wer den Partner bis aufs Blut reizt, will ihm eventuell auch einen Trennungsgrund unterjubeln. Stellen Sie sich vor: Da ist ein Paar seit Jahren unglücklich, aber irgendeine der drei Säulen ist noch zu stark, um das ganze Dach einstürzen zu lassen. Einer der Partner ist vielleicht zu geduldig, anständig, verantwortungsvoll oder zu abhängig, um die Beziehung zu beenden, während der andere zu feige dazu ist. Nun provoziert der Feigling mit Vorwürfen, inszenierten Eifersüchteleien, Erniedrigungen usw., bis der andere die Trennung verkündet. Somit ist der Feigling nicht der Sündenbock (selbst wenn er vorher eine Affäre hatte, die er natürlich offenkundig bereut), sondern das arme, verlassene Opfer. Seine Weste bleibt weiß, und alle Verbündeten verkünden mitleidsvoll Anteilnahme. Eine eher typisch weibliche Taktik der Provokation soll dazu dienen, von einem Mann, der als stoisch, typisch linkshirnig und viel zu maskulin sozialisiert empfunden wird, eine Reaktion zu bekommen.

Jüngst erzählte mir ein Klient, er hätte sich zur Zeit seiner unglücklichen Ehe zwischenzeitlich in eine Kollegin verguckt. Es entwickelte sich keine ernste Affäre, aber es ist klar, dass die Ehefrau sehr eifersüchtig war. Die Stimmung zwischen den beiden wurde immer kälter, er bereute sein Verhalten und erhoffte sich Vergebung; gleichzeitig fragte sie sich offenbar, was die andere hatte, das sie nicht hatte. Es folgte ein Streit nach dem anderen. Nach mehrwöchiger Eiszeit eskalierte die Situation. Bei einer Autofahrt drohte er seiner Frau – nach endlosen Sticheleien – damit, dass ihm die Hand ausrutschen würde, wenn sie keine Ruhe gäbe. Ihre prompte Antwort: „Das machst du sowieso nicht, dazu bist du viel zu weich, du Schwächling." Nun, Sie können sich an drei Fingern abzählen, was dann passierte: Mit einem roten Handabdruck im Gesicht verließ die Frau das Auto und zog kurz entschlossen aus der gemeinsamen Wohnung aus – zu ihrer Freundin. Der Mann übte sich in Konsequenz und bereitete die juristische Trennung vor. Jahre später (!) erfuhr er, dass seine Frau sich nach dem Auszug damals eigentlich gewünscht hatte, er würde anrufen und sie beknien, wieder zu ihm zurückzukommen …

Liebe Frauen, einen Mann Gedanken lesen zu lassen, ist eine ganz schlechte Idee. Liebe Männer, eine Frau beim Wort zu nehmen, wenn sie wütend ist, ist einfach dumm!

# Partnerschaftsmuster

Im Folgenden finden Sie ein paar der gängigsten Muster der Partnerschaftssuche sowie der tatsächlich dahinterstehenden Wünsche, nebst der Problematiken, die diese Muster bergen. Die Form ist stark vereinfacht – ich bin Reduktionist und versuche daher, alles auf einen einzigen Nenner, quasi auf eine Formel zu reduzieren, um eine möglichst hohe Übertragbarkeit zu gewährleisten.

| Muster | Grund | Problematik |
| --- | --- | --- |
| A sucht ein wesentlich (mindestens 25 %) älteres B. | A sucht seinen Elternteil. Akzeptiert nur Reife und Dominanz. Hofft auf Schutz und Verständnis. | A bleibt in der Kindrolle. B ist Stellvertreter für ein Elternteil. A erhofft sich das Auflösen der Eltern-Kind-Beziehung durch Neubewertung seines Verhaltens durch den Partner. Partnerschaft ist nicht auf gleicher Augenhöhe. |
| A sucht ein wesentlich (mindestens 25 %) jüngeres B. | A braucht Dominanz über B. Will gebraucht und anerkannt werden. A sucht ein Reifegefühl, das ein unreifes B ermöglicht. | A hat Angst vor Ablehnung/Abwertung. Partnerschaft ist Abhängigkeit, nicht auf gleicher Augenhöhe. Kein Selbstvertrauen bei A. |
| A bindet sich nicht wirklich an B. Sucht eigentlich ständig neue Partnerschaften. | A sucht den perfekten Partner. | Wachsendes Gefühl von fehlender Bejahung bei B. Bleibende Sehnsucht bei A. |
| A sucht ein fest gebundenes B. | A will frei bleiben, ohne einsam zu sein. | Partnerschaft wird von A als Belastung empfunden. Sehnsucht nach Bejahung bleibt unerfüllt. |
| A sucht ein gleichaltriges / gleichreifes B. | A will keine Rollenerwartung erfüllen. Sucht Partner auf gleicher Augenhöhe. | Partnerschaft wird durch unterschiedliches Reifetempo der Partner gefährdet. |

# Ehe ist eine Aktie ...

Dennoch glaube ich, dass eine harmonische Drei-Säulen-Partnerschaft durchaus wortlose Momente höchster Innigkeit beinhalten kann. Die Kunst der Partnerschaft besteht meiner Ansicht nach darin, mit möglichst wenig Beziehungsversuchen möglichst viel Erfahrung zu sammeln, um sich dann mit einem Menschen gemeinsam weiterzuentwickeln. Eine solche Partnerschaft ist mehr als die Summe ihrer Teile (Partner), sie lässt beide zusammen zu einer Stärke anwachsen, die man unverbunden nie hätte.

Damit sage ich auch, dass ich es für sehr bedenklich halte, ohne Partnerschaftserfahrung in die Ehe zu gehen, wie dies viele Kulturen praktizieren und viele Glaubensgemeinschaften sogar verlangen. Für mich wäre das in jeder Hinsicht wie Fahren ohne Führerschein: Fahrlässig, absurd, gefährlich – und Kinder können zu Schaden kommen. Selbst wenn ein Mensch von zu Hause aus durch seine Eltern eine außerordentlich harmonische, liebevolle und monogame Ehe oder Partnerbeziehung vorgelebt bekommt, heißt das noch lange nicht, dass man deshalb die Reife und Flexibilität besitzt, sich auf einen zunächst fremden Partner einzustimmen und ihn mit seinen Bedürfnissen und Ansichten, Wünschen und „Macken“ bedingungslos zu respektieren, ihn zu bewundern und ihm zu vertrauen.

Wenn Sie reife erwachsene Paare sehen, die in der Öffentlichkeit turteln, sich verliebt ansehen, Händchen halten und sich küssen, können Sie mit hoher Wahrscheinlichkeit davon ausgehen, dass dies nicht deren erste Ehe ist. Laut Scheidungsraten (mehr als die Hälfte) ist die erste Ehe schon fast als „Übung“ für die richtige, dauerhaft erfüllende anzusehen;

dass dies nicht unbedingt schon gleich die zweite Ehe sein muss, zeigt eine schier endlos lange Liste prominenter und nicht-prominenter Beispiele, bei denen auch die dritte Ehe noch nicht glücklich ist. Wer einfach nur den Partner austauscht, ohne an sich zu arbeiten, ohne sich weiterzuentwickeln und ohne sich bewusst zu machen, warum die Ehe (die ja per definitionem ein Leben lang halten sollte) auseinanderging, läuft Gefahr, ewig sehnsüchtig zu bleiben.

Ich kenne zwar auch Beispiele, wo Ehepaare bei ihrer goldenen Hochzeit in erster Ehe durchaus noch verliebt sind (meine eigenen Eltern gehörten tatsächlich zu diesen Kandidaten), aber ich glaube auch, dass im Zeitalter der Multioptionalität (alle Möglichkeiten zur Verfügung haben) solche Paare zu den bestaunten Raritäten gehören. Rein statistisch gesehen haben es Paare nach der Silberhochzeit „geschafft“, sie bleiben meist zusammen. Doch glauben Sie mir: Eine solche Beziehung hat in der Regel derart viel Hobelspäne verursacht, dass man damit das Fegefeuer zum Lodern bringen könnte. Paare, die viel miteinander reden, überstehen eher die Zerreißproben als diejenigen, die immer so tun, als gäbe es nur eitel Sonnenschein.

Eine Beziehung ist eine Aktie, deren Wert man selbst durch seine Investition an Liebe bestimmt. „Verkaufen“ Sie die Aktie erst, wenn Sie trotz Investition (und damit meine ich nicht einen Nerzmantel oder Diamantring, sondern Vertrauen, Verständnis, Interesse und Bewunderung) keine Kursgewinne erwarten, wenn Sie also das Ungleichgewicht der drei Säulen nicht ausgleichen können.

## Sich liebevoll trennen erhält den Respekt

Die Vorstellungen von Partnerschaft verändern sich mit dem Zeitgeist, und zwar rapide. Noch vor fünfzig Jahren heirateten Menschen im festen Glauben daran, dass eine Ehe ein gottgewollter Bund fürs Leben sei. Wenn Sie einem jungen Menschen diese Worte sagen, wird er Sie genauso fragend ansehen, wie wenn Sie gesagt hätten, dass man sein Leben lang ein und denselben Beruf ausüben solle. In diesem Zusammenhang ist erwähnenswert, dass nach der deutschen Wiedervereinigung die Scheidungsraten in den ostdeutschen Bundesländern auf 0,06 Prozent der Einwohner in den Keller rauschten (1991). Zum Vergleich: Im Scheidungsrekordjahr 2003 lag diese Quote im Westen bei 2,7 Prozent, also dem 45-fachen Wert. Die oben genannte Multioptionalität konnte durch die Grenzöffnung zunächst hinreichend wahrgenommen und ausgelebt werden: Nun stand das erschlagende Warensortiment aller Konsumgüter auch den Ostdeutschen zur Verfügung. Dies befriedigte zunächst den Anspruch auf Entfaltung. Doch danach kam der Alltag zurück und mit ihm das lästige eheliche Einerlei. Während vor der Wende die Scheidungsrate in der DDR wesentlich höher war als im Westen, hat sich dies nun umgekehrt; zudem ist sie in beiden Teilen der Republik rapide angestiegen.

Es gibt verschiedene Theorien darüber, weshalb sich die Ehepaare heute um ein Hundertfaches häufiger trennen als zum Ende des 19. Jahrhunderts. Das Internet mit seinen schnellen Kontaktmöglichkeiten leiste (laut einer englischen Studie zum Thema Online-Flirt) Vorschub; die fehlende Geduld der jungen Leute sei schuld, wird in einem Online-Chat vermutet. Der Abbau juristischer Hürden bei der Scheidung, geringere gesellschaftliche Sanktionierung durch veränderte

Moralvorstellungen, geringerer Einfluss der Kirche und größere Mobilität, die einen größeren Aktionsradius bei der Partnersuche ermögliche, seien die Trennungsbeschleuniger. Das mag ja alles sein. Ich glaube jedoch weiterhin fest daran, dass die vielen Bruchpiloten vom Beziehungshimmel stürzen, weil sie nie gelernt haben, bei Sturm zu fliegen. Frustrationstoleranz, Selbstliebe und ein gewisser reflektierter Beziehungswille sind meiner Ansicht nach die fast sicheren Garanten für dauerhafte Liebe.Wenn sich ein Paar dann trotz dieser Voraussetzungen trennt, so geschieht das nicht mehr mit Vorwürfen, Verletztheitsdemonstrationen und Rosenkrieg, sondern liebevoll, also mit Respekt, Vertrauen, Toleranz und Bewunderung.

Wenn Sie sich nun fragen, warum sich zwei Menschen, die sich lieben, denn überhaupt trennen, so erinnere ich daran, dass alle drei Säulen ausbalanciert sein sollten, damit die Partnerschaft ein Leben lang ohne übergroße Mühe, Kampf und erzwungene Kompromisse halten kann. Ist dies nicht der Fall, so kann man die Beziehung als Entwicklungshelfer nutzen – mit Herz, aber vor allem mit klarem Kopf. Und eine solche Ehe kann man auch mit einem klaren Kopf wieder trennen, bevor sie die Partner nicht doch eines Tages voller Sehnsucht verzweifelt oder gar krank werden lässt. Ich habe zwar nur ganz selten erlebt, dass Paare sich liebevoll trennen, aber sinnvoll ist dies allemal!

Und bedenken Sie: „So wie ein Mensch seinen Ex-Partner behandelt, so wird er dich behandeln, wenn du an der Reihe sein solltest." Und wenn Sie noch eine Weisheit zum Thema „Trennung" von mir lesen möchten: „Eine vollständige Trennung dauert genauso lange, wie das Zusammenwachsen gedauert hat." Menschen, die schnell Ja sagen, sagen auch schnell wieder Nein.

Wobei ich ausdrücklich sage: Trennung ist nicht der Wunschzustand, aber auch nicht verboten. Nichts wäre einer Liebesbeziehung abträglicher, als mit jemandem aus reiner Solidarität, Verantwortlichkeit oder Feigheit zusammenzubleiben, wenn man mit ihm dauerhaft unglücklich ist. So würde man auch verhindern, dass der Partner mit jemand anderem glücklich werden kann. Denn natürlich fährt das Boot nur in die richtige Richtung, wenn beide dorthin rudern. Leider gibt es Paare, die sich aus Gründen der scheinbaren Sicherheit lebenslang gefangen halten und dann fürchterlich krank werden. Wenn Sie diese Partnerschaftsprobleme durch Trennung oder Therapie aufgelöst haben, verbessert sich recht schnell auch die gesundheitliche Konstitution.

## ... bis dass wer uns scheidet?

Falls es mit der Gesundheit aber dennoch bergab gehen sollte, oder ein Schicksalsschlag Ihren Partner aus dem Leben holt, dann kommt es hierbei leider nicht zwangsläufig zu einer Trennung. Ich weiß, dass die katholische Kirche das nicht gerne hört, aber der Tod kann ein Paar nicht scheiden.

Im Laufe meiner langjährigen Forschung und Arbeit als Geisteswissenschaftler bin ich zu dem Schluss gekommen: Der Geist vergeht nicht. Wir kommen nicht umhin, das Thema „Spiritualität" etwas zu beleuchten. Es gibt Witwen oder Witwer, die mehrmals pro Woche zum Grab ihres Verstorbenen gehen und diesen auch nicht als „Ex-Partner" bezeichnen.

Besuchen Sie Ihren Ex-Partner nach der Scheidung und bringen ihm Blumen? Was vielleicht jetzt ein wenig lustig klingt, hat mehrere sehr tragische und ernste Konsequenzen:

1. Wenn der Tod nicht das Ende einer Liebe ist, sind Witwer folgerichtig auch nicht offen für eine neue Liebe. Ein Witwenpartner wäre in einem solchen Fall dann die zweite Wahl und täte gut daran, das zu akzeptieren.
2. Angenommen, ein Mensch ist mehr als nur ein Haufen Fleisch und Knochen, dann liegt nahe, dass die Seele/Psyche/das morphogenetische Feld des Verstorbenen sich weiterhin mit seinem geliebten Partner verbinden will. Ich habe Dutzende Fälle erlebt, davon einige überprüfbar, bei denen sich die „Spirits" der Verstorbenen mit Informationen bei den Lebendigen bemerkbar machen. Allerdings ist die „Sprache" der Geister ähnlich schwer zu entschlüsseln wie die eines Tieres – man braucht schon etwas Erfahrung dazu.

## *Ein Beispiel aus meiner Praxis*

Elisabeth war bereits 71 Jahre alt, als sie wegen einer Raucherentwöhnung zu mir in die Praxis kam. Sie rauchte täglich etwa 40 Zigaretten und wollte damit aufhören. Mit 18 Jahren hatte sie damit begonnen, nachdem ihr Mann Fridolin ihr „das Rauchen beigebracht" hatte. Elisabeth war nun bereits seit drei Jahrzehnten Witwe, permanent alleinstehend und in partnerschaftlicher Hinsicht sehr einsam. Auf meine Frage, warum sie denn nie wieder eine Beziehung eingegangen war, antwortete sie mit einer wegwerfenden Handbewegung: „Ach!" Damit war der Fall für mich schon fast klar: Eine „anständige" Frau bleibt ihrem Mann bis über den Tod hinaus treu. Und so war es auch. Elisabeth fand damals in Fridolin ihre große Liebe und blieb ihm, als er verstarb, als junge, gerade mal 41-jährige Frau treu und somit partnerlos.

Sie erzählte von einem „Anwärter", der ihr schon seit zehn Jahren den Hof machte, aber bislang keine Chance bekam, auch nur einen ungestörten Nachmittag mit ihr gemeinsam zu verbringen. Seine Avancen wurden kategorisch abgelehnt, obwohl Elisabeth ihn wohl durchaus ansprechend fand. In unserem Beratungsgespräch ermunterte ich Elisabeth, einfach einmal – mit geschlossenen Augen – so zu tun, als könne sie mit Fridolin sprechen („channeln"). Ich bat sie, ihn zu fragen, was er denn für eine Meinung zum Thema „neue Partnerschaft" habe. Nach etwa 30 Sekunden riss Elisabeth die Augen auf und gab mir erstaunt wieder, was ihr spontan durch den Kopf gegangen war: „Ach, Schnuckelchen, ich will doch nur, dass du glücklich bist!" Nachdem ich ihr gründlich erklärt hatte, dass diese Nachricht von ihr selbst sehr ernst genommen werden dürfe, veränderte sich ihr Gesichtsausdruck. Irgendwie wirkte Elisabeth erleichtert.

Zwei Jahre später sah ich sie wieder. Sie stand an meiner Praxistür und sagte, sie wolle mir nur ihre neue Adresse mitteilen. Sie ergänzte: „Ach ja, und mein Nachname hat sich auch geändert." Elisabeth hatte nicht nur das Rauchen aufgegeben – das war ihr Erinnerungsstück an ihren Mann. Endlich war sie wieder frei, um eine neue Bindung einzugehen: Mit 73 Jahren heiratete sie erneut! Sie wirkte nicht nur glücklich, sondern auch etwas jünger.

Mein Rat an alle Verwitweten, die das Gefühl nicht loswerden, ihr Liebster/ihre Liebste schwirrt noch um sie herum: Kommunizieren Sie mit ihm/ihr. Entweder verbal oder in Gedanken. Hierfür benötigen Sie weder einen Friedhof noch einen Altar – da wird sich der Angesprochene im Regelfall ohnehin nicht aufhalten –, sondern gehen Sie gedanklich an einen Ort, der Sie beide verbunden hatte: der Garten, der Lieblingsplatz im Stadtwald, das Sofa – egal. Sprechen Sie mit ihm, als wäre er noch da, und vor allem: Stellen Sie Ihrem Schatz im Jenseits Fragen! Seien Sie ganz offen für die Antworten. Nachdem Sie aufgehört haben, sich für diese „dummen Einbildungen" schamhaft selbst zu geißeln, werden Sie ein Gefühl dafür bekommen, dass die Antworten tatsächlich der Reife und dem Wissensschatz Ihres Verstorbenen entsprechen und teilweise große Weisheit beinhalten.

Ich selbst führe seit einigen Jahren sehr erfolgreich Channelings durch, in denen ich die mutmaßlichen Botschaften Verstorbener empfange und den Hinterbliebenen mitteile. Ich bin dabei selbst immer wieder erstaunt, was dabei so alles herumkommt: ob das Versteck der verlegten Familienpapiere, der Grund für einen Freitod oder die Einebnung einer alten Grabfläche, die „Spirits" liefern Fakten (mehr zu diesem Thema finden Sie in meinem Buch „Schattenseiten", geplant im Herbst 2020).

Selbstverständlich dürfen Sie dieses Kapitel aber auch mit einem Kopfschütteln für Unfug halten – Sie werden die Wahrheit eventuell eines Tages selbst herausfinden.

Ich empfehle auf jeden Fall, sich darüber im Klaren zu sein, dass der einstige geliebte Lebenspartner bestimmt kein Interesse daran hat, Sie voller Trauer und Schuldgefühle die nächsten Jahre in Einsamkeit und Kummer zu wissen. Eine neue Liebe ist nicht verboten und nimmt dem ehemaligen Glück in keiner Weise seinen Zauber.

Zurück zu den Lebenden: Um eine Beziehung zusammenzuhalten, werden jedoch teilweise haarsträubende Maßnahmen ergriffen: Bestechung, Erpressung, Bedrohung und Schwangerschaften gehören nicht selten dazu, ebenso wie das angebliche „Salz in der Suppe der Liebe" – die Eifersucht.

## Das Audio-Coaching zu diesem Buch

Wenn Sie sich mit dem Inhalt des Buchs etwas vertraut gemacht haben, können Sie auch das Audio-Coaching, erhältlich in der Hörbuchversion von „Artgerechte Partnerhaltung", nutzen. Mit diesem Coachingprogramm möchte ich Sie noch einen kleinen Schritt weiter begleiten. Es geht darum, angstfrei zu werden. Hier sei angemerkt: Angstfreiheit heißt nicht gleich Leichtsinnigkeit, sondern Entscheidungsfreiheit.
Danach begleite ich Sie in das Gefühlsleben Ihres Partners, um dessen Sicht nachzuvollziehen. So werden Sie sein Verhalten besser verstehen und folglich weniger überraschend oder konflikthaft erleben.
Nehmen Sie sich gut 30 Minuten Zeit für sich, und lassen Sie sich beim Hören möglichst nicht ablenken.

# Eifersucht

Eine Partnerschaft sollte nicht langweilig werden, denn sonst verwelkt sie wie eine Schnittblume auf dem Friedhof. Liebesbekundungen und Zugehörigkeitsbeweise halten den Lebensbund lebendig. Sicherlich ist es für jeden ein schönes Gefühl, wenn der oder die Angebetete um einen kämpft und Nebenbuhler mit einem Zähnefletschen zu vertreiben versucht. Doch, was ist, wenn nicht die Konkurrenten die Zähne gezeigt bekommen, sondern der Partner selbst? Was ist, wenn die Eifersucht kein Anzeichen von Leidenschaft, sondern von Dünnhäutigkeit ist, sich ins „Krankhafte" steigert und alles zerstört, was sie erhalten soll? Dann haben wir es nicht im Geringsten mit einem Liebesbeweis zu tun, sondern mit einer handfesten Persönlichkeitsstörung!

## Liebesbeweis oder Minderwertigkeitskomplex?

„Eifersucht ist eine Leidenschaft, die mit Eifer sucht, was Leiden schafft", diese treffende Bezeichnung ist zugleich der Titel eines leider längst vergriffenen Buches des Autors und Psychotherapeuten Reinhold Ruthe[24].

Eifersucht ist nach ihm letztlich nichts anderes als eine Auswirkung eines tief sitzenden Minderwertigkeitskomplexes. Der Eifersüchtige hält sich für unwert, geliebt zu werden, und braucht daher ständig Beweise für Liebe und sucht argwöhnisch nach Indizien für seinen Verdacht, liebensunwert zu sein. Oftmals stecken erlebte Verletzungen und Enttäuschungen in Form von Loyalitätsverlusten dahinter. Ein sogenanntes Erstgeborenentrauma kann der Auslöser sein – ein Kind fühlt sich durch das nachfolgende Geschwisterkind derart zurückgesetzt, dass es sich fortan vor weiterer Zurückweisung schützen will. Da dieses „Programm" unterbewusst abläuft, hält es sich unter Umständen bis ins höchste Erwachsenenalter. Unterschieden wird zwischen der Eifersucht und einem Eifersuchtsgefühl. Gegen Letzteres ist wohl kaum ein Mensch ganz gefeit, wenn es zu einer auch von Außenstehenden wahrnehmbaren Gefühlsverletzung kommt. Die „echte"

Eifersucht hingegen ist eine Wahrnehmungsstörung, die dringend aufgelöst werden sollte, denn sie hat oftmals zerstörerische Auswirkungen. Argwohn oder Misstrauen kann man das dann auch nennen.

Falls es Sie tröstet: Unter dieser Form der Charakterschwäche leidet mutmaßlich mindestens die halbe Menschheit.

So gibt es in der Welt Kulturen, die sogar das Töten von Frauen moralisch legitimieren (sofern man im 21. Jahrhundert dann noch von „Kultur" sprechen kann). Das Wort Ehebruch wird gleichgesetzt mit einer sexuellen oder emotionalen Beziehung zu einem weiteren Menschen neben dem Gatten. Meiner Ansicht nach steckt ein pathologisches Besitzdenken dahinter, mit dem sich der Eifersüchtige dann meist selbst um seinen „Besitz", seine Frau, bringt, indem er sie töten lässt oder sich zumindest von ihr trennt. Wie ich schon sagte, die Psyche will kein Opfer sein. Besser einen toten Partner oder gar keinen, als von ihm verlassen zu werden, so empfinden die Besitzfanatiker.

Dabei ist es relativ leicht, seine Eifersucht zu beherrschen und Erfüllung zu erleben. Allerdings braucht man hierfür etwas, das wir unseren Kindern selten zeigen: Respekt vor seinen Mitmenschen. Mit Respekt meine ich nicht Angst, sondern das Gefühl, auf gleicher Augenhöhe zu stehen. Und das fällt vielen Menschen (vor allem den Kulturen totalitärer Regimes) aufgrund ihrer als despektierlich und bevormundend erlebten Sozialisation offenbar enorm schwer. Sie werden von den Eltern (als Stellvertreter der Gesellschaft) nicht auf gleicher Augenhöhe behandelt, sondern weit darunter. Dies machen die Eltern zwar nicht, weil sie dumm oder böse sind, sondern, wie ich ja schon weiter oben erwähnte, um ihren Kindern beizubringen, sich unterzuordnen, damit sie sich als Erwachsene nicht mit Obrigkeiten anlegen. Aber dies wiederum lässt sich die Psyche nicht gefallen. Sie versucht stattdessen, gemäß unseren psychischen Bedürfnissen nach Sicherheit, Wertschätzung und Entwicklung Entfaltungsfähigkeit zu erlangen. Die Psyche versucht, selbst eine Obrigkeit zu werden, und trachtet daher mit Überkompensation danach, ihre Machtfülle zu erhalten.

Eifersucht ist nichts anderes als der Versuch, mit Erpressung das Gefühl wieder loszuwerden, man wäre nicht gut genug.

Hervorragende Mittel gegen einen Eifersuchtsanfall sind Ironie und Übertreibung. Wenn Sie wieder einmal Eifersuchtsgefühle spüren, sagen Sie zu sich selbst, dass Sie es natürlich nicht wert sind, dass sich auch nur eine Stubenfliege auf Ihren Arm setzt. Machen Sie sich deutlich, dass es völlig logisch und berechtigt ist, dass sich die ganze schöne Welt vor einem solchen Abschaum wie Ihnen schützt und Sie daher ablehnt und hintergeht. Sonnenklar, warum sich Ihre Liebsten abwenden – schließlich sind Sie dumm, ekelhaft und hässlich.

Probieren Sie es aus. Ihr Unterbewusstsein wird sofort protestieren und sagen: „Hey, hey, sooo schlimm bin ich nun auch wieder nicht." Die meisten Menschen müssen dann über sich selbst lachen, weil die Eifersucht als unbegründet und übertrieben entlarvt wurde. Meist ist dann die Eifersuchtsattacke vorbei. Ein vollständiger Therapieersatz ist dies zwar nicht, aber für hartnäckige Fälle gibt es ja die Möglichkeit, mittels tiefenpsychologischer Analyse und Reflexion das selbstwertschädigende Trauma hinter sich zu lassen. Schließlich ist nichts sinnverkehrter, als einem Partner, der einen liebt, mit seinen Komplexen das Leben so zur

Hölle zu machen, dass er sich schließlich doch abwendet und vor dem Eifersüchtigen in Sicherheit bringt. Denn dann hätte man das, was man ja vermeiden wollte, selbst provoziert: solo zu sein.

Männer gehen mit Eifersucht übrigens nicht anders um als Frauen. Den Hauptunterschied zwischen Rückzug oder Offensive macht hier nicht das Geschlecht, sondern tatsächlich die durch Sozialisation erworbene Erfolgsstrategie. Aber natürlich lohnt es sich, ein paar Unterschiede zwischen den Geschlechtern ebenfalls eingehender zu untersuchen.

# Wie Sie endlich Erfüllung finden!

Wir hatten weiter oben von Schwingungen und Resonanz gesprochen. Wir haben als Menschen eine Fähigkeit, die uns von wahrscheinlich den meisten anderen Arten unterscheidet: Wir als reife Erwachsene können uns in Resonanz mit anderen bringen. Wir können die Motive des anderen ergründen, verstehen und somit einem gemeinsamen übergeordneten Ziel zuordnen. Ermöglicht wird das angeblich durch sogenannte Spiegelneurone in unserem Gehirn, mit denen wir Empathie erzeugen.

Kleine Kinder haben diese Fähigkeit nicht oder nur sehr eingeschränkt, und auch unter Alkoholeinfluss verändert sich die Möglichkeit zur emotionalen Synchronisation. Zwar merken Sie im Vollrausch auch nicht mehr, was andere von Ihnen erwarten, aber erfüllen könnten Sie diese Erwartungen ebenso nicht.

## Partnerverständnis durch Hypnose

Eine fantastische Methode, die ich in meinem Institut seit Jahren erfolgreich anwende, um zwei Partnern wirkliches Verständnis füreinander zu ermöglichen, entwickelte eines meiner großen Vorbilder, der amerikanische Psychotherapeut Dr. David Calof. Er versetzt ein Paar in eine stabile Hypnose und lässt sie nach etwas Vorbereitung die Rollen tauschen. Hierfür spricht er den Mann mit dem Namen der Frau an und umgekehrt. Nach wenigen Minuten fühlt und denkt der eine Partner nicht nur wie der andere, sondern kann sich sogar an Erlebnisse aus der Kindheit des anderen erinnern (diesen Effekt kennen einige von Ihnen vielleicht schon von der Systemischen Aufstellung). Hinzu kommt der meist etwas unheimliche Effekt, dass sich Stimme und Körperhaltung verändern. „Er" wirkt in ihrer Rolle sehr authentisch – und umgekehrt. Dann lässt Calof die beiden miteinander über Probleme diskutieren, wobei jeder der beiden nun in der Rolle des anderen auch die Argumente des anderen benutzt. Mit diesem Verfahren ermöglichen Sie einem Menschen das leibhaftige emotionale Eintauchen in die Persönlichkeitsstruktur des bisher missverstandenen anderen. Man bekommt einen spürbaren, nachvollziehbaren Zugang zu den Wünschen, Bedürfnissen und Ängsten des Partners und begreift dessen Argumente aus einer sehr subjektiven Sicht. Nach dieser Hypnose haben beide Partner einen neuen, erweiterten Erkenntnisstand, der automatisch ins künftige Verhalten mit einfließt.

Der bisherige Umgang mit dem Partner war geprägt von Erwartungshaltungen. Sie erinnern sich, dies geschieht aus Gründen der Vereinfachung, denn Erwartungen sind gedankliche Muster, die nicht so viel Speicher benötigen. Wenn man diese Erwartungen auf den Prüfstand stellt und mit neuen Erkenntnissen anreichert, wird automatisch ein neues Verhalten, ein neuer Umgang mit dem Partner generiert.

David Calof beschreibt in seinem (leider vergriffenem Buch) „Die Frau, die wieder sehen lernte und andere Geschichten von der heilenden Kraft des Unbewussten. Fallbeispiele aus der Hypnosetherapie", wie er mit einem hoffnungslos zerstrittenen Ehepaar, Judy und Floyd, arbeitete[25]:

„‚Judy, Sie werden in den nächsten paar Minuten spüren, dass Sie zu Floyd werden. Sie werden anfangen, wie Floyd zu denken, zu handeln und zu fühlen. Sie werden Floyds Gefühle, Gedanken, Überzeugungen und Empfindungen haben, und solange Sie Floyd sind, werden Sie Ihre eigenen Gefühle, Gedanken und Empfindungen vergessen. Sie werden glauben, dass Sie Floyd sind, und wenn Sie sich selbst anschauen, werden Sie Floyd sehen. Sie werden Floyds Erinnerungen haben, aber Sie werden nur die Erinnerungen haben, die für diese Aufgabe hilfreich und nutzbringend sind. Wenn Sie wieder Sie selbst werden, bringen Sie die Weisheit und die tiefen Lernerfahrungen mit, die Sie gemacht haben.

Während Sie das tun, wird Floyd damit beschäftigt sein, Judy zu werden. Wenn Sie Floyd geworden sind und Ihre Augen öffnen, werden Sie Judy auf dem anderen Stuhl sitzen sehen …‘ Kaum hatten sie sich gesetzt und sich gesehen, als ein gedämpfter Tumult ausbrach.

‚Alles, was ich tue, ärgert dich‘, erklärte die neue ‚Judy‘. Die Stimme war tiefer und hatte den eintönigen Klang, der für die tiefe Trance typisch ist, ließ aber dennoch Judys weinerliche Sprechweise erkennen.

‚Mich ärgert überhaupt nicht alles, was du tust‘, gab ‚Floyd‘ zurück. Auch diese Stimme drückte, wenngleich sie in der Höhe eher Judy entsprach und durch die Trance abgeflacht war, Floyds häufige Ungeduld aus.“

Calof beschreibt, wie die beiden in diesem Rollenspiel einen Zugang zu den Gefühlen und Argumenten des anderen finden, der in keinem „normalen“ Gespräch möglich gewesen wäre. Floyd erkennt darin, dass er aus unterbewusster Angst vor seinem eigenen Vater seinen Sohn und seine Frau immer kälter und härter behandelt; Judy erkennt, dass sie ihrem Mann klar und verständlich sagen soll, was sie sich von ihm erhofft.

Nach einer solchen Sitzung verändert sich das Leben aller Beteiligten (inklusive der Kinder!) rapide und nachhaltig. Tiefes, echtes Verstehen ermöglicht gegenseitiges Verständnis und somit mehr Respekt, Vertrauen und Toleranz, die Bestandteile von Liebe.

Dieses Verfahren des Rollenspiels unter Nutzung des Unterbewusstseins lässt sich auch hervorragend anwenden, um die Motive, Absichten und Beweggründe eines Menschen, zu dem man keinen Zugang mehr hat, kennenzulernen und zu begreifen. So etwa zu verstorbenen Elternteilen oder zu einem Vergewaltiger, der seit Jahren von der Bildfläche verschwunden ist, der aber noch deutlich im Nervenkostüm des Opfers sitzt. Ebenso können Kriminologen sich zu Zwecken der Ermittlung der Täterpersönlichkeit (Profiling) in Hypnose in die Rolle eines Täters hineinversetzen, um dessen Handlungsmuster zu verstehen.

Wie man diese Möglichkeit, „sich in jemanden hineinzuversetzen", für die Partnersuche erfolgreich nutzen kann, gehen wir im Folgenden einmal theoretisch durch.

## „Bastelanleitung" für den Traumpartner

Mit dieser „Bastelanleitung" eifern Sie nicht Dr. Frankenstein nach, sondern eher Bärbel Mohr. Es geht nicht darum, einen Menschen zu erschaffen oder zu formen, sondern darum, sich genau darüber klar zu werden, welche Eigenschaften Ihr Partner besitzen soll, um ihm dann – gemäß der „Bestellung beim Universum" – endlich zu begegnen. Wenn Sie die Bücher von Bärbel Mohr gelesen haben, dann wissen Sie, dass Sie alles, was Sie wirklich denken, auch anziehen. In diesem Sinne müssen Sie natürlich zunächst einmal wissen: Welche „Bauteile" gibt es und welche passen denn überhaupt zusammen? Ich möchte Sie jetzt nicht mit langwierigen Ausführungen über Quantenphysik langweilen, doch so viel sei gesagt: Wenn Sie Ihre tatsächliche Aufmerksamkeit auf etwas lenken, dann werden Ihr gesamtes Unterbewusstsein, Ihre Sinne, Ihre Wahrnehmung darauf „eingestellt". So ist erklärbar, dass Sie Dinge anziehen oder Ziele erreichen, „nur" weil Sie dies wollen. Daher halte ich es zur Verwirklichung einer erfüllten Partnerschaft für ganz besonders wichtig, dass Sie genau wissen, was Sie wollen (und auch, was Sie nicht wollen), denn nur so können Sie es auch bekommen.

## Nicht suchen – finden lassen!

Zurück zur Tiefenpsychologie: Sie erinnern sich vielleicht noch an das, was ich über Resonanz und Anziehung im Kapitel „Der Unterschied zwischen Liebe und Verliebtheit" geschrieben habe. Es gehören zwei dazu, um in Resonanz zu treten. Wer von den beiden nun den ersten Schritt macht, ist eigentlich gleichgültig, denn ob Sie erst das Radio einschalten oder erst den Sender senden lassen: Musik gibt's erst, wenn beide dazu bereit sind. Ebenso gilt dies für den Flug der Zugvögel: Ohne Jahreszeitenwechsel werden die Tiere einfach nicht nach Afrika fliegen. Genau wie die Magie eines Kusses. Vor der nötigen sexuellen Reife (nicht die Geschlechtsreife!) können Sie küssen, soviel Sie wollen, sie werden den Zauber, den der Austausch von Pheromonen bereitet, nicht spüren. Die Zeit muss reif sein, die Voraussetzungen müssen passen.

Doch die gute Nachricht ist: Sie können die Suche nach einem Traumpartner wesentlich verkürzen, indem Sie diese einfach sein lassen und sich einfach so „empfangsbereit" machen, dass Sie auch gefunden werden können. Diejenigen unter Ihnen, die Angst vor Kontrollverlust und damit ein gestörtes Selbstvertrauen haben, schreien nun auf und sagen: „Das ist mir zu unsicher, da könnte ich ja ewig warten!" Und genau diesen Menschen möchte ich entgegnen: Je weniger Sie auf Ihre potenziellen Partner wirken, als hätten Sie einen unterschriftsreifen Trauschein in der Tasche und als würde man Sie nach der ersten Nacht nie wieder los, weil Sie sonst tödlich gekränkt wären, desto eher hat man Lust darauf, Sie einfach mal kennenzulernen. Wenn Sie Erwartungsdruck signalisieren, sind Sie wie ein Elektrozaun – da geht keiner gerne dran. Wie Sie sich wirklich darauf eichen, vom Richtigen gefunden zu werden, ist ganz einfach: Stellen Sie sich alle Eigenschaften

Ihres Traumpartners vor, die Ihnen wichtig sind. Vergessen Sie mal alle Äußerlichkeiten und gehen Sie die Sternzeichen, die Geschwisterkonstellation und die Elternerwartung durch.

Ist Ihr Partner eher Yin- oder eher Yang-gepolt? Führt er oder lässt er sich führen? Hat er viele Freunde und braucht Bewunderung, oder ist er mit Ihnen auf einer einsamen Insel glücklich? Steckt er mit seinem Lachen alle an, oder bringt er sie zum Nachdenken? Wie geht er mit seinem Ex-Partner um? Und wie mit Ihren Bekannten? Wenn Sie Ihren Traumpartner in Gedanken gebastelt haben, überlegen Sie mal, ob Mister bzw. Miss Universum überhaupt auf eine Beziehung mit solch einem Menschen wie Ihnen Lust hat. Was würde ihn oder sie an Ihnen stören? Ihre Eifersucht? Ihre Kontrolliertheit? Ihre Selbstwertstörung? Ihre Art, sich von einem Partner zu trennen? Würde er oder sie sich wirklich von Ihrem Bauch und Ihren Fältchen oder Ihrem Musikgeschmack abschrecken lassen?

Machen Sie sich bewusst, was Sie selbst an sich nicht mögen – und ändern Sie diese Eigenschaften! Denn: Wenn Sie selbst Ihre „Macken" schon nicht mögen, wer bitteschön soll sie dann mögen? Alles, was Ihr Traumpartner nicht an Ihnen mögen könnte, sind erfahrungsgemäß Dinge, die noch nie zu Ihnen gehört haben (oder *wollten* Sie Ihr Übergewicht, Ihren Geiz, Ihren Neid, Ihre Angst und Eifersucht? Haben Sie diese Eigenschaften vor der Zeugung bei Ihrem Schöpfer bestellt? Sicher nicht!). Denn ein Mensch kann sich selbst für sein Verhalten nicht kritisieren – er findet für sich immer eine Rechtfertigung oder Ausrede. Diese Übung zur Visualisierung eines Traumpartners können Sie mit dem bereits erwähnten Audio-Coaching (→ Seite 225) durchführen – und dann lassen Sie sich einmal finden!

## Sich öffnen zieht mögliche Partner an

Sich finden lassen, erfordert natürlich Selbstvertrauen (man muss vertrauen, dass man gefunden wird) und vor allem Offenheit. Sind diese nicht vorhanden, vergeuden Sie Ihre Zeit. Drei Fallbeispiele aus der Praxis sollen Ihnen zeigen, wie ich das meine:

Eva wollte eigentlich abnehmen. Die rund sechs Pfund zu viel auf den Rippen störten die junge Frau so sehr, dass sie all meine Bücher und viele weitere zu dem Thema las, viel Sport trieb und noch einiges mehr. Doch trotz allem blieben die Pfunde hartnäckig an ihr hängen. Was mir an der attraktiven Frau auffiel, war ihre fast beängstigende Verbissenheit, die ihr förmlich ins Gesicht geschrieben stand. Ich erfuhr, dass Eva seit viel zu langer Zeit schon alleinstehend war, was mich immer etwas misstrauisch macht, wenn der Mensch vor mir auf den ersten Blick jung, nett und hübsch ist. Also hakte ich gleich mal nach, warum und weshalb, und Eva erzählte ihre tragische Geschichte: Früher war sie sehr schlank, glücklich und mit Ende 20 von ihrem Verlobten René schwanger. Doch das Schicksal wendete sich. René verstarb bei einem Motorradunfall. Eva verfiel in eine Phase der Verzweiflung und des Kummers. Untröstlich verstand sie Gott und die Welt nicht mehr und verlor vor lauter Kummer nicht nur fast den Lebensmut, sondern in einer Fehlgeburt auch ihr Kind. In den wenigen Wochen danach nahm sie stetig zu.

Ich begleitete Eva in eine Hypnose – oder Traumreise, wie wir das hier eher nennen, und ließ sie erforschen, was es mit ihrem Speck auf sich hatte, der ein wenig wie eine Kugel in ihrem Bauch aussah. Sie können es sich denken, oder? Eva stieß einen kleinen Schrei aus, als ihr klar wurde, dass die drei Kilo

Bauchspeck eine unterbewusste Erinnerung an ihr Baby und damit an ihren Verlobten war. Sie hatte insgeheim, ohne es auszusprechen, ewige Treue geschworen und hielt noch immer daran fest. Sie gab in der Trance ihrem Baby einen Namen und bestattete es in Gedanken neben René.

Auf meine Bitte, mir nach einer angemessenen Weile eine Rückmeldung zu ihrer Befindlichkeit zu geben, schickte sie mir folgende E-Mail: „Lieber Herr Winter, seit unserem Coaching ist eine Menge passiert, so viel, dass ich gar nicht weiß, wo ich anfangen soll. Zunächst ist es mir gar nicht weiter aufgefallen, ich fühlte mich einfach nur gestärkt und gut und verbrachte viel Zeit mit meinem neuen Freund Erik. Dann, irgendwann, fiel mir auf, dass ich mich schon lange nicht mehr gewogen habe. Ich werde es auch weiterhin nicht tun, aber mein Baby-Bauch ist fast vollständig verschwunden. Ich bin sicher, dass ich nun eine neue Familie bekomme, und glaube auch, dass es für René in Ordnung ist. In großer Dankbarkeit, Eva".

Diese rührende Geschichte ist Praxisalltag! Meiner Kundin Jaqueline erging es ähnlich. Die sehr attraktive Mittdreißigerin suchte meine Praxis auf, um ein Missbrauchstrauma aufzulösen. In ihrer frühen Jugend war Jacqueline wochenlang von einem Bekannten, den sie „Onkel" nannte, zu sexuellen Handlungen genötigt worden, hatte jedoch keine Möglichkeit gefunden, dies zu verarbeiten. Als Erwachsene hatte sie zwar zahlreiche Psychotherapie-Sitzungen in Anspruch genommen, doch diese hatten ihr nicht den erhofften Durchbruch gebracht. Jacqueline konnte einfach kein Vertrauen zu Männern finden, war noch nicht einmal in der Lage, sich ernsthaft zu verlieben, zu groß waren die Erschütterung und das Misstrauen.

Mit unserer herkömmlichen Gesprächs- und Analysetechnik gab ich Jacqueline die Möglichkeit, sich in die Lage ihres Peinigers zu versetzen, um herauszufinden, warum er die Missbräuche begangen hatte, und sie spürte, dass er eine starke Angst vor Frauen hatte.

Diese Angst hatte ihren Ursprung in der Kindheit genommen mit einer despotischen, überstrengen Mutter, die dem Kleinen aufs Äußerste einschärfte, allein der Gedanke an Sex sei eine Belästigung; sie hatte ihn somit darauf konditioniert, sich für seine Sexualität zu schämen. Damit war das Bedürfnis allerdings nicht verschwunden, sondern nur die Möglichkeit, es auszuleben.

Das Nachvollziehen dieser möglichen Biografie allein genügte Jacqueline, um zu erkennen, dass ihr „Onkel" ebenso ein Opfer war wie sie selbst. Dadurch wurde ihr deutlich gemacht, dass sie erst aufgrund ihrer Eigenschaft, für ihn keine starke Frau zu sein, in die Auswahl des Täters gekommen war. Die Erkenntnis, dass sie dieses Kriterium nun nicht mehr erfüllte, brachte die Wende in ihrem Leben. Nach drei Monaten schrieb sie mir einen Erfahrungsbericht, in dem sie schilderte, wie drei Wochen nach dem Coaching „plötzlich aus dem Nichts" ein Mann in ihr Leben trat, in den sie genauso verliebt war, wie er in sie. Längst sind die beiden ein Paar mit einer unbelasteten Sexualität und können ihr Glück noch immer nicht ganz fassen.

Noch ein Beispiel: Sonja und Rainer waren nach zwölf Jahren Ehe an einem Tiefpunkt. Die einstigen Gemeinsamkeiten wie Reisen, Kinobesuch und Freunde verblassten unter dem Alltagstrott. Sie fühlte sich von ihm bevormundet und dominiert, er hingegen wusste einfach nicht mehr, wie er ihr seine Liebe beweisen sollte. Egal, was er tat, sie reagierte unberechenbar, so klagte er. Fast unerträglich war für Rainer zudem, dass Sonja seit vielen Monaten weder für Zärtlichkeiten noch für Sex mit ihm empfänglich war.

Was er nicht wusste und nur durch ein offenes und schonungsloses Gespräch hier in der Praxis zutage kam: Sonja empfand sich als zu dick und schämte sich ihres Körpers. Sie konnte sich nicht vorstellen, dass Rainer sie begehrenswert fand und mit ihr schlafen wollte. Im Übrigen wollte sie selbstverständlich auch nicht nur aufgrund des Vorhandenseins ihres weiblichen Genitals Sex mit ihm haben, denn wenn schon Sex, dann zumindest, weil er sie als Frau hübsch findet – so dachte sie auf einer sehr unterbewussten Ebene. Aber schlimmer noch: Sie suchte seine Anerkennung für ihr Tun, er hingegen versuchte ebenfalls durch praktisches Angreifen aller Art, seine Liebe zu beweisen. Wann immer sie im Haushalt etwas arbeiten wollte, kam er ihr zu Hilfe und nahm ihr alles aus der Hand. Umso größer war seine Enttäuschung, wenn sie ihm nicht einmal dafür dankte.

Als ich den beiden dieses Muster reflektierte, konnte ich dazu übergehen, dass Sonja sich gedanklich aus der sozialen Rolle des Ersatzsohnes lösen konnte. Ihr Vater war durch seine ersten beiden Kinder, beides Söhne, maßlos enttäuscht, sodass der gesamte Erwartungsdruck eines Mannes, der die Chancen seines Lebens nicht befriedigend genutzt hatte, auf den Schultern seines dritten Kindes, seiner Tochter, lastete. Hierdurch wurde sie maskulin verpolt, zusätzlich erlebte sie ihre beiden Brüder aufgrund deren bereits erlangten Reife als ihr weit überlegen, was zusätzlich das Gefühl verstärkte, Feminität wäre wertlos.

Interessanterweise fühlte sie sich durch unsere Sitzung in den Folgewochen nicht nur in ihrer Weiblichkeit stärker, sondern sie nahm auch rund fünf Kilo ab. Ich traf Rainer bei einem meiner Vorträge und fragte ihn, wie es mit den beiden nun läuft. „Sehr gut!", sagte er knapp. Da er mir dabei ein vielsagendes konspiratives Lächeln zuwarf, war klar, dass die beiden wieder Sex hatten. Geht doch!

Es lohnt sich also, einmal seine „Leichen aus dem Keller" zu schaffen und sich für das Glück zu öffnen, denn nur dann kann es „herein".

DER PSYCHOTIPP

## *Entschuldigen Sie sich doch mal!*

Ich behaupte zwar: Ein Erwachsener kann sich nicht seiner Verantwortung entziehen, indem er sich einfach dafür entschuldigt. Getan ist getan, gesagt ist gesagt. Aber er kann natürlich seinen Mitmenschen signalisieren, dass er seinen Fehler bemerkt hat und prinzipiell bereit ist, sein Verhalten zu ändern, um das Vertrauen wiederherzustellen. Wenn Sie wirklich in Ihre „Beziehungsaktie" investieren wollen, dann tun Sie das nicht zuletzt dadurch, dass Sie auf Rechthaberei verzichten. Geben Sie dem anderen ruhig mal recht, und bitten Sie ihn um Entschuldigung für den Streit, die Beleidigung usw. Ich weiß, das ist manchmal schwer zu schlucken – und womöglich denken Sie in der Streitsituation zähneknirschend: „Nur über meine Leiche, schließlich hatte ich recht!"

Aber ich verspreche Ihnen, es lohnt sich. Die Bitte um Entschuldigung ist eine kleine Form der Selbsterniedrigung, wenn Sie so wollen. Aber durch Ihr absichtliches Tun, also Ihre ganz bewusste Geste, zeigen Sie wahre Größe. Um Frieden zu schaffen, muss einer von beiden die Hand als Erster reichen.

Und tun Sie dies bitte immer, bevor Sie einen Tag mit einem „Gute Nacht" beenden – selbst wenn es bis vier Uhr morgens dauert, etwas zu klären, das zwischen Ihnen und Ihrem Partner steht. Nehmen Sie eine Streitigkeit niemals mit in den Schlaf! So wachen Sie nie mit dem Gefühl auf, kein emotionales Zuhause zu haben.

Was Frauen nicht wissen: Bei einem Mann (Yang) können Sie sich noch nach Jahren für etwas entschuldigen, und die Wunde heilt sofort. Bei einer Frau wird es da etwas schwieriger.

Bedenken Sie jedenfalls: Wenn Sie einer Frau ein Friedensangebot unterbreiten, müssen Sie es auch bis zum Frieden durchziehen. Bleiben Sie souverän, denn der misstrauische Partner wird als Erstes prüfen, ob Sie es auch ernst meinen – und wehe, Sie knicken dann ein und zicken herum. Das führt zu lebenslangem Punktabzug in der Kategorie „Glaubwürdigkeit". Bringen Sie es aber fertig, sich zu entschuldigen und einfach mal „Schwamm drüber" zu sagen, wird Ihnen das Ihr Partner sehr danken – übersehen Sie den Dank dann bloß nicht. Er äußert sich bei einer Frau in einem hübsch gedeckten Tisch, dem Tolerieren Ihrer Sportsendung zur Familienzeit oder mit unerwartetem Sex. Bei einem Mann können Sie mit einem Ölwechsel oder einem Strauß Blumen rechnen. Aber Spaß beiseite, ich meine es ernst. Manche Menschen bringen es schlichtweg nicht fertig, einmal „sorry" oder „verzeih mir" zu sagen, ein paar Schritte zurückzugehen und dem anderen etwas zu überlassen, was man selbst gerne hätte. Damit verdammen sich einige Völker seit Generationen zum Krieg – ob heilig oder nicht –, der allen Beteiligten noch mehr wegnimmt, als man freiwillig nur zu geben bräuchte. Irland und England haben uns gezeigt, wie es geht: einfach mal den Kampf beenden!

Stattdessen reden wir noch immer von „Streitkultur". Ich hatte weiter oben schon erwähnt, dass niemand diskreditiert, bevormundet, missverstanden, respektlos behandelt oder majorisiert werden will. Es gibt keinen kultivierten Streit, behaupte ich. Meinungen auszutauschen, um zu einem Konsens zu kommen, passt nicht zum Wort „Streit"; und „streiten" passt nicht zum Wort „Kultur". Wenn man einmal Dampf ablassen möchte, so sollte man dies nicht tun, um einen Standpunkt zu vertreten; und wenn man einen Standpunkt vertreten möchte, so sollte man dies nicht im Streit tun. Streit, so wie wir diesen Begriff im Allgemeinen verstehen, deutet strukturelle Gewalt an – das ist die Art von Gewalt, die sich nicht am Inhalt (etwa Worten) festmachen lässt, sondern an der gewählten Form der Kommunikation.

Verzichten Sie bitte auf Streit und klären Sie Ihre Standpunkte diplomatisch, denn sonst könnte sich der Unterlegene dereinst an Ihnen rächen. Verstehen Sie mich recht: Ich habe nichts gegen Aggression im Wortsinn. Aggression bedeutet, dass man alle Energien bündelt. Damit kann man hervorragend musizieren, Sport treiben, Sex haben und auch argumentieren – doch respektvolle Aggression will gelernt sein. Streiten Sie nicht, weil Sie das für befreiend halten, denn was ist das Ziel von Streit? Die totale Vernichtung? Quatsch! Es ist Frieden. Doch den können Sie auch auf direktem Wege zu erreichen lernen.

DER PSYCHOTIPP

## Kleiner Kompatibilitätscheck

Haben Sie Lust auf eine kleine Erkenntnisreise? Dann sprechen Sie folgenden Text langsam und mit ausreichenden Pausen in ein Aufnahmegerät und hören ihn sich später in Ruhe an.

„Mach es dir bitte jetzt ganz bequem, und schließe deine Augen. – *Pause* – Achte nur auf deinen Atem und die Geräusche im Hintergrund. – *Zwei Minuten Pause* – Lass dich nun von deinen eigenen Gedanken leiten. Vertraue deinem Unterbewusstsein, dass alles, was dir jetzt durch den Kopf geht, einen Grund hat, der jenseits des rationalen Verstandes liegt. Nimm all deine folgenden Gedanken so hin, wie sie sind. Sie sind richtig, wie sie sind.

Und nun überlege dir in Ruhe: Welche Eigenschaften wünschst du dir an deinem künftigen Partner? Welche Eigenschaften gefallen dir?

- → Äußerlich: die Größe, die Augen, die Statur … – *Pause* –
- → Das Temperament: lebhaft oder ruhig? – *Pause* –
- → Die Werte: treu oder offen – *Pause* –, familiär oder sehr partnerbezogen – *Pause* –, konservativ oder progressiv …? – *Pause* –
- → Die Ausstrahlung: präsent oder zurückhaltend, strahlend oder bedeckt …? – *Pause* –
- → Der Sozialstatus: angesehen, vielleicht vermögend? – *Pause* – oder eher einfach und bodenständig? – *Pause* –

Stell dir diesen Menschen genau vor. – *Pause* – Und nun denke über dich selbst nach. Alle deine Eigenschaften, Stärken und Schwächen. – *Pause* –

Wäre dein Traumpartner auch an dir interessiert? Wärst du bereit für diesen Menschen, so wie du ihn dir vorgestellt hast? Würde er dich auch so wollen, wie du bist, oder müsstest du zunächst etwas an dir verändern? – *Pause* –

Wenn du nicht zu deinem Traumpartner passt, dann ändere entweder etwas an dir oder an deiner Wunschvorstellung, damit deine Vision wahr werden kann. – *Pause* – Öffne nun wieder die Augen."

# Die perfekte Beziehung

Gibt es sie eigentlich, die „perfekte Beziehung“? Und wenn ja, was ist denn eigentlich „perfekt“? Wenn jemand stets versucht, alles perfekt zu machen, so bezeichnet man ihn als Perfektionisten. Da diese Perfektionisten aber in aller Regel aufgrund ihrer eigenen Unzulänglichkeit oder der Fehlerhaftigkeit ihrer Mitmenschen notorisch unzufrieden sind, kann man hier von einem perfekten Zustand kaum sprechen. Im eigenen Kopf wohnen meist die eigenen Eltern, die ständig etwas zu kritisieren haben. Diese „inneren Chefankläger" fordern vom Perfektionisten (also vom eigenen Kind), gefälligst etwas zu tun, zu schaffen, zu sagen, was weder korrigiert werden und auch nie wieder verändert zu werden braucht. Steintafeln eben. Problematisch ist zum einen, dass das Gehirn des Menschen unter Erwartungsdruck nicht gut arbeiten kann, und zum anderen, dass in Anbetracht des raschen Wertewandels in der Welt Flexibilität und Anpassung viel „perfekter" sind, als der sture Versuch, etwas für die Ewigkeit zu schaffen – und damit nie fertig zu werden. Das Schlimmste bei Perfektionisten ist – und damit sind wir wieder beim Thema – sie projizieren ihre Eltern auf sich und sich selbst als Kind auf ihre Partner und sind mit diesem dann entsprechend stellvertretend unzufrieden.

Ich empfehle immer nachzuprüfen, ob das Gesamtergebnis perfekt ist. Ob also wirklich das, was man letztlich erreichen will, auch erreicht wird. Wenn ich beispielsweise versuche, ein perfektes Dinner zu kochen (wie das derzeit im deutschen Fernsehen zuhauf gezeigt wird), aber durch den Aufwand (einkaufen, kochen, servieren, abräumen, abwaschen, Rotweinflecken aus Tischdecke entfernen und Haus lüften) so gestresst bin, dass ich für vier Wochen ins Sanatorium muss – ist das dann perfekt?

Anderes Beispiel: Wenn Sie präzise wie eine Atomuhr alle Familiendaten im Kopf haben, von Großtante Elses Geburtstag bis hin zu Neffe Pauls Namenstag und Uromas Todestag, und durch diesen Datenerinnerungsterror den eigenen Partner daran hindern, im Strandurlaub mal Großtante, Neffe und Oma einfach zu vergessen, dann ist das möglicherweise überhaupt nicht perfekt.

Die perfekte Beziehung erkennen Sie daran, dass man sich selbst darin wohlfühlt und der Partner einen darin bestärkt. Es ist also sehr subjektiv, was perfekt bedeutet, und meist tut man gut daran, fünfe gerade sein zu lassen, wenn es die Situation erfordert, um ein optimales Ergebnis zu erreichen. Besser „Optimalist“ als Perfektionist.

## „Liebeserklärung“ oder „Eine ungewöhnliche Ehe“

Im Folgenden will ich Ihnen die Geschichte einer meiner Kundinnen vorstellen.

„Als mein Mann mich damals fragte, ob ich ihn heiraten wolle, antwortete ich ihm sofort mit Ja. Allerdings teilte ich ihm im nächsten Satz mit, dass wir reden müssten. Bei einer Flasche Champagner und noch einer Flasche Wein kamen wir dann in ein richtig gutes, fast philosophisches Gespräch. Mein Mann ist bzw. war in Bezug auf die Ehe etwas konservativer eingestellt. Für mich sollte die Ehe nicht eine Art Knast bedeuten, was sie leider zu oft tut, und damit meine ich einfach die Tatsache, dass die meisten Menschen in der Ehe aufhören, das zu tun, was ihnen Spaß macht, und vergessen, ihr eigenes Leben zu leben.

Ich lebe im Ausland und mein Mann in Deutschland. Davor war es andersherum. So haben wir die letzten sechs Jahre verbracht (wir wohnten auch eine gute Zeit lang zusammen) und fühlen uns doch viel näher als die meisten anderen Paare, die wir kennen. Es gab bei uns noch nie Diskussionen über Kleinigkeiten und Nichtigkeiten wie offene oder geschlossene Zahnpastatuben, ein Abendessen mit anderen Frauen/Männern, Verspätungen beim Nachhausekommen, Zusammen-

oder Getrenntwohnen oder heikle Themen wie: Wer-macht-was-im-Haushalt? Das kennen wir einfach nicht.

Für mich bedeutet Ehe, einen Menschen gefunden zu haben, den man bedingungslos liebt und aufs Höchste respektiert. Und dass dieser Mensch eben so sensationell ist, dass ich mir vorstellen kann (nicht wissen, eh klar, oder?), dass ich ihn mein Leben lang achten und respektieren und auch immer unterstützen werde – in allem, was er tut. Auch wenn es mir persönlich nicht gefällt oder ich es anders lieber hätte. In der Ehe sollte man sich gegenseitig vorwärts bringen und sich immer wieder aufs Neue inspirieren. Das funktioniert bei uns sehr gut ...

Und manchmal bedeutet Unterstützung auch loszulassen. Wir wissen beide nicht, ob wir auf ewig zusammenbleiben oder ob wir uns eines Tages mal trennen werden. Aber wir wissen sicher, dass wir immer füreinander da sein werden. Deshalb können wir auch eine Trennung nicht ausschließen, aber eine Scheidung schon. Das Eheversprechen nehmen wir durchaus ernst und haben nicht vor, es jemals wieder aufzulösen.

Ehe bedeutet aber für uns nicht, dass man beispielsweise zusammenwohnen muss. Es bedeutet ebenso wenig, dass ich mein eigenes Leben aufgeben muss. Und nein, es bedeutet auch nicht, dass man sich treu sein muss. Wir haben uns bei der Eheschließung dann auch absichtlich nicht die Treue versprochen. Wir hatten damals schon Angst, dass es dem Pfarrer auffällt, dass wir den Teil einfach wegließen ... Das wäre mal ein lustiger Skandal gewesen, wenn wir uns beide geweigert hätten, den Treueschwur zu sprechen ...

Das schönste Kompliment, das ich jemals von ihm bekommen habe, war: Kurz nachdem wir das ausführliche und gute Gespräch über die Liebe hatten, meinte er zu mir, dass er

### Gedankenanstoß

Was ist für Sie Treue?
Wie wichtig ist Treue Ihnen persönlich?
Warum?
Wenn Ihr Partner Ihnen sagte, dass er Treue anders definiert (liberaler oder enger), aber beteuert, dass er Sie liebt, würden Sie ihn ebenfalls noch lieben?´

mich unter anderem deshalb so liebt, weil ich seine Sicht auf die Welt verändern würde. Und er bedeutet die Welt für mich. Er ist mein Bezugs- und Ankerpunkt. Und es ist einfach nur schön, dass es ihn in meinem Leben gibt."

## *Ein paar Worte über die Treue*

Viele Menschen setzen Treue mit „sich ausschließlich an einen Partner gebunden fühlen" gleich. Überdies wird das dann noch auf den Bereich der Sexualität reduziert. Wenn man aber Treue als Loyalität und freiwillige Zugehörigkeit begreift, raubt das dem anderen nicht so sehr die Atemluft, was wiederum der Beziehung den nötigen Entwicklungsspielraum ermöglicht.

Fremdgehen wird oft als „Untreue" betrachtet. Dabei ist es oft ganz anders, wie die Praxis zeigt. Gerade der Versuch, den geliebten Partner nicht zu verletzen, wenn die körperliche und/oder geistige Säule der Partnerschaft zerbröselt ist, ist der Grund für das heimliche Ausprobieren eines anderen Partners – oder das stille Nachtanken der unerfüllten Bedürfnisse. Das bedeutet, gerade weil Menschen den Partner lieben, tauschen sie ihn nicht gegen einen x-Beliebigen aus, sondern wollen dann auch sicher sein, dass der neue Partner besser passt.

Ich erinnere mich gut an die ewige Affäre von Jenny und dem verheirateten Wolfgang. Seine Ehe war zwar kaputt, und er war verrückt nach Jenny, doch er trennte sich nicht von seiner Frau. Zum einen, weil sie ihm leidtat, zum anderen, weil er auf die seelische Liebe mit ihr nicht verzichten wollte, und auch, weil er genau gespürt hat, dass er mit Jenny nicht auf allen Ebenen in Resonanz ist.

Der Wunsch nach Treue ist nicht selten der Wunsch nach Sicherheit. Aus genau diesem Grunde sind möglicherweise auch bestimmte Tierarten wie Schwäne, Kaiserpinguine und Elefanten monogam. Wenn aber die Treue durch emotionale Erpressung und Konvention erzwungen ist, wird hierdurch der Sicherheitsgedanke pervertiert. Genauso gut können Sie jemandem eine Pistole an die Schläfe halten und sagen: „Los, sag, dass du mich liebst!"

Treue ergibt sich von ganz allein, wenn zwei auf dem gleichen Kanal funken, zueinander passen, zusammen sein wollen.

Achtung: Die Erdzeichen (Stier, Jungfrau, Steinbock) sind aus Trägheit treu. Sie wollen sich nicht ständig umgewöhnen und nehmen daher über Jahre Stress in Kauf. Die Luftzeichen (Zwilling, Wassermann und Waage) sind das Gegenteil: Sie sind oft aus Überzeugung treu, weil sie keine Angst vor Neuanfängen haben. Bei Wasser- und Feuerzeichen gibt es keine Besonderheiten in Bezug auf Treue.

Beziehung ist nicht gleich Partnerschaft. Was Menschen zusammenbringt und vereint, ist so vielfältig, dass es dafür keine einheitlichen Kriterien gibt. Selbst bei hoher Übereinstimmung von kulturellen und beruflichen Interessen, politischen oder religiösen Einstellungen entsteht dadurch noch lange nicht die Magie der gegenseitigen Anziehung, die eine Partnerschaft ausmacht. Andererseits: Selbst wenn der Körper des anderen noch so betört, Geruch, Figur, Haar-, Haut- und Augenfarbe als noch so unwiderstehlich empfunden werden, reicht auch das nicht, um auf Dauer vorbehaltlos durch dick und dünn zu gehen. Eine interne Untersuchung von rund 500 Personen zeigt: Als besonders stabil gelten Beziehungen zwischen Menschen, die von ihrem Partner möglichst wenig erwarteten oder in den Erwartungen selten enttäuscht wurden. Überraschend dabei ist, dass auch unglückliche Beziehungen sehr stabil sein können. Jene tragischen Verbindungen, die kaum als „Partnerschaften" zu bezeichnen sind, können trotz gewaltsamer Konflikte, Seitensprüngen und sich gegenseitigem Krankmachen jahrzehntelang halten. Solche „Sicherheitsgemeinschaften" sind Abhängigkeiten und entstehen oftmals durch den Wunsch nach einem Partner, dessen Verhalten man gut voraussagen kann und der das eigene Selbstwertgefühl nicht in Gefahr bringt.

Mit Liebe hat dies freilich nichts zu tun. Die gegenseitige bedingungslose Bejahung, die eher stärkt als schwächt und nicht an gemeinsame Interessen gebunden, ja noch nicht einmal auf Partnerschaft angewiesen ist, ist ohnehin in unseren Tagen dünn gesät. Meist erhoffen sich die einsamen Herzen von einem Partner Eigenschaften, die ihnen selbst fehlen. Die am häufigsten genannten Kriterien in der Untersuchung sind „Verständnis" und „Treue". Wenn jedoch beide Partner darauf warten, verstanden zu werden, anstatt selbst zu verstehen und sich verständlich zu machen, ist Stress vorprogrammiert. Kommt noch hinzu, dass man hofft, der Partner bleibt treu – ohne hierfür etwas zu bieten zu haben, was dem Partner die Treue wert ist, wird man möglicherweise recht schnell böse Erfahrungen machen. Liebe lässt sich nicht durch Mitleid erzwingen, sondern basiert auf Freiwilligkeit. Nur weil man einen Trauschein und eine gemeinsame Wohnung hat, ist diese scheinbare Sicherheit noch kein Garant für Respekt, Bewunderung, Leidenschaft, Begehren und Loyalität. Für eine lebendige und von innen heraus stabile Beziehung benötigt man mehr. Dieses „Mehr" ist es, das die Partnerschaft nicht nur dauerhaft, sondern auch glücklich sein lässt. „Resonanz" nenne ich das. Das positive, sich auf den Partner Einstimmen, um ihn zu erheben und zu bereichern, erzeugt sofort eine entsprechende „Echowelle" der Liebe. Das Geheimnis der glücklichen Paare lässt sich physikalisch erklären. Aufeinandertreffende Wellen, also elektromagnetische Schwingungen und somit gedankliche Impulse können sich schwächen, auslöschen, aber eben auch enorm verstärken und aufschaukeln.

Sie sollten die Persönlichkeit Ihres Liebsten gut kennen und respektieren, denn die unterschiedlichen Möglichkeiten, durchs Leben zu gehen, können enormes Konfliktpotenzial mit sich bringen. Grundsätzlich denke ich: Wenn Sie mit jemandem in dem Moment zusammen sein wollen, wenn die Welt untergeht, dann ist er wohl der Richtige für Sie.

## *Sieben Tipps für eine glückliche Partnerschaft*

❶ Erwarten Sie von Ihrem Partner nichts. Erwartungen bergen die Gefahr von Enttäuschungen. Fordern Sie keine Versprechen ein, die dann nur mit Missmut gehalten werden – das rächt sich. Je mehr Sie den Partner so nehmen, wie er ist, desto positiver werden Sie überrascht. Seien Sie dankbar für den Menschen an Ihrer Seite – er könnte auch jemand anderen lieben, doch er hat sich für Sie entschieden.

❷ Fördern Sie ihn in seinen Interessen und Eigenschaften. Je mehr Sie in die Welt des Partners eintauchen, desto größer sind die Chancen, dass er sich für die Ihre begeistert.

❸ Lügen Sie nicht, verschweigen und verheimlichen Sie nichts. Die Unaufrichtigkeit ist eine Hypothek, die irgendwann mit viel hohen Zinsen zu Buche schlägt. Verurteilen Sie nicht, Ihre Partnerschaft sollte eine Burg sein, in der Frieden, Gnade und Sicherheit herrschen.

❹ Seien Sie selbstsicher, souverän und selbstwertstark. Niemand bewundert Ihre Komplexe, Ängste und Symptome.

❺ Keine Angst vor Trennung. Wenn ein Pferd tot ist, steigen Sie ab. Je mehr Sie Ihre Persönlichkeit weiterentwickelt haben, desto weniger ist der Partner, den Sie vor Jahrzehnten in Ihr Leben gezogen haben, möglicherweise noch für Sie passend – es sei denn, Sie haben sich in die gleiche Richtung verändert. Falls Sie als junge Frau einen „Vatertyp" brauchten, nun aber keine „Tochter" mehr sein wollen, sondern eine Frau, wird Ihr Ersatzpapa sich nach anderen „Töchterfrauen" umsehen – und Sie haben es verursacht!

❻ Behandeln Sie Ihren Partner mit der gleichen Liebe, die Sie auch von ihm erfahren wollen. Tolerieren Sie, was Sie nicht akzeptieren können.

❼ Sie werden mit dem Menschen an Ihrer Seite möglicherweise einige Jahrzehnte eng zusammen sein. Gerade in den schwachen Momenten, wenn es ihm mal nicht gut geht, braucht er Ihre bedingungslose Liebe, um wieder zu erstarken. Seien Sie sich bewusst, wie wichtig Ihre Unterstützung für einen Menschen sein kann.

Ich wünsche Ihnen eine glückliche und liebevolle Partnerschaft!

# Nachwort

*Eine neue Aufklärung ist fällig – und zwar schnell!*

Nun wissen Sie, wie leicht es ist, sein Leben lang an seinem Glück vorbeizulaufen, wie leicht es aber auch sein kann, von charakterstarken Menschen wahrgenommen und geliebt zu werden. Zu Letzterem gehören Selbstliebe, Respekt, Vertrauen, Toleranz und Bewunderung ohne Bedingungen sowie die Souveränität, Zugeständnisse zu machen – der Rest ist Menschenkenntnis.

Doch obwohl das so einfach ist, machen wir fast alle fast alles falsch. Unsere eigenen Eltern, die Menschen, die uns eigentlich am meisten lieben sollten, sind oft unsere größten Unglücksbringer. Ihnen verdanken wir – natürlich ohne bewusstes Agieren von deren Seite (!) – Selbstwertstörungen, Misstrauen und sexuelle Verklemmung. Wir machen ihnen nach, was sie uns vorleben, und glauben auch noch, das wäre so richtig und müsse so sein. Fatalerweise werden die, die am wenigsten so sein wollen wie ihre eigenen Eltern, am Ende genauso sein.

Bis ins hohe Alter leben wir Menschen oft in einem unsichtbaren Käfig, der uns nicht nur krank macht, sondern auch lehrt, unsere Mitmenschen zu verurteilen, zu hassen und sogar zu vernichten – etwa durch Krieg.

Dabei wünscht sich jeder Mensch auf diesem Planeten Frieden, Wertschätzung zum Zwecke des höchsten Ziels, der Entwicklung der eigenen Persönlichkeit (für die wir natürlich auch einiges in Kauf nehmen). Doch primär will niemand bestraft, beschimpft, eingesperrt oder ignoriert werden.

Es wird höchste, allerhöchste Zeit, dass wir uns wieder auf das Menschsein besinnen. Das ist die Weiterentwicklung unseres Geistes und damit auch unseres Planeten, auf dem wir seit Jahrhunderten wie die Parasiten herumtrampeln, ohne ihm als Spezies jemals etwas dafür wiedergegeben zu haben.

Vertrauen Sie bitte wieder Ihren eigenen Gefühlen und behandeln Sie alle Ihre Mitmenschen genauso, wie Sie auch behandelt werden möchten. Fangen Sie bei Ihren Kindern an und behalten Sie die Geduld. Lassen Sie sich nicht provozieren. Reichen Sie dem Frieden so lange liebevoll die Hand, bis er sie ergreift. Seit der Französischen Revolution bedeutet Aufklärung nicht nur Freiheit (liberté) und Gleichheit (egalité), sondern auch Brüderlichkeit (fraternité) im Sinne der Liebe und des gegenseitigen Respekts. Doch wie Jaspar von Oertzen in seinem Buch „Wodurch sind wir in die ökologische Bedrohung gekommen?"[26] schreibt, ist die Forderung nach Brüderlichkeit bis heute nicht eingelöst: „(...) Aber nach der dritten Forderung hat bisher niemand gerufen wie nach Freiheit und Gleichberechtigung. Zu keiner Zeit hat es Demonstrationen, Aufrufe gegeben, die nach *fraternité*, nach Brüderlichkeit, riefen. Brüderlichkeit gibt es nicht zum Nulltarif. Brüderlichkeit bedeutet Verantwortung für die Schwester, den Bruder. Und heute bedeutet sie auch die Verantwortung für die Natur (...)."

Ich finde diesen Gedanken ungeheuerlich: Wir zetteln eine Revolution, die fast ganz Europa beeinflusste, ungeheures Elend über viele Menschen brachte, unter der Flagge der Brüderlichkeit an. Doch bis heute behandeln wir diesen Aspekt stiefmütterlich, ja sogar ignorant. Ich glaube, wenn wir uns gesellschaftlich nicht nur in materieller Hinsicht weiterentwickeln wollen, sondern auch eine moralisch-seelische

Wohlstandsgesellschaft erreichen möchten, kommen wir nicht umhin, Werte wie Brüderlichkeit (Liebe) in unseren gesellschaftlichen Lehrplan mit aufzunehmen.

Die Liebe ist eine derart große Kraft, dass ich sie als den Motor der geistig-seelischen Evolution ansehe. Für die körperliche Evolution mag der Überlebenswille der Antrieb sein, doch um sich als Individuum weiterzuentwickeln, um also eines Tages ein erfülltes, segensreiches und zufriedenes Leben zu führen, reichen Gesundheit, Muskelkraft und Anpassung an Umweltbedingungen nicht aus. Hierfür brauchen wir die Sicherheit, dass dieses Leben eine Fülle von Entfaltungsmöglichkeiten beschert. Ohne Liebe (Selbstliebe) versagen sogar Zeugungsversuche, wie die Praxis zeigt (in den letzten zehn Jahren meiner praktischen Arbeit gab es mindestens 20 Fälle, in denen nach einem Coaching zur Stärkung des Selbstwertgefühls ein bislang unerfüllter Kinderwunsch wahr wurde, obwohl in einigen Fällen eine Zeugung aus medizinischen Gründen für ausgeschlossen erklärt worden war).

Liebe – wir alle brauchen dieses Gefühl, dass wir in unserer Welt willkommen sind und nicht isoliert oder ignoriert, sondern gewollt, bejaht und gebraucht werden. Nur so haben wir die Kraft, jeden Tag aufs Neue aufzustehen und uns den Anforderungen des Lebens zu stellen. Vielleicht führt dies den Menschen ja sogar wieder in das Paradies zurück, aus dem er aufgrund seines Erkenntnisstrebens vertrieben worden ist. Denn, wie Platon und Kant schon wussten: Der Weg zur Weisheit führt über die Liebe, und Aufklärung ist der Ausgang aus der selbst verschuldeten Unmündigkeit.

# Anhang

# Zum Autor

Der Diplom-Pädagoge Andreas Winter (geb. 1966) ist Gründer und Leiter des Institutes Andreas Winter Coaching (ehemals Powerscout Wellness Coaching) in Iserlohn. Seit 1987 arbeitet er mit Tiefenpsychologie sowie mit therapeutischer Hypnose, seit 2004 bildet er Hypnosecoaches aus; seine Klienten kommen aus ganz Europa. Andreas Winter ist Mitglied der Gesellschaft Deutscher Naturforscher und Ärzte.

Mit seinen Büchern will Andreas Winter die breite Öffentlichkeit von seinen wissenschaftlichen Erkenntnissen profitieren lassen. Seine Ratgeber behandeln Gesundheitsthemen aus tiefenpsychologischer Sicht und zeigen dem Leser neue, bislang oft übersehene Aspekte: Welchen Einfluss hat die Psyche wirklich auf Ihren Körper? Welche Macht hat Ihr Unterbewusstsein über Ihr Leben?

Winters Ansatz verfolgt den Einfluss vorgeburtlicher Traumen und Konditionierungen. Seine Methode beeinhaltet Techniken der tiefenpsychologischen Analyse, Elemente der Neurolinguistischen Programmierung (NLP) und das Arbeiten mit emotionaler Reizverarbeitung.

Internetseite des Institutes Andreas Winter Coaching:
www.andreaswinter.de

Youtube-Kanal von Andreas Winter
(mit Video zu diesem Buch):
www.youtube.com/Powerscout1

# *Ausbildung zum Coach*

Wenn Sie nach Lektüre des Buches davon überzeugt sind, wie leicht es ist, seine Glaubenssätze zu verändern, wäre es vielleicht interessant für Sie, mit Ihrem Wissen anderen Menschen zu helfen.

Die Grundprinzipien erlernen Sie in einem sehr kompakten und intensiven Kurs bei mir persönlich. Hunderten von Fachleuten und interessierten Laien ist es gelungen, bereits innerhalb der Ausbildung anderen Menschen mit meinem „Werkzeug" zur Symptomfreiheit zu verhelfen. Die einzige Voraussetzung dafür sind der Wunsch und das Selbstvertrauen, Menschen wirklich zu helfen.

Den Fahrplan zur Ausbildung als Coach finden Sie unter www.andreaswinter.de.

Haben Sie Fragen an Andreas Winter?
Anregungen zum Buch?
Erfahrungen, die Sie mit anderen teilen möchten?

Nutzen Sie unser Internetforum:
**www.mankau-verlag.de/forum**

## *Bestimmung des Aszendenten*

Falls Sie Ihren Aszendenten noch nicht kennen: Verbinden Sie einfach mit einem Lineal Ihren Geburtstag auf der linken Achse mit der genauen Stunde Ihrer Geburt auf der rechten Achse. Dort, wo das Lineal die mittlere Achse kreuzt, finden Sie Ihren Aszendenten. Wenn der genau zwischen zwei Zeichen liegt, lesen Sie beide Horoskope. Sie haben dann das Potenzial und die Energien von beiden Aszendenten.

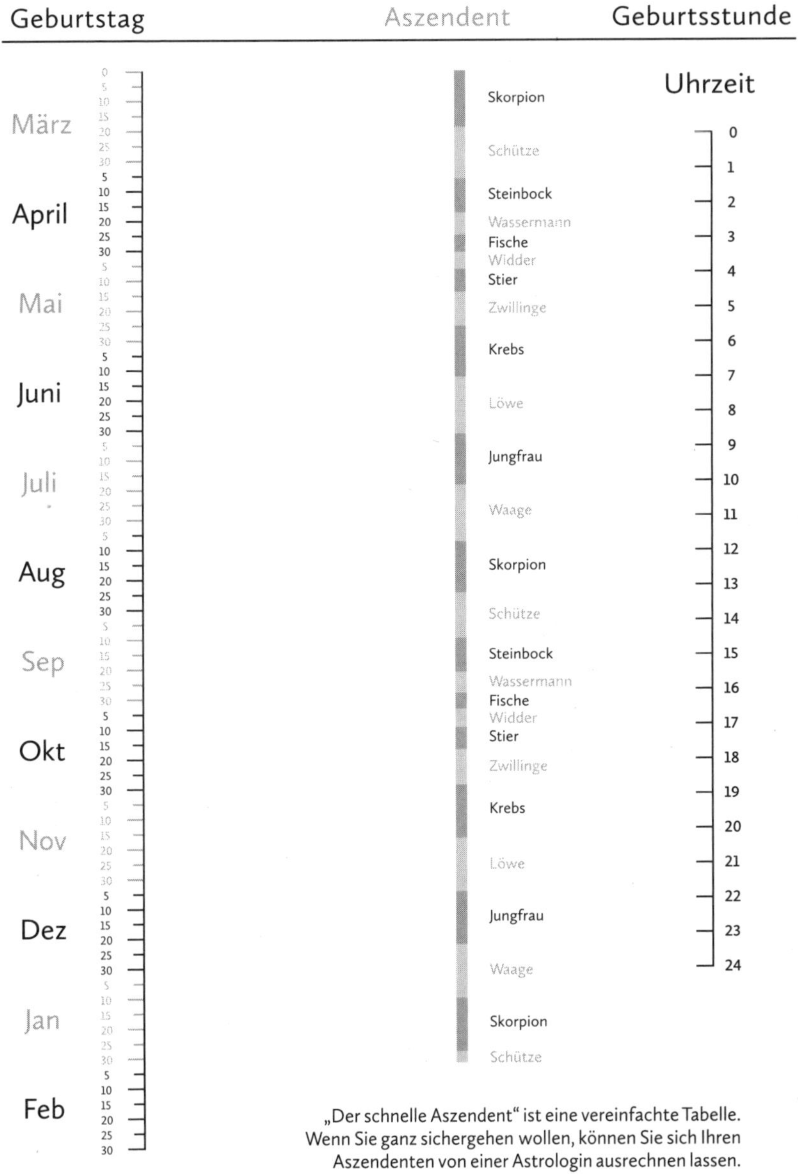


„Der schnelle Aszendent" ist eine vereinfachte Tabelle. Wenn Sie ganz sichergehen wollen, können Sie sich Ihren Aszendenten von einer Astrologin ausrechnen lassen.

# Weitere Bücher von Andreas Winter

*Heilen durch Erkenntnis*
Die Intelligenz des Unterbewusstseins
Mit Audio-CD
ISBN 978-3-938396-68-1

*Abnehmen ist leichter als Zunehmen*
Taschenbuch
ISBN 978-3-86374-370-3

*Abnehmen ist leichter als Zunehmen*
Das 10-Tage-Programm
Kompakt-Ratgeber
ISBN 978-3-86374-126-6

*Was deine Angst dir sagen will*
Blockaden verstehen und überwinden. Mit Extra-Tipps gegen Panikattacken
ISBN 978-3-86374-323-9

*Heilen ohne Medikamente*
Chronische Krankheiten: Seelische Ursachen aufdecken und gesund werden. Selbstcoaching in zehn Schritten
ISBN 978-3-86374-190-7

*Zielen – loslassen – erreichen!*
Wie Sie Ihr Gehirn auf
Erfolg einstellen
ISBN 978-3-86374-518-9

*Der Geist aus der Flasche*
Alkohol – Genuss statt Muss!
Mit Starthilfe-CD
ISBN 978-3-938396-17-9

*Nikotinsucht – die große Lüge*
Warum Rauchen nicht süchtig macht
und Nichtrauchen so einfach sein
kann!
ISBN 978-3-86374-080-1

*Müssen macht müde –*
*Wollen macht wach!*
Der Motivationsratgeber
Mit einem Vorwort von Dieter Broers
ISBN 978-3-86374-442-7

*Zu viel Erziehung schadet!*
Wie Sie Ihre Kinder stressfrei
begleiten
ISBN 978-3-86374-489-2

# Audio-CDs von Andreas Winter

*Abnehmen ist leichter als Zunehmen.*
*Das Abnehm-Coaching*
Hören Sie sich schlank!
2 Audio-CDs, Laufzeit ca. 113 Min.
ISBN 978-3-938396-75-9

*Abnehmen ist leichter als Zunehmen.*
*Das Hörbuch*
Mit Starthilfe- und Begleitcoaching
2 Audio-CDs, Laufzeit ca. 133 Min.
ISBN 978-3-86374-373-4

*Was deine Angst dir sagen will*
Blockaden verstehen und überwinden. Audiocoaching mit Selbsthypnose-Anleitung
1 Audio-CD, Laufzeit ca. 70 Min.
ISBN 978-3-86374-332-1

*Müssen macht müde –*
*Wollen macht wach!*
Hörbuch mit Motivationscoaching
2 Audio-CDs, Laufzeit ca. 150 Min.
ISBN 978-3-86374-445-8

*Artgerechte Partnerhaltung*
Das Geheimnis glücklicher
und beständiger Liebe
Hörbuch mit Coaching
3 Audio-CDs, Laufzeit ca. 200 Min.
ISBN 978-3-86374-511-0

*Zielen – loslassen – erreichen!*
*Hörbuch mit Coaching*
Wie Sie Ihr Gehirn auf
Erfolg einstellen
2 Audio-CDs, Laufzeit ca. 120 Min.
ISBN 978-3-86374-521-9

*Power-Box*
Entdecke dein Selbst!
3 Audio-CDs mit Mookait-Edelstein
als NLP-Kraftanker
Inkl. Bonus-DVD „Zielen – loslassen – erreichen!"
ISBN 978-3-938396-44-5

# DVDs von Andreas Winter

*Abnehmen ist leichter als Zunehmen. Das Live-Event*
Film-Mitschnitt aus dem Kongresshaus Zürich vom 15. März 2012
2 Film-DVDs im Digipack
ISBN 978-3-86374-067-2

*Heilen durch Erkenntnis*
Das Winter-Coaching: Unterwegs zum Verständnis unserer Psyche
Film-Mitschnitt der Vortragstour „Denkst Du anders, lebst Du anders" im März 2013 – 1 Film-DVD
ISBN 978-3-86374-116-7

# Anmerkungen


1) vgl. Arntz, William / Chasse, Betsy / Vicente, Mark: *Bleep. An der Schnittstelle von Spiritualität und Wissenschaft*. VAK Verlag 2006

2) Mystic Medusa: *Sternenkompass*. Arkana Verlag 2008

3) Dahlke, Ruediger und Margit: *Die Lebensprinzipien: Wege zu Selbsterkenntnis, Vorbeugung und Heilung*. Arkana Verlag 2011

4) Rotter, Walter: *Charaktere erkennen, Menschen verstehen … miteinander glücklich sein*. Silberschnur Verlag 2008

5) Walsch, Neale Donald: *Gespräche mit Gott. Band 3: Kosmische Weisheit*. Goldmann Verlag 1999

6) Semeraro, Michael G.: *Geschwisterkonstellation - Warum streite ich mich immer mit meinem Bruder?* (E-Book). Grin Verlag 2003

7) vgl. Sulloway, Frank J.: *Der Rebell der Familie. Geschwisterrivalität, kreatives Denken und Geschichte*. Siedler Verlag 1997

8) Winter, Andreas: *Heilen durch Erkenntnis. Das Winter-Coaching: Unterwegs zum Verständnis der Psyche* (Film-DVD). Mankau Verlag 2013

9) Winter, Andreas: *Zu viel Erziehung schadet! Wie Sie Ihre Kinder stressfrei begleiten.* Mankau Verlag 2018

10) Fromm, Erich: *Die Antwort der Liebe*. Herder Verlag 2003

11) vgl. Ornish, Dr. Dean: *Die revolutionäre Therapie: Heilen mit Liebe. Schwere Krankheiten ohne Medikamente überwinden*. Mosaik Verlag 1999

12) vgl. Gasch, Bernd: *Tabu-Themen im internationalen Vergleich*; in: Amelang, Manfred (Hrsg.): Bericht über den 35. Kongress der Deutschen Gesellschaft für Psychologie in Heidelberg 1986. Band 1 (1987), S. 323

13) vgl. https://sz-magazin.sueddeutsche.de/wild-wild-west-amerikakolumne/schwanger-in-texas-lieber-nicht-83882

14) vgl. http://www.bbc.co.uk/science/humanbody/sex/articles/results/handedness.shtml

15) vgl. Brizendine, Louann: *Das weibliche Gehirn. Warum Frauen anders sind als Männer*. Hoffmann und Campe 2007

16) zit. nach www.beliebte-vornamen.de/326-schwanger-sex.htm

17) hier zitiert nach: www.cvjm-thueringen.de

18) vgl. https://journals.plos.org/plosone/article?id=10.1371/journal.pone.0018757. Man kann spekulieren, dass der Beginn sexueller Aktivitäten und die Paarung eher eine Art kategorischer Umstellung in Genexpressionsmustern auslöst, wahrscheinlich auf mehrere somatische Systeme einwirkend, die zusammen zu einer erheblichen Verlängerung der Lebensdauer führen.

19) www.n-tv.de/leute/Die-Zeit-war-reif-article19489.html

20) vgl. www.anti-aging-magazin.de/gesundheit/tipps-und-informationen/sex-haelt-jung.html

21) vgl. Easton, Dossie/Hardy, Janet W.: *Schlampen mit Moral. Eine praktische Anleitung für Polyamorie, offene Beziehungen und andere Abenteuer*. mvg Verlag 2014

22) vgl. www.medi-learn.de/foren/showthread.php?10902-Warum-Frauen-keine-netten-Kerle-lieben

23) vgl. Onken, Julia: *Vatermänner. Ein Bericht über die Vater-Tochter-Beziehung und ihren Einfluss auf die Partnerschaft.* Beck'sche Reihe 2001

24) Ruthe, Reinhold: *Eifersucht ist eine Leidenschaft, die mit Eifer sucht, was Leiden schafft.* R. Brockhaus Verlag 1984

25) Calof, David: *Die Frau, die wieder sehen lernte und andere Geschichten von der heilenden Kraft des Unbewussten. Fallbeispiele aus der Hypnosetherapie.* Limes Verlag 1998

26) Oertzen, Jaspar von: *Wodurch sind wir in die ökologische Bedrohung gekommen?* Mankau Verlag 2004

# Stichwortregister

Bücher, die den Horizont erweitern

Christina Stägert / Thomas Künne

## LUSTVOLL LIEBEN

Akupressur, Yoga & Co. für neu erlebte Intimität und Lebensfreude

15,95 € (D) / 16,50 € (A)
ISBN 978-3-86374-452-6

*„Der auffällige, pinkfarbene Selbsthilferatgeber ermutigt zur sinnlichen Entdeckung des eigenen Körpers und zur Optimierung der sexuellen Lust mit sich selbst und dem Partner. [Die Autoren, Anm. d. Verlags] bieten dafür ein Potpourri aus westlichen und östlichen Lust steigernden Methoden, wie die Stimulation erogener ‚Lusttore' mittels Berührung, Akupressur, Moxazigarre und Stimmgabel, Massagen, Yoga, u.a., die jeweils in Wirkung und Durchführung, teils mit Illustrationen, erklärt werden."* ekz-Informationsdienst

Dr. med. Daniel Dufour

## LIEBESKRISEN

Verletzte Gefühle heilen – Beziehungsprobleme lösen

14,95 € (D) / 15,40 € (A)
ISBN 978-3-86374-221-8

Das Buch des Schweizer Arztes und Autors Daniel Dufour zeigt einmal mehr, wie wichtig es ist, die seit der Kindheit unterdrückten, übermächtigen Emotionen zum Ausdruck zu bringen, wenn man sich und andere wirklich lieben will. Mit anschaulichen Fallbeispielen aus seiner langjährigen Forschungs- und Praxisarbeit behandelt es alle Facetten des Gefühlsaufruhrs, die Liebe und Partnerschaft beeinträchtigen. Denn nur wer sich selbst und seine Emotionen annimmt, ist bereit für die Liebe des Partners.

Prof. TCM (Univ. Yunnan) Li Wu

## LIEBESMEDITATION (AUDIO-CD)

Mit einer Einführung von Li Wu

12,95 € UVP (D/A)
ISBN 978-3-86374-188-4

Die CD *Liebesmeditation* von Prof. TCM (Univ. Yunnan) Li Wu hilft uns, zu unserer Mitte zu finden. Sie stärkt die Kraft, seelisch, geistig oder spirituell miteinander zu verschmelzen und dabei dem Objekt der Liebe die Freiheit zu lassen, es nicht zu vereinnahmen oder in Besitz zu nehmen – es nur zu lieben. Wir werden innerlich frei und können wieder selbstbewusst und aktiv über unser Leben und unsere Beziehungen entscheiden. Die Gesamtlänge der Audio-CD beträgt ca. 45 Minuten. Auch als Download erhältlich!

Bärbel Mechler

## MEIN (EX-)PARTNER IST EIN PSYCHOPATH

Wege aus der Opferfalle

12,90 € (D) / 13,40 € (A)
ISBN 978-3-86374-374-1

*„Ein hilfreiches und sehr anrührendes Buch sowohl für Menschen, die sich mit einem psychopathischen Partner auseinandersetzen müssen, als auch für Angehörige und Freunde, um Verständnis für die Verstrickungen in solchen Beziehungen zu bekommen und Hilfestellung geben zu können."* Netzwerk Frauengesundheit

Bärbel Mechler

## VON PSYCHOPATHEN UMGEBEN

Wie Sie sich erfolgreich gegen schwierige Menschen zur Wehr setzen

9,95 € (D) / 10,30 € (A)
ISBN 978-3-86374-123-5

*„Wenn auch du solche Typen in deinem Leben ertragen musst, (...) dann wird dieses Buch die Antwort auf Deine Probleme sein: Anhand vielfach bewährter, praxistauglicher Beispiele erklärt die Autorin, wie du die typischen Verhaltensmuster, mit denen sich diese ‚Quälgeister' selbst entlarven, erkennst und hinter ihre täuschende Fassade blicken kannst. Von galanten Schmeicheleien bis hin zu handfesten Konfrontationen bekommst du eine reiche Palette gezielter Methoden in die Hand, um dich effektiv aus der Opferrolle zu befreien."* Wege

Anna Maria Stark

## SEELENPOTENZIALE

9,95 € (D) / 10,30 € (A)
ISBN 978-3-86374-449-6

Anna Maria Stark zeigt auf anschauliche Weise, wie man sein ganz individuelles Potenzial erkennen und den eigenen Lebensweg gehen kann, und zwar mit absoluter Integrität und Hingabe. Sie beschreibt insbesondere die Bedeutung klarer Entscheidungen, denn diese liegen einer erfolgreichen und stimmigen Lebensführung zugrunde: Was ist überhaupt eine „richtige" Entscheidung? Und wie erziele ich mühelos in allen Lebensfeldern Lösungen, die mir wahrhaftig entsprechen?

Unsere Bücher erhalten Sie bei Ihrem Buchhändler!
Besuchen Sie auch unsere Internetseite mit Bestellmöglichkeit, Internetforum, Leseproben, Veranstaltungstipps und Newsletter: **www.mankau-verlag.de**